高等院校"十三五"规划教材——经济管理系列

涉外餐饮服务

罗志慧　王　宁　吕　倩　主　编

黄晓云　李挺山　周金玉　副主编

清华大学出版社

北　京

内容简介

本书共分为 3 篇，10 个章节，主要内容包括餐饮业概述、餐饮服务概述、餐饮管理概述、餐饮服务技能、中餐服务技能、西餐服务技能、菜单设计技能、餐饮业的发展趋势、餐饮业的创新之路、中外餐饮文化。

本书覆盖涉外餐饮的各个部门的服务及基层管理的岗位能力需要，能满足高职旅游管理和酒店管理专业的餐饮管理与服务课程的教学需求。

本书适用于高职高专和部分本科院校的旅游管理与酒店管理专业，也可作为酒店管理人员的参考用书。

图书在版编目(CIP)数据

涉外餐饮服务/罗志慧，王宁，吕倩主编. —北京：清华大学出版社，2020.1
高等院校“十三五”规划教材. 经济管理系列
ISBN 978-7-302-54626-9

Ⅰ. ①涉…　Ⅱ. ①罗…　②王…　③吕…　Ⅲ. ①饮食业—商业服务—高等学校—教材　Ⅳ. ①F719.3

中国版本图书馆 CIP 数据核字(2019)第 292682 号

责任编辑：孟　攀
装帧设计：刘孝琼
责任校对：吴春华
责任印制：丛怀宇
出版发行：清华大学出版社
网　址：http://www.tup.com.cn, http://www.wqbook.com
地　址：北京清华大学学研大厦 A 座　　邮　编：100084
社 总 机：010-62770175　　邮　购：010-62786544
投稿与读者服务：010-62776969, c-service@tup.tsinghua.edu.cn
质量反馈：010-62772015, zhiliang@tup.tsinghua.edu.cn
课件下载：http://www.tup.com.cn, 010-62791865
印 装 者：三河市国英印务有限公司
经　销：全国新华书店
开　本：185mm×260mm　　印　张：13　　字　数：316 千字
版　次：2020 年 3 月第 1 版　　印　次：2020 年 3 月第 1 次印刷
定　价：39.00 元

产品编号：082879-01

前　言

党的十九大明确指出，新时代我国社会的主要矛盾是人民日益增长的美好生活需要和不平衡不充分的发展之间的矛盾。目前，我国城镇餐饮企业根据人民群众的需求发展，呈现出高端涉外餐饮和低端大众餐饮两大需求点，其中高端涉外餐饮以菜品精致、服务细致为代表。我国高端餐饮已被全球餐饮评定机构米其林纳入评分体系，在一些城市涌现出多家米其林星级餐厅。

根据编写组在与多家涉外餐饮企业(包括高星级酒店餐饮部门)访谈中收集到的信息显示，目前高职旅游管理和酒店管理专业学生在企业的实习和工作中出现的核心问题是：经过两年多的专业训练，在职业起步阶段并未能很好地与非专业毕业的员工拉开距离，主要表现在以下几点。

(1) 餐饮服务、茶艺服务、酒水服务等专业性技能未能很好地掌握。

(2) 由于业务不熟悉、技能不熟练，因而未能树立主动服务的意识。

(3) 英语运用得不熟练，即使是通过了大学英语四级的同学，在涉外餐饮的场景下，仍然不能很好地运用职业英语与客人沟通。

职业院校作为人才培养的输出方，必须通过餐饮课程的改革、前后续课程的培养以及更符合现今涉外餐饮的需求的教材，培养出适销对路的专业型人才。

本书主要服务于高素质、技能型、国际化的涉外餐饮服务人才的培养，定位为高职旅游管理、酒店管理专业的餐饮服务与服务优质教材。通过学习本课程，学生能运用餐饮专业技能、管理学、心理学、服务礼仪、营销及公关等相关知识，熟练掌握餐饮服务与管理操作技能，使学生的职业能力和基本素质达到涉外餐饮管理服务要求。

本书紧跟我国餐饮业发展趋势，反映我国涉外餐饮新的发展情况和旅游职业教育的新成果，新增涉外餐饮业高端中西餐服务、葡萄酒侍酒服务及新趋势酒吧调酒服务等新技能。在知识结构和模块的选择上，坚持“理论知识适应岗位需求、专业技能和能力培养优先”的指导思想。对照餐饮企业职业岗位要求的“必知必会”和“应知应会”内容，注重对现实职业工作环境中的细节刻画和问题解决，并兼顾职业岗位未来走向和发展，对教材知识体系进行合理编排，使教材在结构编排上深入浅出。

本书编写组成员均具有涉外餐饮企业工作经验及国外相关职业技能资格证书，并长期担任旅游餐饮课程的主讲教师。本书由罗志慧、王宁、吕倩任主编，黄晓云、李挺山、周金玉任副主编。具体编写分工如下：第一章由王宁编写，第二、九章由罗志慧编写，第三、五章由周金玉编写，第四章由吕倩编写，第六、十章由黄晓云编写，第七、八章由李挺山编写。

本书紧紧围绕应用型人才培养目标，与餐饮企业紧密结合，参照餐饮服务与管理的工作流程进行分析，充分开发最新的经典案例，做到与行业企业接轨，顺应企业人才培养的需求。

由于编者水平所限，不足之处在所难免，敬请读者和专家批评指正。

编　者

目　录

基础知识篇

服务技能篇

创新拓展篇

基础知识篇

第一章

餐饮业概述

【学习目标】

通过本章的学习，重点了解餐饮业的基本概念；掌握餐饮业的发展历史及现状，了解当今餐饮业的基本特点；理解餐饮业在社会经济活动和社会交往活动中的地位和任务。

【关键词】

餐饮业　发展历史　餐饮业现状　餐饮业的地位和任务

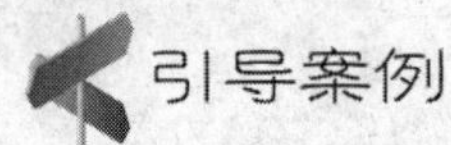

引导案例

何谓餐饮业、餐饮业服务

对餐饮业来说，2018 年有很多大事件发生，影响最大的事件莫过于海底捞上市——一家以火锅起家的连锁餐饮店是如何走上国际资本市场舞台的呢？1994 年，四川的张勇和三个朋友，创办了海底捞餐饮股份有限公司，从四张火锅桌起步，20 年内逐步把店扩张到西安、郑州、北京、上海、新加坡、美国。海底捞提交的资料集显示，截至 2018 年 6 月 30 日，海底捞在全国已有 341 家门店。海底捞为什么能够如此快速发展？其制胜法宝是服务，“变态”的服务。“一直被模仿，从未被超越”，说的就是海底捞的高质量服务优势。在海底捞发展初期，创始人张勇的服务意识就领先于其他餐厅。他早年间曾在公开演讲中提到，为了留住客人，张勇帮人带孩子、拎包、擦鞋。无论客人有什么需要，都一一满足。客人用餐时，他站在一边；客人抱怨喝酒伤了胃，他就熬一锅小米粥；客人夸奖辣椒酱好吃，他就送给客人几罐。在城镇化进程以及消费升级的过程中，海底捞这种润物细无声的服务正好迎合了消费者对于食材和就餐环境的需求。海底捞曾委托沙利文对 15 个城市的 1800 多名顾客进行随机走访和问卷调查，结果发现，海底捞在中式餐厅品牌中体验排名第一，这些体验包括服务态度、菜肴健康卫生等。回头客的指标则超出一般餐厅，在该项调查中，98.2%的顾客表示愿意还来就餐。

从海底捞的发展可以看出，餐饮作为典型的低门槛产业，餐饮企业如何把握顾客需求，如何在激烈竞争中脱颖而出，关键还是看服务。餐饮业的服务至关重要，直接决定了餐饮企业的兴衰。

学习任务

(1) 餐饮就在身边，调研你身边的同学和朋友，了解他们对餐饮的理解，对餐饮业及餐饮服务的理解，调查他们外出就餐时餐饮选择的习惯及原因。

(2) 查阅资料，了解几家中国餐饮业百年老店的发展历史，从发展中找出共同点；了解国外餐饮业的百年老店及连锁餐饮品牌，找出其能在全球推广的原因。

(3) 了解餐饮在酒店中的地位和作用，即对酒店整体品牌的提升，对酒店服务的促进作用。

第一节　餐饮业的基本概念

一、餐饮概述

(一)餐饮的字面意思及内涵

餐饮一词，就其字面来看，包含了“餐”与“饮”两层含义，主要指吃东西和喝酒水两件事情。

“餐”从食残声，本义为吃饭，《说文》，“餐，吞也”，《广雅》，“餐，食也”，《方言》注，“昼饭为餐，晚饭为飧”。引申出三餐、餐饮等。

(资料来源：https://baike.baidu.com/item/%E9%A4%90/2343067?fr=aladdin)

“饮”为会意字，甲骨文字形。右边是人形，左上边是人伸着舌头，左下边是酒坛(酉)。像人伸舌头向酒坛饮酒。小篆演变为“饮”，隶书作“饮”。本意：喝。有时特指喝酒。饮，饮也。——《说文》。今隶作饮。君子以饮食宴乐。——《易·需》。虞注：“水流入口为饮。”

(资料来源：https://baike.baidu.com/item/%E9%A5%AE/4917783)

现今的餐饮概念主要有两种：一是指饮食(饮料和食品)，二是指提供餐饮的行业或者机构，满足食客的饮食需求，从而获取相应的服务收入。在不同的地区、不同的文化背景下，不同人群的饮食习惯、口味各不相同，因此，世界各地的餐饮表现出多样化的特点。这两个概念从两个层面定义了餐饮的内涵，是一个动态递进的承接关系。一种是物化的定义，真实存在的实物，包括菜品、汤、主食、酒、饮料等物品；另一种是抽象的定义，抽象概念的推广，重点突出场所和服务内涵，包括餐厅位置、餐厅布设、菜系菜品设计、餐饮服务等概念性内容。

(二)餐饮业的概念

餐饮业属于服务行业(即第三产业)，属于劳动密集型产业。自古民以食为天，在世界各地，餐饮业都是一个古老的行业。什么是餐饮业？餐饮业(catering)是通过集即时加工制作、商业销售和服务性劳动于一体，向消费者专门提供各种酒水、食品、消费场所和设施的食品生产经营行业。按欧美《标准行业分类法》的定义，餐饮业是餐饮服务机构在特定场所提供餐食、点心、饮料，满足客人饮食需求，并且以服务来获取报酬的经营方式。这就是早期餐饮业的大致定义。

根据《国民经济行业分类》(GB/T 4754—2002)中华人民共和国统计局行业分类标准：[67]餐饮业定义：“指在一定场所，对食物进行现场烹饪、调制，并出售给顾客，主要供现场消费的服务活动。”具体包括正餐服务、快餐服务、饮料及冷饮服务、其他餐饮服务四类服务。根据定义来理解，餐饮业概念有三层内涵。

(1) 一定的场所和相应的设备、设施。

(2) 提供餐饮食品和服务。越是高档次的酒店、餐厅，提供的产品中服务所占的比例越大。

(3) 以产生利润为目的，是一种经济行为。

对于这一定义，需要从以下几方面来理解。

1. 服务是餐饮业持续发展的基础

餐饮作为服务业，它的产品之一就是服务，服务质量的好坏直接决定了生意的好坏。对餐饮业来说，服务是一个系统的工程，包括餐饮经营业务的一切要素和环节。目前，顾客的消费体现出个性化和多元化趋势，顾客不仅重视酒店饭菜的质量和特色，更重视从消费过程中获得的精神满足。

2. 餐饮业有固定的经营场所

自古至今，从中国到外国，餐饮业一般有自己的经营场所，餐饮从业人员在固定的场所为顾客提供餐饮服务。一般情况下，人们会选择酒店餐厅、餐馆(包括连锁快餐店、咖啡厅、茶餐厅、小吃店等)、企事业单位及社会保障与服务部门的食堂(餐厅)等场所进行餐饮消费。随着互联网和快递服务行业的高速发展，餐饮业发生颠覆性变化，人们可以通过手机、电脑等设备进行点餐操作，餐饮业不再要求人们在固定场所进行消费。

3. 餐饮业的经营性要求

餐饮业隶属于第三产业，不同于一般服务业那样，可以将产品生产、服务销售、客户消费分开。绝大多数餐饮产品的生产、销售、消费都是同步一体的，具有量身定做、现场服务、即时消费的特点。因此，如果餐厅想要获得良好收益，必须营造良好的用餐环境，注重员工服务意识的提升，加强培训，建立激励机制，让员工能够自觉地投入餐饮服务中，让顾客留下良好的用餐体验。

知识拓展

(1) 正餐服务：是指提供各种中西式炒菜和主食，并由服务员送餐上桌的餐饮服务。

◇ 包括：

① 宾馆、饭店、酒店内独立(或相对独立)的酒楼、餐厅；

② 各种以正餐为主的酒楼、饭店、饭馆及其他用餐场所；

③ 各种以涮、烤为主的餐饮服务；

④ 车站、机场、码头内设的独立的餐饮服务；

⑤ 火车、轮船上独立的餐饮服务。

◆ 不包括：

提供单一类食品的餐饮服务(如饺子、包子、面条、米粉等)，列入6790(其他餐饮服务)。

(2) 快餐服务：是指服务员不送餐上桌，由顾客自己领取食物的一种自我服务的餐饮活动。

◇ 包括：

① 各种西式快餐服务；

② 中式快餐服务；

③ 自助式餐饮服务。

◆ 不包括：

各种特色小吃的餐饮服务(如清真小吃、四川小吃等)，列入6790(其他餐饮服务)。

(3) 饮料及冷饮服务：是指以提供饮料和冷饮为主的服务。

◇ 包括：

① 各类茶馆；

② 各类酒吧、酒馆;

③ 各种咖啡厅(屋、馆);

④ 冰激凌店、冷饮店;

⑤ 以提供牛奶及饮料为主的乳品店;

⑥ 其他形式的饮料服务。

◆ 不包括:

① 以出售蛋糕、面包为主的乳品店、面包房，列入6522(糕点、面包零售);

② 可乐、矿泉水等饮料的柜台销售及流动销售，列入6525(饮料及茶叶零售)。

(4) 其他餐饮服务: 是指上述未列明的餐饮服务。

◇ 包括:

① 风味特色小吃(清真小吃、四川小吃等)餐饮服务;

② 提供单一类品种的餐饮服务(面条、粉丝、汤圆、包子、饺子等)餐饮服务;

③ 提供现场就餐服务的糕点制作售卖服务;

④ 仅提供早点的饮食服务;

⑤ 摆摊餐饮服务;

⑥ 流动车餐饮服务;

⑦ 餐饮配送服务(为公司、学校、机关等送餐);

⑧ 其他未列明的餐饮服务。

◆ 不包括:

为连锁快餐店送货的服务，列入5220(道路货物运输)。

二、餐饮的主要类型

餐饮企业作为餐饮业的基本构成要素与表现形式，其业态类型较为繁多。不同类型的餐饮企业，其经营管理运作模式与管理追求目标，既有共同性也有差异性，一般包括三大类。

1. 宾馆、酒店、度假村、公寓、娱乐场所的餐饮部系统

它是指为满足餐饮市场需求和获取商业利润而销售餐饮产品的工商企业。其综合性主要表现为集住宿、餐饮、康乐、购物、休闲、演艺等经营项目和业务活动于一体，其中，餐饮经营是企业的主要功能之一，如各类风味中西餐厅、酒吧、咖啡厅、泳池茶座、多功能厅等。

2. 各类独立经营的餐饮服务机构

它是指以经营餐饮为手段，以获取商业利润为目的的餐饮工商企业。一般为独立经营，规模可大可小，以提供某种风味食品为主，并可用连锁方式发展的社会餐饮企业。地理位置、经营定位、技术力量和服务水平也是影响该类企业经营的重要因素，如餐馆、酒楼、快餐店、小吃店、酒吧、茶馆、咖啡屋等。

3. 企事业单位以后勤保障为目的的餐饮服务系统

它是指在诸如公共性或民营的工商企业、医院、学校、幼儿园或监狱等机构内，为某一特定人群提供有限食品服务的营利性、非营利性或非完全营利性餐饮服务设施，如企业食堂、学校餐厅、医院供餐部等。

三、餐饮企业

餐饮企业是餐饮业的构成主体，是指凭借特定的场所和设施为顾客提供餐饮产品及服务的经济实体。它必须满足三个条件：一是传统意义上的餐饮企业，要有在空间上能为顾客提供餐饮服务的场所，但随着互联网+服务的发展，依附于网络的餐饮行业快速发展，打破了空间束缚。二是能够为顾客提供食品、饮料以及相应的服务。三是要以营利为目的，在工商管理机构注册备案的单位，具备企业性。

餐饮企业的分类如下。

(1) 按照管理模式分类，可以分为以下种类：以小餐馆、快餐店、咖啡厅为主的个体性质的餐饮企业；以标准化、具有可复制管理模式为主的餐饮连锁企业；以高档餐饮服务为主，能满足多层次需求的跨国餐饮集团。

(2) 按照餐饮行业分类统计来看，可以分为以下种类：提供正餐服务的餐饮业，提供各种中西式炒菜和主食，即点即食类，包括宾馆、饭店、酒楼、餐厅等；提供快餐服务的企业，一般菜式品类少，价格实惠，基本无服务，属于顾客自助服务的形式，包括各类连锁快餐企业、快餐厅等；提供酒水饮料及冷饮服务的企业，如奶茶店、咖啡厅、茶楼、酒吧等场所；其他餐饮服务企业，单一品种的餐饮服务，往往是一些风味小吃，地方特色的餐饮服务。

(3) 按照餐饮企业服务范围来看，可以分为以下种类：全球性餐饮企业、全国性餐饮企业、区域性餐饮企业、地方餐饮企业。

(4) 按照餐饮企业的融资渠道来看，可以分为以下种类：上市公司餐饮企业、新三板餐饮企业、一般餐饮企业等。

扫一扫，小知识

四、餐饮业的行业特点

餐饮业作为服务业，除具备服务业的基本特点外，还有自身独有的特点。

(一)餐饮业具有的服务业经济活动的基本特点

餐饮业作为服务业，有服务业的经济活动的基本特点。服务业经济活动是服务产品的生产、交换和消费的紧密结合。由此餐饮业也继承了服务业的经营特点。

1. 经营范围和服务对象范围(客源市场)广泛

由于餐饮业对社会生产、流通、消费所需要的服务产品都应当经营，所以其在经营品

种上没有限制。餐饮业可以在任何地方开展业务，因而也没有地域上的限制；对规模大小、场地要求也不限制。在社会分工中，是经营路子最宽、活动范围最广的服务行业。餐饮是人们日常生活中最重要的活动，餐饮服务对象范围广泛，没有限制性和特定性，既可以是机关团体、企业事业单位、政府机构，也可以是国内外各种类型的旅游者、当地居民。

2. 餐饮业如同服务业一样，会带动关联服务业

消费者的需要具有连带性，如旅店，除住宿外，还需要有通信、交通、饮食、洗衣、理发、购物、医疗等多种服务配合。大型服务企业一般采取综合经营的方式；小型服务企业多采取专业经营的方式，而同一个地区的各专业服务企业必然要相互联系以形成综合服务能力。

3. 业务技术性强

技术在餐饮行业中具有重要地位。餐饮技术分为两种模式：人员技术管理、机器技术管理。好的厨师是非常重要的，这里还要分析“好的厨师”不仅仅只是技术好。把菜炒得好吃的厨师不一定是好的厨师，懂得“顾客的心”的厨师才称得上合格的好厨师，了解消费者的需求、不断有新菜式、进货能控制品质与成本、人员品质的管理等。机器技术管理，如麦当劳、肯德基等餐饮业由机器来管理人，无论是一个四五十岁的中年人，还是一个十七八岁的年轻人，都能在这个环境中当厨师，因为一切都是“机器技术”。

技术进步加快推进了餐饮业的发展。中国饭店协会表示，大数据应用已成为餐饮业提质增效的重要手段。随着科技的发展，大数据信息收集越来越全面，越来越丰富，大数据的运用也越来越广泛，越来越深入。在餐饮业，除了为消费者进行精确画像，从而进行精准营销之外，大数据正在应用于餐厅定位、选址、经营决策、营销策划、供应链、运营管理等领域。例如，星巴克利用大数据做新店选址、换季菜单；味多美借助口碑大数据进行精准营销，并推出无人智能面包坊；牛肉粉品牌霸蛮基于数据分析精准获客等。

4. 分散性和地方性较明显

服务业主要是直接为消费者服务，而消费是分散进行的。因此，服务业一般实行分散经营。餐饮业经营相对分散，一般具有区位性，聚集在人员密集的场所。各地餐饮业是在不同的地域范围内经过漫长时间才发展起来的，不同的居住地区、风俗习惯，人们往往有着不同的饮食习惯，烹饪手法和口味都会出现不同程度的差异，中国的八大菜系就是因不同区域之间烹饪手法和饮食习惯不同而形成的。随着经济的发展，地域已不能限制人们的交流，人们更加愿意去品尝不同地域、不同特色的饮食。

(二)传统餐饮业的基本特点

1. 对旅游业和国民收入的依赖性

餐饮业是旅游业的重要组成部分，其发展规模和速度在一定程度上是建立在旅游业的基础上的。因此，餐饮业的发展必须坚持多类型、多层次、多方位、多结构，以适应旅游

业和社会各界人士的需要。其中涉外餐饮业必须纳入旅游行业管理之中，既要保持和旅游业的同步发展，又能提供高质量、高水平的服务。

2. 营销活动的波动性和间歇性

餐饮企业的营销活动受季节、气候、区位、交通条件等多种因素的影响，特别受旅游业的发展程度及季节波动性的影响较大。因此，餐饮管理必须根据企业所处外界客观环境，研究营销活动变化规律及其波动程度，采用灵活多样的经营方式，充分运用市场调节手段，广泛组织客源，尽量克服不利因素的影响，同时，要根据业务活动间歇变化规律，做好人力资源的调配和组织，提高劳动效率和服务质量，降低消耗。

(三)现代餐饮业的主要特点

现代餐饮业的发展已呈百花齐放之势，现代餐饮业的竞争如同百舸争流，但总结、归纳成功范例的经验，大体集中在以下几个方面。

1. 兼收并蓄

综观现代餐饮业，凡是受欢迎的菜系都有一个共同的特点：在完善、发展的过程中，注意学习他人，兼收并蓄，取长补短。广东菜之所以能风靡全国，与它在香港地区的发展有着密切的关系，它借鉴了其他菜系在辅料使用和制作方法上的特点，如对咖喱、椰奶的使用和对焗、烤等工艺的运用。上海(本帮)菜能够后来居上，更是由于它几乎吸取了各个菜系的优势。在上海菜中，人们几乎可以找到川菜、鲁菜、粤菜甚至西餐的原型，但都有被海派厨师改良过的痕迹。

2. 特点突出

广东菜的卖点是“鲜活”，正是依靠这一鲜明的特色，它牢牢抓住了餐饮市场的高档消费者；同广东菜相比，川菜的特点不是体现在原材料上，而是注重口味的变化，依靠这一特色，川菜占据了中低档的餐饮消费市场，这种准确的定位使得川菜始终保持了旺盛的生命力；上海菜海纳百川，若处理不好，则很容易造成平庸，但是一个“精”字就使得海派饮食实现了与粤菜、川菜等菜系并驾齐驱的态势。

3. 创新意识

饮食习惯的现代化使得一个餐馆或者某个餐饮品牌的生命周期大为缩短，更新周期也明显缩短，近几年的餐饮市场运转实践证明了这一基本判断。很多经济活跃地区的餐馆也只能各领风骚三五年，这几乎成为餐饮市场的一个定式。这是由现代餐饮业自身的发展规律所决定的，这个规律依赖于人们生活质量的提高，依赖于人们与生俱来的喜新厌旧的禀性，这种禀性在饮食方面就表现得尤为突出。所以追求饮食结构、口味变化、营销方式等方面的创新就成为餐饮业最终追求市场认可的必由之路。餐饮的创新动力来自三股力量：厨师、经营管理人员和营销人员。后者密切地掌握着大量的客人用餐信息反馈，他们的意见可以同经营管理者的意见结合起来，形成指导厨师技术创新的思路，只有这样的创新才具有旺盛的生命力。

4. 标准化与可复制性

餐饮连锁品牌的创建，标准化和可复制性成为规模扩张的核心要素。西餐中的麦当劳、肯德基、赛百味等都属于标志性的连锁品牌。显然，这类公司已经拥有正确的连锁模式。此外，还有千千万万的新一代品牌在向着经营正道前进。大规模的连锁企业应该怎样在竞争中立足？新兴的连锁企业要怎样做才能成为业内的黄金标杆？这些是餐饮经营者亟待解决的问题。中式餐饮受厨师制约，单一品牌规模扩张受限，但这一现象也在改变。我国借助火锅这一产品开始突破中式餐饮瓶颈。火锅门店可复制性强，门店拓展速度快，海底捞和呷哺呷哺过去三年店面数量翻倍增加；火锅每桌平均消费额逐年稳步升高，近五年提价 20%。

第二节　餐饮业的现状

一、我国餐饮业的现状

在改革开放 40 年的餐饮产业发展历程中，在很长时期内，餐饮业围绕政府消费以及温饱消费，把握住了餐饮市场化和餐饮需求社会化的发展机遇，实现了粗放式的高速发展，餐饮业收入快速突破万亿元(2006 年)、两万亿元(2011 年)、三万亿元(2015 年)、四万亿元(2018 年)，但是从产业自身来看，产业能力依然处于较低水平，一是产业化程度低，产业生产水平总体以家庭作坊式生产为主，产业分工水平低下；二是品牌竞争力弱，全国性品牌餐饮企业相对较少；三是创新能力弱，产品同质化程度高；四是食品安全风险控制水平落后。我国的餐饮业近几年一直保持着高速的发展趋势并呈现出强劲的发展势头以及广阔的发展前景，具有以下几个特点。

(一)餐饮业市场规模增长较快

我国餐饮业的行业规模和经营领域的不断扩大，已经成为国内消费市场中增长幅度最高、发展速度最快的行业之一。据国家统计局的统计，1978 年全国餐饮业零售额仅为 54.8 亿元，经过 20 年的发展，到 1998 年餐饮业的零售业达到 2816.4 亿元，比 1978 年增长了 50 余倍。自 1991 年以来，全国餐饮业零售额每年增幅都在两位数以上，2005 年全国餐饮业零售额达 8886.8 亿元，同比增长 17.7%，比上年净增 1331 亿元，占社会消费品总额的比重达到 13.9%。2006 年，我国餐饮业市场活跃，继续呈现又好又快的稳步发展态势，餐饮消费实现历史性的跨越，全年零售额首次突破万亿元大关，达到 10345.5 亿元，同比增长 16.4%，比上年净增 1458 亿元，比同期社会消费品零售总额增速高出 2.7 个百分点，比 GDP 增速高出 5.7 个百分点，与改革开放初期的 1978 年相比，增长了 188 倍。2017 年，全国餐饮收入 39644 亿元，同比增长 10.7%，较上年同期略低 0.1 个百分点。限额以上单位餐饮收入 9751 亿元，同比增长 7.4%，比上年同期大幅提升 1.4 个百分点，品牌餐饮引领作用显著。此外，餐饮业还在扩内需、促消费、稳增长、惠民生方面作用强劲。2017 年，餐饮市场将与整个消费市场发展速度(10.2%)的领先优势扩大至 0.5 个百分点，餐饮收入总规模占到社会消费品零售总额的10.8%，餐饮市场对整个消费市场增长的贡献率达到11.3%，拉动消费市场增长1.2%。

(二)餐饮业从业人口多且结构不合理

餐饮业是劳动密集型行业，也是吸纳社会就业的重要渠道之一，它可以吸纳多层次的就业人口，从高级经营管理人员、厨师到一般烹饪、服务人员以及勤杂人员，都可以解决就业问题。餐饮业从业人口规模大，根据测算，我国目前餐饮业吸纳从业人口超过了 3000 万，并且每年新增就业人口在 100 万人以上。餐饮业的核心在于服务，而从业人员恰恰是服务的提供者。从业者的服务意识、服务态度和服务技能会对酒店声誉和经济效益产生极大影响。目前，我国餐饮业从业人员结构不太合理，根据测算，在酒店餐饮从业人员的结构中，餐厅管理人员占总比例的52.66%，厨师管理人员占总比例的47.34%。从学历来看，初中及以下学历的从业人员约占总人数的 24%；高中学历的从业人员约占总人数的 71%；大专学历(包括进修取得的学历)的从业人员占总人数的4.66%；本科学历的从业人员只占总人数的 0.34%。就业人口增长与餐饮网点数量增长不同步。2017 年增速继续下降，但降幅有所收窄。据测算，中国平均每个餐厅仅约有3名从业人员，而美国有14人左右，日本则不到 8 人。在各项成本费用均攀高的情形下，餐饮企业投资和扩张更加慎重，全力激发和调动每个餐饮网点的发展动能，调整高位责任制、精准用工则成为其重要管理手段。

(三)大众餐饮与区域特色餐饮彰显发展优势

大众化餐饮是指面向广大普通消费者，以消费便利快捷、营养卫生安全、价格经济实惠等为主要特点的现代餐饮服务形式。在高端需求受到抑制的背景下，大众餐饮需求快速上升，餐饮行业呈现出明显的回暖态势。另外，在消费不断升级、新一代消费群体崛起的形势下，餐饮市场各业态品类百花齐放。中式正餐仍居强势主导地位，地方菜系的地域限制被淡化，逐渐由区域内向全国更广范围拓展；而休闲简餐高歌猛进，格调年轻、时尚、高雅的精品店层出不穷；西餐、日本料理、韩国料理等国际美食也逐渐发展壮大。在“一带一路”国家发展战略和地方政策激励下，西部地区充分发挥当地特色餐饮优势，餐饮业呈现高速增长态势。

(四)消费升级，促进餐饮市场品牌竞争与合作并行

随着消费者越来越关注产品和服务的质量，餐饮消费逐渐由价格导向转为品牌导向，餐饮业最核心的竞争力还是产品和服务。餐饮企业愈加重视品牌塑造和深耕，以及品牌维护和传承。市场竞争从业态品类进化为品牌之争，充分体现出餐饮行业的发展已上升至一个新阶段。

竞争与合作并行正是餐饮业发展的常态。一方面，随着信息传播的加速，商业空间的调整，餐饮业面临更加激烈的竞争环境。餐饮业是市场机制发挥得较为充分的产业，行业竞争激烈，每年新进市场和退出市场的主体都非常多。尤其是在人流向商业中心聚集的地区，与以往相比，消费者拥有更多的选择权，更低的选择成本，每个餐饮企业既拥有更多

更好的发展机会，同时也面临更多、更激烈的竞争。另一方面，随着市场竞争的加剧，餐饮竞争已不仅是单个餐饮企业的竞争，而是餐饮集群的竞争，商业区域的竞争，供应链的竞争，因此餐饮企业正在加强餐饮集群之间的合作，实现有序竞争，发挥餐饮集聚效应，加强与商业地产、各业态的合作，实现整个商圈的共赢，加强与上下游供应商的合作，实现餐饮企业核心竞争力的提升。当前餐饮业出现的共享厨房、共享厨师等新兴共享经济形态正是新时代下中国餐饮业竞合发展的重要体现。

(五)供应链物流发展促成线上餐饮业爆炸式发展

互联网推动餐饮产业平台经济蓬勃发展。餐饮产业互联网平台通过互联网培育发展餐饮产业多边市场，使得受时间和地域限制而割裂的餐饮市场打破时空限制，聚集形成规模化的市场，进而极大地提高了产业发展水平。除了餐饮外卖平台，还有面向消费者的互联网餐饮等位平台、互联网餐饮点餐平台、互联网餐饮支付平台、互联网餐饮评价平台以及集合上述服务的综合性平台；面向生产者主要有互联网餐饮供应链平台、互联网餐饮信息化平台等。这些平台的出现和发展可以提高餐饮产业市场的聚集水平，从而提高产业发展效率。

餐饮外卖外送正步入稳定发展期。2017 年全国在线外卖市场规模约为 2045.6 亿元，同比增长 23.1%，在线餐饮外卖用户规模超过 3 亿，市场规模占整个餐饮市场的比重持续上涨，2017 年达到 5%。外卖外送开始从价格导向往品牌导向转移，现正处于由量变到质变的过程中，且消费新格局蔓延至全时段场景。

扫一扫，案例分析

(六)中华饮食文化助力中餐走出去

文化底蕴是传统餐饮服务业发展之魂，现代餐饮服务业更是要继承和发扬中华饮食文化。当前，工匠精神备受推崇，区域特色美食、菜系风味向全国各地广泛蔓延，借助旅游业、餐饮文化博物馆和餐饮文化节目进一步拉动餐饮消费。

2017 年，中共中央国务院办公厅印发《关于实施中华优秀传统文化传承发展工程的意见》指出，要完善非物质文化遗产，重视保护和发展具有重要文化价值和传承意义的“绝学”。同期，2017 年中央经济工作会议指出，要围绕“一带一路”建设，创新对外投资方式，以投资带动贸易发展、产业发展。在这些背景下，中餐走出去就越来越有必要。

同时，中国餐饮走出国门更是以中华饮食文化为载体，文化先行为中餐进入海外市场奠定了基础。根据中国外文局于 2018 年 1 月发布的《中国国家形象全球调查报告 2016—2017》，中餐已成为海外受访者眼中最能代表中国文化的元素。目前，“中餐走出去”发展模式主要有：与海外企业合作开店；自主品牌，自我投资；与商业地产开展战略合作；投资收购参股海外企业；以劳务作为投资；以品牌、技术作为投资；多家企业联合专项投资。现在，已经有很多中餐企业在海外取得了成功。比如，2013 年，眉州东坡在美国加州比佛利开设第一家分店后，很多人专门从其他城市赶来尝鲜；大董纽约店的火爆也是超出了预期，预约就餐排到 3 个月后，而且相比别的中餐出海大多选址唐人街、中国城，大董开在了纽约核心商圈，直接辐射和打进了美国顶级圈层，着实为中国餐饮争了一口气。

二、我国现代餐饮业的发展特征

(一)从“高速度”变为“高质量”——餐饮行业发展趋势

随着改革开放的深入，餐饮业高速发展，各种类型的餐饮企业、个体经营、小吃茶饮等行业快速扩张。过去的30年，全行业年均增长18.6%，增速远远超过GDP和人均国民收入的增长速度。从规模上看，从54.8亿元到近4万亿元，增长超700倍。

当前，餐饮业结构不断优化调整，发展方式正由外延扩张型向内涵集约型转变、由规模速度型向质量效率型转变，逐步在经营管理、品牌塑造、模式创新、技术应用、现代供应链等环节全方位改进。餐饮业供给侧结构性改革以提高供给质量为主攻方向，以提高发展质量和效益为中心。

中高端合理需求走高。大众化餐饮蓬勃发展，而中高端餐饮也逐渐回归理性。随着消费结构的不断升级，餐饮消费需求更趋品质化、精细化、体验化，中高端需求再次细分至超高端、高端、中高端、中端，既注重消费场景和菜品的精致美感，又能使宴请、聚会双重体验的模式开始受欢迎。与此同时，餐饮业也出现了团餐、外卖、火锅、西餐、日料、特色餐饮等业态，业态结构更加丰富和多元化。

(二)从“大而全”变为“小而美”——彰显餐饮业个性化服务

在消费需求个性化、多样化的驱动下，餐饮企业从传统“大而全”转为“小而美”，以单款产品为主打的单品店发展迅速，同时单品店更容易高度标准化，这有助于餐厅形成规模化经营。有数据显示，2016年以后，大量网红品牌和全国连锁品牌通过网络信息、短视频等新媒体宣传，快速占领市场。如黄焖鸡米饭、韩国炸鸡店、烩灵顿牛排杯等典型的“小而美”单品餐饮品牌爆发式增长。这种“小而美”“轻餐饮”的单品店为何如此火爆？主要是因为它开店门槛低，一般是极具地方特色的小吃；单品制作简单，凸显专业化；备料简单、采购成本低，因此产品质量更可控。同时它们还具有易标准化、易复制的特点，开分店容易、无须专业大厨，人力成本低。

(三)从“吃排场”到“吃绿色”——环保理念得到认可

随着中国消费者生活水平和健康意识的不断提升，预示着不仅要吃得美味还要吃得健康，低油、少盐、低糖等用餐需求越来越广泛。据调查显示，82%的受访者愿意花更多的钱购买不含有不良成分的食物，这些比例都高于全球平均水平。

从目前餐饮行业的发展看，天然健康餐饮的风口已经来临，而依据就是无添加产品的市场占有率直线上升。不少餐饮企业已经看到了健康餐饮的市场契机，西贝、九毛九等品牌，都在宣传上强调“天然无添加”等健康理念。例如，麦当劳在2016年7月召开了菜单变革的主题晚会，在晚会中提出：健康均衡是未来餐饮业的趋势。

2018年，商务部等九部委发布了《关于推动绿色餐饮发展的若干意见》，提出打造“节约、环保、放心、健康”的绿色餐饮服务的要求，到2022年，培育5000家绿色餐厅，每万元营业收入(纳税额)减少 20%以上的餐厨废弃物和能耗。9 月，《中共中央国务院关于完善促进消费体制机制进一步激发居民消费潜力的若干意见》发布，再一次明确提出鼓励创建绿色饭店，促进消费提档升级。

推动绿色餐饮发展的主要任务：一是健全绿色餐饮标准体系。加快形成国家标准、行业标准、地方标准与企业标准相互配套、相互补充的绿色餐饮标准体系。制定绿色餐饮服务和管理标准，完善绿色餐饮评价标准。二是构建大众化绿色餐饮服务体系。鼓励绿色餐饮企业发展连锁经营，进社区、进学校、进医院、进办公集聚区、进交通枢纽等重要场所，建设便民服务网络。加快发展早餐、团餐、特色小吃等服务业态，优先供应面向老人、中小学生等特定群体的服务品种。三是促进绿色餐饮产业化发展。支持餐饮企业建立“生产+配送+门店”绿色餐饮供应链，鼓励餐饮企业建设“中央厨房+冷链配送+餐饮门店”绿色餐饮生产链，引导餐饮企业减少使用一次性用品，打造绿色餐饮服务链。四是培育绿色餐饮主体。宣传推广绿色餐饮标准，支持各地商务等相关部门健全绿色餐饮工作机制，开展绿色餐饮标准培训，举办绿色餐饮宣传活动。推动餐饮企业、机关和高校食堂落实绿色餐饮各项标准，培育一批绿色餐厅、绿色餐饮企业(单位)、绿色餐饮街区。五是倡导绿色发展理念。鼓励餐饮企业将绿色发展理念融入服务人员行为规范，加强职业道德教育，使绿色发展理念转变成服务人员的自觉行动。将“绿色餐饮”理念纳入“文明城市文明单位创建”等内容，推动绿色餐饮理念进机关、进乡村、进社区、进学校、进企业。全国多地也在推进绿色餐饮活动，如上海、西宁等地推进“绿色餐厅”的创建；北京支持创建绿色商场、绿色饭店等流通主体，丰富绿色产品多元供给体系；湖南积极引导企业构建大众化绿色餐饮服务体系，促进绿色餐饮产业化发展，培育一批绿色餐厅、绿色餐饮企业(单位)、绿色餐饮街区等。

(四)从“流量网红”到“产品研发”——互联网+餐饮的回归

“互联网+”是创新 2.0 下的互联网发展的新业态，是知识社会创新 2.0 推动下的互联网形态演进及其催生的经济社会发展新形态。“互联网+”是互联网思维的进一步实践成果，推动经济形态不断地发生演变，从而带动社会经济实体的生命力，为改革、创新、发展提供广阔的网络平台，是利用信息通信技术以及互联网平台，让互联网与传统行业进行深度融合，创造新的发展生态。它代表一种新的社会形态，即充分发挥互联网在社会资源配置中的优化和集成作用，将互联网的创新成果深度融合于经济、社会各领域中，提升全社会的创新力和生产力，形成更广泛的以互联网为基础设施和实现工具的经济发展新形态。

自 2015 年以来，互联网+餐饮迅速扩展，一大批餐饮企业借助于互联网+思维，利用点评网站、美食节目、微博、微信等网络和社交平台来扩大品牌知名度和影响力，主要靠粉丝群开展定向营销。网红餐饮在网络媒体上以几何级数扩散的品牌效应，使其消费人数在短时间内呈爆炸式增长，加上美团、饿了么等第三方网络销售平台的参与，商家在长时间、高强度的工作环境下对食品安全的把控更难；网红餐饮在短期内利用粉丝效应大规模积聚资金，这对企业资金的管理和对企业未来发展的谋划也提出了更高要求，一部分网红餐饮选择增开分店，又涉及新员工的培训和餐饮品质的保持。网红餐饮在红过一阵以后销声匿迹，或者人气大不如从前，又或者因为食品安全问题而成为“网黑”，都是近年来屡见不鲜的现象。

喧嚣过后，为什么有些互联网餐企留存，有些成为泡沫而破裂？曾经以为营销大于产品，打着互联网旗号颠覆传统餐企的一部分新锐餐企，由于低估了餐饮业的复杂性而不断遭遇困境，纷纷跌落神坛，如黄太吉、雕爷牛腩、COO 等互联网餐企。相反，另外一部分注重深耕产品和盈利模式的互联网餐企却迎来了逆势增长，获得了资本市场的进一步认可。比如在 2016 年年底，遇见小面获得了弘毅资本 2500 万元 A 轮融资。

出现这种差别的根本原因在于，除了将互联网作为营销手段之外，互联网餐企是否深耕产品，是否用互联网的“黑科技”和理念探索出了清晰的餐饮盈利模式和标准化可复制的扩张模式。

在新餐饮时代，餐饮零售化成为突出特点。尤其是在互联网、物流冷链技术的推动下，餐饮企业呈现出新零售属性，即“堂食+外卖+外送+流通食品”。中国饭店协会发布数据显示，零售化对餐饮业收入有着突出贡献。一批餐饮企业加强名菜名店的工业化，通过餐饮门店销售+零售，线上线下结合，为企业带来新的增长点，如上海新雅粤菜馆的半成品菜肴、广州酒家线上线下的餐饮食品、杭州知味观的食品工业化等。这些餐饮企业中的零售业务都已经成为集团的重要支柱产业。

(五)从“有人服务”到“自助服务”——餐饮智能化时代到来

智能化餐厅是基于互联网和云计算技术为餐饮店量身打造的智能管理系统，通过互联网智能化手段及信息管理系统等显著条件，来进一步减少餐厅中的员工数量、降低经营成本、提升管理绩效的综合因素。所谓智能化餐厅，不仅仅是采用了高科技手段、高大上产品，而且要具备餐厅中所需的各项设施和条件，譬如设备、服务、体验以及节省员工数量、降低运营成本等，在原有的基础上提高产品体验、服务体验、技术创新等也是智能餐厅的表现形式之一。

由于面临食品原材料成本上升、劳动力成本提升、管理人才匮乏、成本控制难等多方面问题，行业竞争愈演愈烈，全国各地的传统型餐饮企业更是出现了较高的倒闭潮。未来会有什么“黑科技”来拯救餐饮业这一局面呢？早前麦当劳在深圳这块宝地，成功升级了“未来 2.0”餐厅。只要通过数字化硬件、个性化产品与人性化服务，就能全面提升顾客用餐体验，并宣布旗下的 5000 家门店开通自助点餐。微信、电子屏幕等自助点餐机的普及推动了餐饮产业升级，并从外国引入了像考拉商圈这样的线下餐饮服务商。从排队到客户运营，这样的软硬件管理体系，能更加方便地获取庞大的线下会员数据。如今的麦当劳正在实现数据驱动下的精益化运营。

由此可见，智能化的出现令餐饮店的支付方式发生了巨变。消费者如今不用排队，更不用带现金，只需轻轻一点，便能选择自己喜欢的食品，手机一扫即可完成消费。对于餐企来说，点餐工具简化了结账流程、加快了结账速度。会员系统、等位系统、收支付等模式的出现，减少了传统餐企的经营成本，令消费者的店内服务体验快速上升。

三、世界餐饮业的现状

随着经济和社会的发展，居民逐渐趋向于在外用餐，全球主要餐饮市场都实现稳定增长。

美国是世界餐饮规模最大的国家，根据美国餐馆协会统计，2013—2017 年，美国餐饮收入增长率平均约为 3.5%。无论是餐饮行业管理服务水平，还是标准化水平、连锁经营程度和集中化程度，美国餐饮业都处于领先地位。QSR 杂志发布的 2016 年全球快餐休闲餐饮品牌前十位都来自美国，十强销售额总和占到了全美的 15.5%，而前三位的麦当劳、星巴克、赛百味占 8.2%，它们在全世界均拥有万家以上连锁门店。

在欧洲，外出就餐是当下最流行的休闲活动之一，这也促进了当地餐饮业的蓬勃发展。欧洲最大的两个餐饮市场是英国和法国，意大利、西班牙等国家也具有重要影响力。

亚洲各国中，日本餐饮行业发展战略根据经济形势和市场变化不断转变和调整，餐饮品牌发展模式也由“大而全”演变至“小而精”。日本餐饮市场发达程度位列世界领先水平，其独有的餐饮管理理念拥有绝对优势。根据日本总务省统计局数据显示，2017 年 1—11 月，日本餐饮服务业销售额为 199647 亿日元，同比增长 0.8%，其中外卖外送占比 11.6%；从业人数 495 万人，同比增长 1.7%。

根据韩国餐饮产业协会数据，2015 年，韩国餐饮产业规模 83 万亿韩元，同比增长 3.8%。2016 年开始，韩国餐饮市场发展呈现小幅下降趋势。韩国非常重视本土餐饮品类和品牌的发展，针对不同人群的不同需求推出不同种类的菜品，力求顺应消费的变化趋势。

第三节　餐饮业的地位、作用

餐饮业是否发达，是城市商业繁华与否的直接表现，餐饮行业也是城市经济发展速度的晴雨表。1980 年，中国第一家个体餐饮营业牌照发给了北京胡同里的悦宾饭店，此后，餐饮行业跟随中国改革开放的脚步，走过了波澜壮阔的 40 年。中国烹饪协会的数据显示，我国餐饮业年平均增长率持续保持两位数，目前餐饮市场规模已经超过了 4 万亿元，是全球第二大餐饮市场。餐饮业的高速发展，直接奠定了其在国家经济中的地位，彰显了其重要作用。

一、餐饮业的高速增长，带动产业链条发展，是国民经济的新增长点

餐饮业的发展规模、速度和水平，往往直接反映一个国家、一个地区的经济繁荣和市场活跃程度。它是国民收入和人民生活水平迅速提高，消费方式和消费结构发生深刻变化的重要体现。同时，餐饮业的迅速发展，需要国民经济提供基础设施、生产技术设备、物资用品和各种食品原材料，这必然会促进轻工业、建筑、装修、交通、食品原材料和副食

品生产等相关行业的发展。

2017 年全年我国餐饮收入 39644 亿元，比上年增长 10.7%。其中，限额以上单位餐饮累计收入 9751 亿元，同比增长 7.4%。从餐饮行业近五年的数据来看，自 2015 年起，全国餐饮收入保持着两位数的稳定增长。2015 年全国餐饮收入达 32310 亿元，同比增长 11.7%，达到近几年来增速峰值，2017 年增速相对有所放缓。据国家统计局公布的最新数据显示，2018 年 1—6 月，餐饮收入 19457 亿元，同比增长 9.9%。

二、餐饮业销售收入逐步提升，是国民经济的重要组成部分

一直以来，餐饮业都是服务业的重要组成部分。国家统计局数据显示，2018 年全国餐饮收入达到 42716 亿元，占社会消费品零售总额的比重为 11.2%，比上年提高 0.4 个百分点，市场规模持续扩大。餐饮市场对整个消费市场增长的贡献率达到 11.3%，拉动消费市场增长 1.2 个百分点。经营网点从不足 12 万个到 465.4 万个，约增加 38 倍。截至 2017 年，全国餐饮企业已达 465.4 万个，经营网点数量超过 800 万，40 年间约增长 39 倍。目前我国餐饮业网点中，个体、私营和三资企业为代表的非国有经济的比例已占到 95%，成为行业主体。1978 年餐饮收入达 54.8 亿元，当年 9.62 亿人的人均年消费不足 6 元；而到了 2017 年，全国餐饮收入 39644 亿元，按国家统计局公布的 13.9 亿人口计算，人均年消费达 2852 元。这个数据较改革开放之初增长约 500 倍。

三、餐饮是全域旅游消费的重要组成部分，是推广城市旅游的味道名片

酒店与餐饮业是现代服务业的重要组成部分，是解决好旅游问题的关键，位于旅游业六要素之首。在当前全域旅游发展中，餐饮业成为旅游的一个重要体验。中国饮食文化源远流长，传承发展，在吸收地方特色和风土人情等区域餐饮文化方面，形成了具有民族特色、地域文化特色的菜系、菜品。大力发展国际、国内旅游，有助于加强国内外的经济、文化交流，增进各国和各民族间的相互了解和友谊；有助于我国吸收外汇，促进国民经济的发展；也有助于增加就业，满足国内人民日益增长的物质和精神生活的需要。随着我国旅游业的不断发展，大批海内外旅游者前来游览观光、探亲访友、从事科学考察等，与此同时，他们需要品尝异域的饮食风味、领略当地的风土人情。餐饮业为他们提供风味独特、环境优美和服务优良的餐饮产品，这不仅可以满足客人的需求，而且其高超的烹饪艺术、独具特色的饮食产品也是饮食文化的结晶，本身又可以成为旅游资源，广泛吸引海内外旅游者前来旅游。

四、餐饮业是创造社会财富、实现国民收入再分配的重要服务行业

餐饮业利用餐饮设备技术，通过将食品原材料加工制造成产品，本身可以增加产品价值。餐饮业是劳动密集型产业，也是可以提供大量就业岗位的行业。这些岗位层次多、覆

盖面广、技术门槛要求低，既有高层次的餐饮管理人才，又有厨师、面点师等技术工种，还可以吸纳社会闲散劳动力，如服务员、洗碗工、清洁工等，能有效缓解城乡就业矛盾，促进社会和谐发展。

餐饮业的发展，为大批人员提供了就业机会，成为解决我国职工就业和下岗职工再就业的重要出路之一。我国餐饮业的从业人员已达到2000万人。今后，随着我国餐饮业的发展，还将为越来越多的人提供就业机会。

五、餐饮业是我国向国内外宾客介绍、宣传我国饮食文化的重要行业

现代社会中，一个国家的餐饮已成为吸引国际旅游者的重要旅游资源。中国的饮食文化和烹饪艺术博大精深、历史悠久、享誉天下，已成为吸引众多外宾来华旅游的因素之一。作为餐饮业重要组成部分的饭店餐饮部门以及社会高级餐厅，担负着弘扬我国饮食文化、挖掘我国旅游资源的重任。

本章小结

本章介绍了餐饮业基本概念、餐饮行业特征、餐饮行业现状、餐饮行业的地位与作用。结合服务业基本特征，阐明了餐饮业自身具有的服务业特征与自身发展特征。结合我国经济发展，详细介绍了餐饮行业现状。结合国民经济分类，阐明了餐饮行业的地位和作用。

习　题

一、单项选择题

1. 2018年，我国餐饮行业收入突破(　　)万亿元。

A. 一　　B. 二　　C. 三　　D. 四

2. 餐饮业的基本特征主要包括经济特征、(　　)、文化特征和多元化特征。

A. 历史特征　　B. 区域特征　　C. 环境特征　　D. 金融特征

3. 餐饮业不得(　　)餐饮服务许可证。

A. 伪造、涂改、出借　　B. 伪造、涂改　　C. 伪造

4. 经营面积(　　)平方米以上的就餐场所应备有洗手间，并添置洗涤用品。

A. 200　　B. 100　　C. 50　　D. 500

二、多项选择题

1. 根据《国民经济行业分类》(GB/T 4754—2002)中华人民共和国统计局行业分类标准：[67]餐饮业，一般包括以下哪几种服务?(　　)

A. 正餐服务　　B. 主快餐服务

C. 饮料及冷饮服务　　　　　　　　　　D. 其他餐饮服务

2. 餐饮业的特点有(　　)。

A. 膳食品种繁多，制作工艺复杂

B. 原料多种多样，来源不易控制

C. 餐饮单位规模千差万别，多数缺乏有效的自身管理

D. 从业人员卫生素质低，流动性大，难以管理

3. 餐饮服务质量的好坏取决于在享受服务后的(　　)。

A. 满意程度　　B. 生理感受　　C. 需求满足程度　　D. 心理享受

三、简答题

1. 简述我国餐饮行业的基本特征。
2. 简述餐饮行业的地位和作用。
3. 餐饮行业大致分为哪三类？

四、论述题

结合互联网+相关内容和你身边的实际情况，论述我国餐饮行业的未来发展趋势。

五、案例分析题

一天，有 10 位客人来到餐厅就餐，他们点了菜之后边吃边谈，在这顿饭即将进入尾声的时候，客人点了主食——每人一碗豆面。服务员将豆面送到每一位客人面前，客人们并未立即食用，而是继续交谈着。大约 10 分钟后，有的客人开始吃面，其中一位客人刚吃了一口，便放下筷子，面带不悦地对服务员说：“这豆面为什么这么难吃，而且还黏到一起，不会是早就做出来的吧？你知道吗？这顿饭对我来说是很重要的。”服务员连忙解释说：“先生，我们对客人点的饭菜都是现点现做的，一般的面条在做出几分钟后就会黏在一起，而豆面的黏性比其他面的黏性大。如果做出来不马上吃的话，必然会影响面条的口味和口感。我们通知厨房再给你做一碗面，好吗？”客人说：“不用了，再做一碗豆面也不能挽回我的损失。”

问题：

(1) 客人为什么会发怒？

(2) 服务员的正确做法应是怎样的？

(3) 如果你是餐厅部经理，你将如何避免此类事情的发生？

扫一扫，习题答案

第二章

餐饮服务概述

【学习目标】

通过本章的学习，重点了解餐饮服务的基本概念；掌握餐饮服务的发展，了解餐饮服务的基本特点、主要方式等；理解餐饮服务在餐饮业中的作用。

【关键词】

餐饮服务　餐饮服务分类　餐饮服务作用　餐饮服务发展

引导案例

金钱豹的快速扩张与陨落

金钱豹原来是台湾企业，由台湾人袁昶平于 1991 年创办。他将全球 400 多道美食摆在一个餐厅里，从鲍鱼龙虾、燕窝鱼翅，到不限量供应的哈根达斯冰激凌、甜品，对当时的大众消费者来说，这些都是奢侈品。但在这里，消费者可以自助取餐、随意享用。人均 200 元的价位也不是一般家庭所能承受的，正因为定价不菲，加之无论什么阶层的人来吃一顿金钱豹自助餐，都是很有面子的。很快，金钱豹就成为当时自助餐的高端代表。

2003 年进入大陆市场后，金钱豹的定位恰好迎合了当时的消费需求，发展迅猛。到 2013 年，金钱豹在大陆的门店数量突破 20 家。早在 2011 年，金钱豹就计划在 3 年内把门店拓展至 40 家，年营业收入 30 亿元人民币，并在当年下半年赴港上市。另据其公司网站资料显示，金钱豹旗下有美食百汇、龙会所、国际会议中心、金璨婚礼、外烩 5 个子品牌，单店每月客流量 10 万人次，每年预计约 100 万人次。这些骄人的数据无一不在印证金钱豹高端自助餐厅的火爆。

金钱豹为何如此受欢迎？复盘其发展历程，无外乎以下几点原因。

(1) 迎合当时消费需求，食材高端新颖并且稀缺，价格高昂反而符合“只买贵的，不买对的”的消费心理。

(2) 中餐、西餐复合式自助供应，可选择性强。

(3) 全家欢式用餐环境，不限量供应，扶着墙进去，扶着墙出来，满足消费者的口腹之欲。

(4) 赶上高端餐饮，尤其是以政务为主的高端消费的风潮，恰好高端餐饮市场发展迅猛。

既赶上一波消费浪潮，又能提供特色食材，还能让原有的自助餐模式有了标新立异的内涵，金钱豹顺势成长为高端自助餐的一面旗帜也不足为奇。但市场瞬息万变，金钱豹上升到一个顶峰后，开始与时代脱轨，很快就走到一个拐点，最终没能爬出泥淖，且迅速败亡下去。

从 2016 年年底开始，金钱豹 26 家门店全部停业。2003 年，金钱豹开始进入大陆市场，曾有“最贵自助餐”之称。作为国内复合式自助餐厅模式的开创者，金钱豹曾一度发展得顺风顺水。然而，随着消费层级的提升，“新餐饮”的崛起，消费者的消费习惯发生改变，消费者需求的提升，对餐饮企业的要求越来越高。一成不变的金钱豹意识到，只有“转型”才是维持高流量的保障。可是，金钱豹的转型不是回归产品、服务本身，而是靠卖身注资，铺市场。

(资料来源：《昔日高端自助餐如今惨淡倒闭，金钱豹都经历了什么？》
https://tech.sina.cn/csj/2017-07-12/detail-ifyhwehx5734629.d.html)

思考：金钱豹为什么会快速陨落？

解析：

很多人都在惋惜，曾经火遍中国的金钱豹为何沦落到今天的地步？对于餐饮从业者而

言，这几点教训需要吸取。

首先，要围绕产品和服务打造核心竞争力，对餐饮企业来说，食材、菜品以及标准化服务就是产品。金钱豹依靠高端、高价的食材和商品在自助餐饮上走出一条品牌辨识度鲜明的路子。但后期在菜品和食材上把关不严，服务也随之脱节，大量消费者投诉海鲜不新鲜，哈根达斯停止供应以及服务差劲等情况，大众点评上的差评也影响了其形象，这无形中就把食客拒之门外。

其次，要注意成本控制，及时调整经营方向。安佰深时期，金钱豹仍然延续原有的“暴发户”式风格，根据媒体报道，金钱豹单店面积达到数千平方米，装修费用在3000万元以上。而到了嘉年华国际手中，也没有多少实际投入，未优化金钱豹的经营方式。

最后，加强内部管理，提升企业的经营效率。金钱豹在经历两次甩卖之后，内部管理混乱，几乎到了“兵不识将，将不识兵”的地步。据澎湃新闻报道，金钱豹在遭遇闭店危机后，首先失联的是部分集团高管。而在经营管理层面，部分门店竟然私吞现金流，然后再以盈利去弥补空洞；有员工私下办理优惠充值卡，拿现金套现，获利丰厚。有爆料称，一个收银员月薪2400元，结果LV包能买好几个。甚至有高管在离职前夕，还为自己开出10万元的奖金。上行下效，管理乱成一团。对餐饮企业而言，加强内部员工和高层的管理，尤其是财务监管，才能提升企业经营效率；否则，他们就会像蛀虫一般侵蚀掉整个企业的肌体。

第一节　餐饮服务的概念

一、餐饮服务的定义及内涵

(一)餐饮服务的定义

餐饮服务指餐饮人员通过即时制作加工、商业销售和服务性劳动等，向消费者提供食品和消费场所及设施的服务活动，它包括餐前准备服务、餐中服务、餐后服务等环节。在餐饮行业中，餐饮服务和餐饮产品是两大系统支撑，二者关联密切，但也存在区别。餐饮服务中要明确服务的主动对象是餐饮从业人员，服务对象是就餐的客人，服务贯穿整个就餐过程。这种服务既有严格的服务程序和操作规范，又要遵守特定的礼貌、礼节。那么如何理解我们所从事的服务工作呢？

(1)　我们是为客人就餐服务，让客人达到花钱买享受的目的。

(2)　为了餐厅效益达到营利的目的。

(3)　为了自己能拿到一份不错的报酬。

(4)　为了发展前途，培养自己。

(二)餐饮服务的主要内容

餐饮服务的主要内容如下。

(1) 辅助性的设备设施，如桌椅、餐具、服务产品等。包括食品质量、设备设施、环境气氛。

(2) 使餐饮服务易于实现的产品，如菜肴、酒水等。包括安全服务、服务项目、服务水平。

(3) 明显的服务，即消费者感觉到的各种礼仪。包括技能技巧、礼仪礼貌。

(4) 隐含的服务，即消费者的心理感受或附属于服务的特征。主要指服务态度。

(三)餐饮服务的分类

餐饮服务项目是指餐饮企业向宾客提供的服务内容，以满足宾客生理上和心理上的需求。可以分为普通餐饮服务和特色餐饮服务两大类。

1. 普通服务项目

普通服务项目按餐饮场所及设施的功能又可分为以下种类。

(1) 中餐早餐、正餐服务(零点、套餐)；

(2) 中式宴会服务；

(3) 西餐早餐、正餐服务(零点、套餐)；

(4) 西式宴会、冷餐会、鸡尾酒会服务；

(5) 自助早餐、自助正餐服务；

(6) 会议服务；

(7) 酒吧服务。

2. 特殊(色)服务项目

(1) 客房送餐。

客房送餐服务是星级饭店为方便宾客，迎合宾客由于生活习惯或特殊要求如起早、患病、会客、夜宵、聚会等需要而提供的服务项目。此项服务不仅可以增加饭店的经济收入、减轻餐厅压力，而且能体现饭店的档次。客房送餐部通常是饭店餐饮部下属的一个独立部门，一般提供不少于 18 小时的服务，中小型星级饭店的客房送餐组常设置于咖啡厅。客房送餐服务的主要项目有早餐、全天候送餐、下午茶点、各种酒水饮料、房间酒会、VIP 客人赠品等。

(2) 外卖服务。

外卖服务是指饭店根据客户需求派员工到宾客驻地或宾客指定的地点提供宴请服务。常见的外卖形式有冷餐酒会、鸡尾酒会、中西餐宴会等。外卖服务是体现高星级饭店经营水准的一个标志，体现饭店餐饮的最高技术水平和服务水平。外卖服务从开始策划、实地调查、组织人力物力到实施计划、现场督导、圆满结束，自始至终都要求饭店各部门通力协作，以保证各个环节顺利完成。

(3) 主题庆祝活动。

主题庆祝活动是指饭店根据宾客所提出的主题或为了营造节日的气氛而精心策划和组织的“餐娱活动”，通常被称为“Party”。主题庆祝活动常常充满丰富的想象和无穷的乐趣并带有离奇的内容。无论是菜肴饮品的制作、菜单的装帧设计、环境的装饰布置，还是服务人员和宾客的服饰要求等都应与主题相符。主题庆祝活动将餐饮和娱乐巧妙地结合在一起，充分体现饭店餐饮艺术的水平和全方位多元化的餐饮服务，如圣诞新年晚会、化装狂欢舞会、国庆晚会等。主题庆祝活动也可根据宾客的意旨在宾客指定的家中、公司、户外、使馆等地举行。

(四)服务与产品的辩证关系

服务和产品是餐饮业的两大核心要素。大部分人把服务和产品结合了起来。很多时候会认为提供产品时，服务就应该是免费的。服务是一种特殊的无形活动，是一个独立创造价值的部分，而且服务所能提供的创造价值是非常奇特的，因为服务可以提供一种满足感。又因为它能提供特有的价值和满足感，它其实和产品销售没有直接关联。服务和产品是两条并行的线，服务不是对产品做互补，而是创造一个多的价值给顾客。服务与产品一定是互相平行的，服务做服务的，产品做产品的。产品的价值须由产品自己来解决，服务的价值须由服务自己来解决，它们各自解决各自的价值。

很多人做服务行业，也要把产品做好。只不过服务行业的主要价值来自服务，做产品公司的主要价值来自产品。服务行业的满意度来自服务，如果把产品做好，就增加了一个附加值，叫作情感。反过来说，如果是产品公司，把产品做好了，满意度主要来源于产品，但增加附加价值来自服务，所以我们在和顾客沟通时一直在做价值交换。

任何一个顾客的价值交换中都有两个内容，一个是主观的，一个是客观的；一个是功能性的，一个是情感性的。永远都有两个东西，只满足单方需求的，都不可能获得顾客价值的认同。在以体验经济为主的环境下，不管做什么行业，服务永远是必须要做的事。

二、餐饮服务的作用

(一)餐饮服务能够营造良好的用餐环境

顾客在餐厅消费，体验到的不仅仅是美味的菜品，温馨的服务，还有容易让顾客忽略的声音、光线、温度等环境因素。音乐的设计、光线的布置、温度的设定，顾客会觉得很舒服或者不舒服，可能也说不出什么理由来。但对于商家来说，要想给顾客提供一个温馨、舒适的就餐环境，就必须事先进行周密的设计和布置。

良好的餐饮服务可以有效弥补餐馆在菜肴、设施等方面的不足，使顾客得到心理满足。美味佳肴、环境优雅、设施完善固然能给顾客留下深刻的印象，而优质的服务同样可以给顾客带来精神的享受、观感的满足，使顾客流连忘返，念念不忘。

优质的餐饮服务包含了一流的服务态度、服务技巧、服务水平和服务方式。餐馆服务员主动、热情、耐心、周到的服务，必将给顾客带来心理上的享受和满足。

(二)餐饮服务能展现餐饮企业的声誉

餐饮部所管辖的范围包括各类餐厅、酒吧等传统的经营场所，如今大多数饭店的餐饮管辖范围已扩展至娱乐、会展等。所有这些餐饮经营场所和餐饮设施都是客人经常活动的地方，是客人在饭店的活动中心。餐饮部工作人员，特别是餐厅服务人员直接为客人提供面对面的服务，其服务态度、服务技能都会在客人心目中产生深刻的印象。客人可以根据餐饮部为他们提供的餐饮产品的种类、质量以及服务态度等来判断饭店服务质量的优劣及管理水平的高低。因此，餐饮服务的优劣不仅直接关系到饭店的声誉和形象，而且直接影响饭店的客源和经济效益。

餐厅服务工作是企业的窗口，餐厅服务是直接与客人接触的工作，服务时间较长，服务质量的高低直接影响企业的声誉。优质的餐厅服务工作是企业创利的重要来源，服务质量的高低关系到企业的发展，关系到企业在市场竞争中的地位，企业的知名度。密切企业和顾客的关系，使大多数顾客成为回头客。回头客也是“一则广告、一张宣传单”，应千方百计地满足客人的正当需求。

(三)餐饮服务是饭店服务的重要组成部分

餐饮部是饭店的重要盈利部门之一。在欧美国家，饭店的餐饮收入一般占饭店总收入的35%左右(食品占25%、饮料占10%)，仅次于客房收入。我国的一般旅游饭店的餐饮收入占饭店总收入的1/3，但不同规模、档次的饭店，餐饮收入所占的比例也有所不同，餐饮经营规模大、功能齐全，餐饮收入所占比例就高；反之则低。同时，餐饮收入还受经营思想、经营方式、饭店位置、饭店内外部环境、经营品种、设备设施条件等诸多因素的影响，特别是餐饮客源结构发生根本性转变以后，餐饮收入的多少以及在饭店总收入中所占比例的大小都会发生变化。如今，餐饮业已步入微利时代，因此，通过扩大宣传促销、开发有特色的餐饮产品、增加服务项目、严格控制餐饮成本和费用、增收节支等手段，可为饭店创造较高的经济效益。

(四)餐饮服务是餐饮企业效益提升的前提

企业的经济效益会受到企业经营要素的影响。服务质量作为一项重要的经营元素，直接影响着企业经济效益的实现。餐饮业的服务是企业无数细微工作的综合表现，为广大消费者提供优质服务是餐饮业的基本职责。每一位消费者都有可能成为企业的“活广告”。因此，服务的态度和水平、服务的技巧和能力都将成为企业对外树立形象的基础。

餐饮经营离不开服务，服务决定着经营的成败。同样的菜品、同样的价格、同样的环境，但服务不一样，最终产生的结果会不同。好的服务会给企业带来巨大的经济效益，显示经营依存于服务之中的特性。由于买方市场的出现，竞争机制的形成，众多企业已感到经营上的难度。服务工作的好坏，已严重影响了企业的经济效益。经营者必须有为公众服务的策略，去争取更多的顾客。因此，服务是提高效益的必要条件。

在实际工作中，一些企业的经营者已意识到树立企业的服务观念是当务之急。所以必须用新的观念来分析市场，必须把企业的服务项目与市场结合起来，只有这样才能取得经济效益。服务是特殊的消费品。在直接为消费者提供服务的工作中，服务人员的工作不仅反映本人的业务素质和精神面貌，而且反映着整个企业的管理水平。虽然服务是一种无形的东西，然而看似无形却有形，无论所提供的服务是活动性的服务，还是精神需要的服务，都是企业能否取得经济效益的前提。

一些经济效益好的餐饮企业，尤其重视优质服务工作，把服务视为效益的源泉。在业务活动中，努力做到服务工作制度化，服务用语规范化，服务方式程序化，服务项目系统化，服务标准条理化，并取得了较好的社会效益和经济效益。

三、餐饮服务的特点

餐饮服务是服务市场上的特殊商品，一般分为前台服务管理和后台服务管理。前台服务是指餐饮营业场所的工作人员面对面为顾客提供的服务；后台服务是客人视线之外的餐饮服务，包括厨房、人事、食品原材料采购与保管等部门。后台服务是基础，前台服务是后台服务的延续和完善。餐饮服务有以下几个特点。

(一)餐饮服务的无形性

不同于餐饮产品，如顾客在酒店就餐购买有形的菜肴、饮料，看得见、摸得着；餐饮服务是无形的，它是在顾客享受菜肴、饮料时提供的帮助和服务，只能通过顾客购买、消费、享受服务之后所得到的亲身感受来评价其好坏。

(二)餐饮服务的综合性

餐饮产品的存在形式很复杂，顾客购买之后，同时享受有形产品和无形服务，享受餐厅的外观、设施、气氛、服务等一套复合型的整体产品，从而达到购买需求的满足。餐饮产品是物质与精神的综合；软件与硬件的综合；享受、知识、艺术、信息、智能等多方面的综合。

(三)餐饮服务的不可储存性

餐厅里的客房、餐厅设施等，无客人用餐消费时，餐饮价值就不能体现，它们不能像工业品那样储存起来，日后再销售给其他客人。客人在购买产品之后，只是买到了产品的时间性很强的使用权，若不及时消费，其价值也就立即消失，无法携带和储存。因此餐饮行业应尤其重视餐位的时间价值，努力提高餐厅的餐位翻台率。

(四)餐饮服务的不可转移性

餐饮服务不是物质产品，无法运输，虽然它的销售有时也需要经过中间环节，但它的商流和物流是分离的。产品交换后，客人得到的不是具体的物品，而只是一种感受或经历。客人在餐厅就餐，只是购买餐厅餐位的使用权。所以餐饮服务不同于物质商品可以在运输和交换之后发生所有权的转移的消费。

(五)餐饮服务生产、销售和消费的同时性

一般的工农业产品生产出来后，大都要经过多个流通环节，才能到达消费者手中。如果产品在出厂前质量检验不合格，可以返工。餐饮服务的生产过程、销售过程、消费过程同时或几乎是同时进行的，即当场生产、当场销售、客人当场消费。这是服务产品与有形产品的核心区别。这种特殊性决定了餐饮企业的生产经营必然受到区域的限制，市场范围受到一定的局限。因为这一特点，增加了餐饮企业质量控制的难度。

(六)餐饮服务的一次性

餐饮服务只能一次使用，当场享受，不论是到店用餐还是外送，一次就餐对应着一次服务。当本次就餐结束后，餐饮服务自然终止。

第二节　餐饮服务的起源、发展

餐饮服务是因餐饮而生的，其起源、发展与餐饮业发展是同步的。要总结餐饮服务的起源和发展就必须要了解餐饮业的起源和发展。

一、中国餐饮业与餐饮服务的起源和发展

(一)先秦官方的餐饮服务雏形

中国餐饮业的起源与发展同中华文明息息相关。据考古发现，距今 40 万年前的北京人开始用火，开始原始烹饪，但餐饮服务还未形成。夏商周大量使用青铜器，宫廷开始举办宴席，出现官方的宴席服务，这是最早的餐饮服务。

我国古代地广人稀，自秦汉以来，为方便官差长途跋涉、传送文件，便有“驿站”的设置，供官差消除旅途的劳累，更提供住宿与餐食，以便他们翌日能够继续另一段漫长的传递工作，其实这就是中国餐饮业的雏形。这个时候的驿站是具有官方背景的，有政府指定人员为传递公文和军情的人提供基本服务，这可以看成早期餐饮服务的雏形。

在秦朝制定货币政策后，民间社会开始有大规模的交易现象，市集应运而生，民以食为天的本性自然在交易现象中暴露无遗，交易的本质是为生活糊口，交易的性质则免不了以物易物或以钱易物。所谓的“物”，自然是指一些生活用品与食物，既然食物可以从交易中获得，餐食贩卖于焉酝酿而生。具体而言，餐饮业溯源人类开始有交易现象之时，算来也有四千年的历史了。

中国从史前时代的生食到发现食物可以熟食后，餐食烹调一直在不断变化。餐馆在古代的称谓有很多种，文献尚有考据的有“旗”“酒家”“酒肆”“客栈”等。早期的旅行者或商人，通常借宿于庙宇或民家，为路人提供粗简的餐食。

(二)汉唐餐饮服务逐渐发展

餐饮业真正普遍流行大概在汉唐时代，当时是历史上的太平盛世，交通发展迅速，各处通商大邑都设有“客舍”与“亭驿”，方便来往的官宦与客商有个落脚、解决食宿的地方，大街小巷到处都可看到肉店、酒店、熟食店，民间的交易行为较秦汉时期更为频繁，烹调技艺更讲究以提高竞争力为主。尤其在大唐时代，宫廷中因为有外邦使节频繁进贡，皇帝威权统治，每顿官宴都有名堂。从厨房到上菜，百余人服侍，可谓极度奢华考究而且非常富有创意。在此期间，餐饮服务逐步发展，无论宫廷还是民间，都形成了餐饮服务的初期标准。从食材选取到菜品制作，再到席间服务逐步完善。

(三)元明清后餐饮服务的融合发展

元明清时期，国内民族大融合，中国筵席发展已经成熟，并走向鼎盛。随着历代战乱的增多，生态环境改变以及外族入侵，由于多民族融合，传统饮食于焉转趋复杂，蔚为多彩多姿的馔食文化，这些民族饮食的特点与习性丰富了中国各地区的餐饮内容，深深影响民间烹调方式。民国初年，持续两千多年的君主政体被推翻，国家处于动荡不安的时代，但此时反而是中国各地招牌菜融合与发扬光大的时期。

为了满足洋人的生活需求，北京餐饮业出现迎合外国人口味的西餐厅，同时，中国各地传统菜肴感受到与其他地区菜肴的商业竞争气息和西方饮食文化引进的影响，纷纷在烹调与口味上树立招牌、独立门户、自成“本色”，发展出中国非常有名的六大菜系——北平菜、江浙菜、上海菜、四川菜、湘菜、广东菜。虽然如此，中国无论大江南北，中华美食一直承传老祖宗“色”“香”“味”俱全的烹调精髓，在世界饮食艺术舞台上永远独领风骚。

这期间的餐饮服务体现了传承和融合，既有古为今用，又有洋为中用，基本形成中餐餐饮服务的现代模式。

(四)新中国成立后餐饮服务的高速发展

新中国成立后餐饮行业大部分属于国有，餐饮服务从业者都由国家统一管理，餐饮业发展缓慢。改革开放后，我国餐饮企业如雨后春笋般发展起来，餐饮行业高速发展，推动了餐饮服务向标准化发展。

(1) 改革开放起步阶段：20 世纪 70 年代末至 80 年代，传统计划经济模式受到冲击，市场不断繁荣，社会上出现的一批个体私营的中小型网点，以价格优势、经营优势、灵活的服务方式和方便实惠的定位赢得了市场认可。

(2) 数量型扩张阶段：20 世纪 90 年代初，社会需求逐步提高，社会投资餐饮业的资本大幅增加，餐饮经营网点和从业人员迅速增长，国际品牌也纷纷进入，外资和合资企业涌现，餐饮行业蓬勃发展。

(3) 规模化、连锁化发展阶段：20 世纪 90 年代中期以来，我国餐饮企业实施连锁经营的步伐明显加快，在全国范围内，很多品牌企业跨地区经营，各地代表性连锁餐饮企业不断涌现，规模化、连锁化成为这一阶段的显著特点。

(4) 品牌战略提升阶段：进入21世纪，我国餐饮业的发展更加成熟，整体水平提升，特别是一批知名的餐饮企业在外延发展的同时，更加注重内涵文化建设，培育并提升企业品牌，积极推进产业化、国际化和现代化进程，现代餐饮发展步伐明显加快。经过几十年的行业发展与市场竞争，中国餐饮业发展已经进入了投资主体多元化、经营业态多样化、经营模式连锁化和行业发展产业化的新阶段。我国餐饮业的发展势头持续强劲，发展前景更加看好。

二、国外餐饮服务的历史与发展

(一)中世纪前

公元前2500年，尼罗河流域土地肥沃，盛产粮食，高度文明的社会创造了灿烂的艺术和文化，其中也包括西餐的出现。公元元年后不久，希腊受埃及文化的影响成为欧洲文化的中心，也包括烹饪文化。大约公元 200 年，古罗马人汲取了希腊烹调的精华。古埃及人崇尚节制和俭朴，吃得较简单，但十分好客。古埃及的等级观念较强，在餐厅的装修和家具上可以得到充分的反映。古希腊人发明了填鹅方法，与北京烤鸭相似。约在公元前三世纪，雅典人发明了冷盘手推车。古罗马创造了西餐的雏形，意大利为西餐的起源地。在提供餐食服务时，引入餐巾，首创在餐桌上放置玫瑰花，重大宴会时报菜名。

(二)中世纪时期

1183 年，伦敦出现了第一家出售以鱼类、牛肉、鹿肉、家禽为原料制作的菜肴的小餐馆。16 世纪中期，意大利成为欧洲文艺复兴的中心，以意大利菜为代表。法国人使得西餐发展达到顶级程度，当今法式西餐选料、烹饪甚至服务都盖世无双。路易王朝国王对西餐、烹饪的重视和讲究，使得法式西餐带有王宫的华贵、高雅的气度和风格。

(三)中世纪后时期

西方餐饮业起源于公元1700年的小客栈，这是一种小规模餐饮店铺，其在赫冈兰城的废墟中被发现。足见当时古罗马人的餐厅因商旅活动频繁而非常普及，但是若论有系统且具规模的经营，则要到十六七世纪以后，店家开始讲究精致烹调，使用较好的餐具招徕顾客，这可溯源到英国于1650年在牛津出现的咖啡屋。18世纪末期，由于英国工业革命的影响，整个欧洲交通运输事业发达昌盛，火车、轮船等公共运输工具尤其发展较快，更加带动了旅游风潮。欧洲各国一片浪漫氛围，餐饮业与旅馆业因而发展快速。随着商业贸易与观光业的盛行，餐饮业者为迎合顾客需求以提升竞争力，在质量上开始讲究，在服务上开始出现桌边服务，大大提升了西洋餐饮文化的艺术层次。

另外，在美国这方土地上，由于英国人是早期移民过来的，传承了不少欧洲饮食文化色彩，经过南北战争，成立联邦，形成美利坚合众国后，美国本土化的饮食模式才逐渐发展出来。西部拓荒史的荒野简餐以及牛仔酒吧就是美国餐食最主要的特色之一。而麦当劳

快餐就是在这种理念下应运而生，如今风靡全球，男女老少无人不晓，可以说这是最具代表性的美式餐食文化。

本章小结

本章介绍了餐饮服务的基本概念，了解了餐饮服务业的作用，餐饮服务特点，通过餐饮业发展历程的回顾，分析了古今中外餐饮服务的起源及发展历史，总结了各个时期餐饮服务的特点。

习　　题

一、单项选择题

1. (　　)是先秦官方的餐饮服务雏形。
   A. 驿站　B. 医馆　C. 集市
2. 我国星级酒店的餐饮收入约占总收入的(　　)。
   A. 1/2　B. 1/3　C. 1/4　D. 1/5
3. 使餐饮服务易于实现的产品是指(　　)等。
   A. 桌椅　B. 具　C. 菜肴　D. 酒水
4. 辅助性设备设施不包括(　　)。
   A. 桌子　B. 酒水　C. 托盘　D. 椅子
5. 以下不属于国外常见的以服务方式分类的餐厅是(　　)。
   A. 套餐餐厅　B. 餐桌式餐厅　C. 柜台式餐厅　D. 自助服务式餐厅

二、多项选择题

1. 餐饮服务的特点有(　　)。
   A. 不可触摸性　B. 不可储存性
   C. 生产与销售同步性　D. 差异性
2. 餐饮服务的主要内容有(　　)。
   A. 辅助性的设备设施　B. 使餐饮服务易于实现的产品
   C. 明显的服务　D. 隐含的服务
3. 酒店餐饮的发展水平反映了一个国家或地区的(　　)。
   A. 经济发展水平　B. 开发利用自然资源的能力
   C. 物质文明程度　D. 人们的消费水平
4. 以下关于餐饮业的生产销售即时性的说法正确的有(　　)。
   A. 厨房可做大量预制生产　B. 生产和销售必须相互依存，很难异地进行
   C. 厨房产品无需求时不可制作　D. 产品的销售量直接受到场地、时间的限制

5. 中式餐饮的特点主要从哪些方面体现？(　　)

A. 饮食结构　　B. 进餐方式　　C. 烹饪方式　　D. 饮食习惯

三、简答题

1. 什么是餐饮服务？
2. 餐饮服务的内容包括哪些？
3. 前台服务和后台服务的关系是怎样的？
4. 简述餐饮部在酒店中的地位和作用。

四、论述题

结合实际，论述我国餐饮服务的发展阶段及其特点。

五、案例分析题

一天，餐厅里来了三位衣着讲究的客人，服务员李艳将他们引至餐桌坐定后，其中一位客人便开了口：“我要点××菜，你们一定要将味调得浓些，样子摆得漂亮些。”同时转身对同伴说：“这道菜很好吃，今天你们一定要尝尝。”菜点完之后，李艳拿菜单进了厨房。当她再次来到桌前时，便礼貌地对客人说：“先生，对不起，今天没有这道菜，给您换一道菜，可以吗？”客人一听勃然大怒，“你为什么不事先告诉我？让我们无故等了这么久，早说的话，就去另一家餐厅了。”他发完了脾气，仍觉得在朋友面前丢了面子，于是拂袖而去。

问题：

(1) 客人为什么会发怒？

(2) 服务员的正确做法应是怎样的？

(3) 如果你是餐厅部经理，你将如何避免此类事情的发生？

扫一扫，习题答案

第三章

餐饮管理概述

【学习目标】

通过本章的学习，了解不同规模的酒店餐饮组织机构设置的基本原则和基本模式；掌握餐厅各岗位的职责；了解餐饮管理的目标和内容。

【关键词】

设置原则　组织机构与职能　管理目标　管理内容

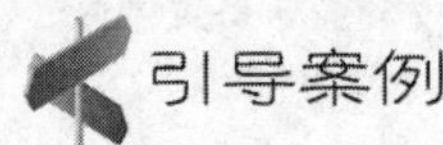

引导案例

繁忙的总经理

某酒店是一家拥有 280 间客房、功能齐全的三星级酒店。酒店的组织机构为 10 部 1 室，各部室设部门经理。高层领导设一名总经理，统管全酒店并分管人事、财务两部分；设两名副总经理，一名分管前台部门，另一名分管后台部门。

总经理常常说酒店管理要实行走动式管理，并身体力行，经常深入各部门，常常对各部门的问题和决策拍板定论。比如客房部要更换清洁剂的品牌、餐饮部要调换水产品的供应商、销售部推行 VIP 卡等均是由总经理在深入各部门时拍板敲定的。这样的结果是，效率提高了，但也带来了一系列组织上的问题，如高层的岗位职责问题、组织体系的实施问题等。

(资料来源：http://www.docin.com/p-485761335.html)

该酒店的总经理虽然工作繁忙，但是管理效果差强人意，主要原因是：①存在越权管理，管理过于细化；②责权没有对等，给予员工责任，但没有给予相应的权力。

第一节　餐饮管理的组织结构

一、餐饮企业组织机构的设置原则

(一)效率原则

组织机构的设置会影响企业的工作效率，往往结构越复杂、人员越多，则人浮于事、互相推诿的现象就越多，也就越容易造成效率低下。因此，在设置组织结构时，要坚持效率原则，做到因事设岗，而非因人设岗。每个岗位配备的人员数量要与承担的任务相适应，既保证工作人员有足够的工作量，同时又不会有过重的负担。通过合理配备人员和合理分工、提高工作效率来降低成本。

(二)统一指挥原则

在设置时餐饮组织机构应避免政令多出，保证每个员工只接受一个上级的领导和指挥。在设置岗位时，明确划分各部门、各管理人员的职权范围，各管理人员只能按管理层次向自己管辖的直属下级人员发号施令，不允许擅自跨级管理；同时，每个下属人员也只对自己的直接上级负责，接受直接上级的领导和指挥。通过统一指挥保证了组织运作的畅通无阻。

(三)分工协作原则

现代餐饮企业经营管理专业性越来越强，通过细致的分工，才能使繁杂的工作得以具体化，才能保证服务质量，提高工作效率。一些大型酒店的餐饮部，下设宴会部、中餐厅、西餐厅、送餐部、采购部等多个部门，几乎每个部门都有自己具体的专业工作，若不进行具体的分工，则会导致工作人员手忙脚乱，同时会因无法保证服务质量而导致顾客满意度下降。当然，分工并不是越细越好，分工越细越造成机构臃肿，也会给组织内部的协调和沟通造成障碍。因此，在设置组织机构时应考虑分工与协作的关系，达到既利于工作的专业化，又有利于协作和管理。

(四)管理幅度和管理层次合理原则

管理幅度也称管理跨度，是指一名上级管理人员直接领导的下级人员的数量。餐饮部门的最高管理人员受主客观条件的限制，不可能管理所有的人。根据内部分工，可以委托他人来分担相应的管理工作。管理幅度的大小受多种因素的影响，如管理者的管理水平、工作的难易程度、企业职工的素质等，在确定管理幅度时必须将这些因素考虑进去。

管理层次是指在既定的组织机构中，有多少层次的管理机构，管理层次受组织规模和管理幅度的影响。组织规模越大，管理层次越多；组织规模越小，管理层次越小。在组织规模一定的条件下，管理幅度越大，管理层次越小；管理幅度越小，管理层次越大。

(五)集权和分权结合原则

餐饮部的经营管理权应集中，这样有利于统一指挥，有利于合理配置和充分利用企业的人力、物力、财力资源。但是过分的集权也会造成弊端，如决策质量低；高层管理人员往往陷入琐碎事务中，难以集中精力处理大事，同时影响员工的工作积极性，所以企业需要适当的分权。通过给予各级管理人员及普通员工一定的权限，来调动他们的积极性、激发他们的创造性，主动解决工作中出现的问题。比如，丽思卡尔顿酒店非常重视适当授权，酒店允许每位一线员工在2000美元范围内尽可能满足顾客。通过授权，激发员工解决顾客投诉的积极性和主动性，尽快让顾客满意，从而提高服务质量，这一条被视为丽思卡尔顿酒店经营成功的原因之一。

(六)责权对等原则

在组织管理中责任和权力两者并存。责任是授予权力的基础，而权力是落实责任的保证。在设置组织结构时，必须明确各层次、各岗位的责任，同时赋予相应的权力，以保证承担的任务顺利完成。权大于责，会造成滥用职权；责大于权，会导致缺乏动力，会使员工手脚束缚，无法有效完成工作。因此，责权对等是在设置组织结构时应充分考虑的因素。

扫一扫，案例 3-1

二、餐饮企业组织机构与职能

(一)餐饮企业组织机构类型

餐饮企业的组织机构是协调各岗位之间的组织网络，是餐饮企业的综合服务系统。餐饮业组织机构与岗位设置直接影响到餐饮企业的运转和效益，因而管理人员在设置组织机构时，既应考虑餐饮企业经营的性质和范围、服务对象及提供产品的特点，又应考虑向客人提供的服务类别、预计餐饮产品的销售数量，据此设计部门机构和岗位才能科学合理，提高效率。

1. 小型酒店的餐饮组织机构

这种餐饮机构的餐厅数量少、类型单一，大多只经营中餐，其机构模式比较简单，分工也不宜过细，如图 3-1 所示。

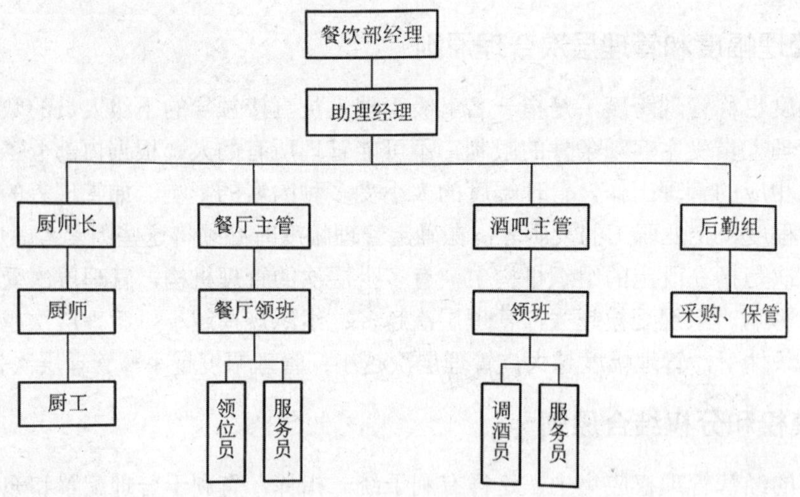

图 3-1　小型酒店的结构

2. 中型酒店的餐饮组织机构

这种餐饮机构的餐厅数量比小型酒店多、功能比较齐全，内部分工也比较明确，其机构相对复杂，如图 3-2 所示。

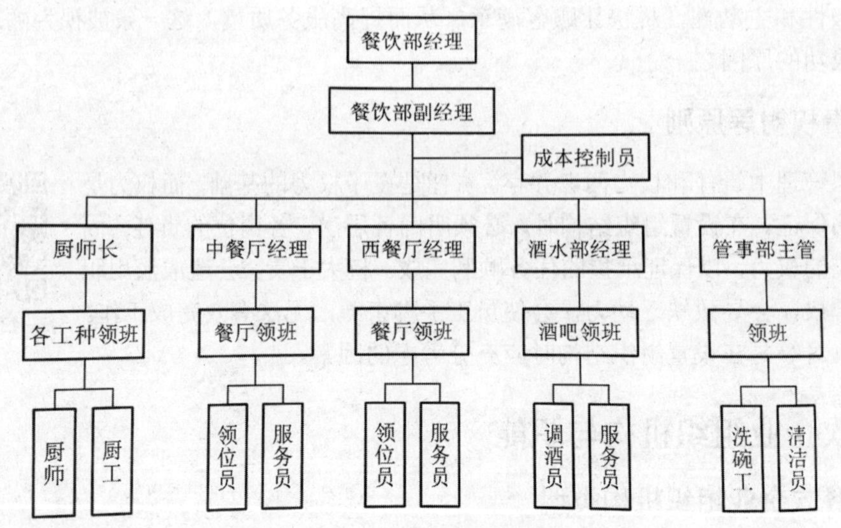

图 3-2　中型酒店的结构

3. 大型酒店的餐饮组织机构

大型酒店餐厅数量较多，一般在 5 个以上，有的设置多达几十个。中西餐、宴会、酒吧、客房送餐等各类餐饮业务齐全，厨房与各种类型的餐厅相配套，内部分工十分明确，

组织机构专业化程度高，大型酒店餐饮部的经营在组织机构设计上有两种模式：一种是每个餐厅都设有与之相配套的厨房，各个厨房分别负责自己对应餐厅的菜品制作；另一种是厨房实行专业化管理，酒店设立中心厨房，各个餐厅设立卫星厨房。大型酒店餐饮部的组织机构如图 3-3 所示。

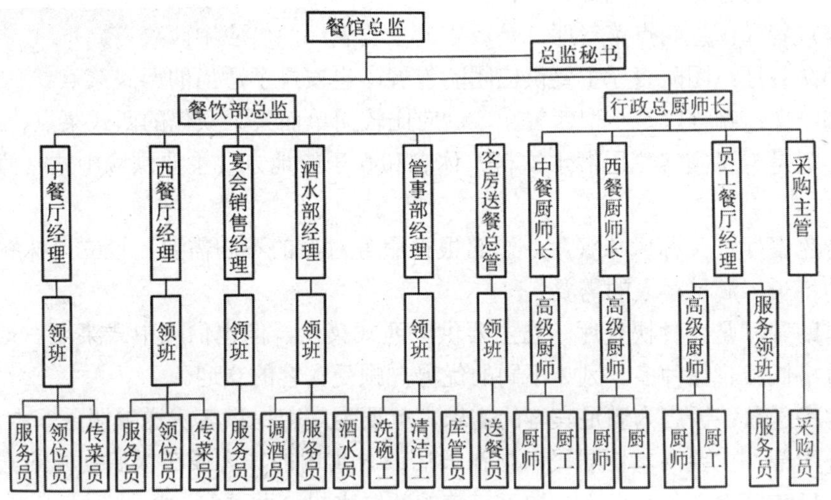

图 3-3　大型酒店的结构

4. 独立经营餐厅的组织机构

有些酒店的餐厅独立经营，类似社会餐饮企业，它有非常健全的机构和功能，这类餐厅构成了餐饮界的中坚力量。一些高档涉外餐厅在其豪华程度与服务质量上与四、五星级的大酒店相比毫不逊色。这类餐厅在企业规模、档次水平、接待能力等方面差异较大，因此其组织机构也有较大的差异，但是一般组织模式如图 3-4 所示。

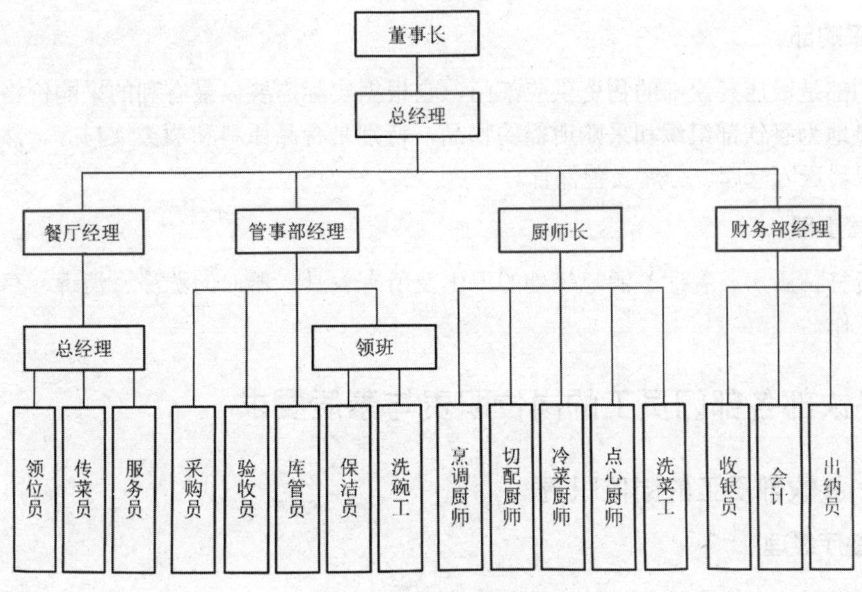

图 3-4　独立经营的结构

(二)餐饮部各部门的职能

1. 餐厅部

餐厅部是为宾客提供食品、饮料和良好服务的公共场所。根据其所提供的食品、饮料和服务的不同，可分为以下几种。

(1) 零点餐厅：也叫点菜餐厅，是饭店的主要餐厅，供应中西菜点。

(2) 团队餐厅：团队餐厅主要供应团队包餐，也安排了适当的西式菜点。

(3) 咖啡厅：咖啡厅是小型西餐厅，供应比较简单而又大众化的西式菜点、酒水饮料。

(4) 酒吧是专供宾客享用酒水饮料、休息和娱乐的地方，主要供应中式、西式酒类饮料和小吃。

(5) 特色餐厅：又称风味餐厅，饭店根据服务对象的不同需要，设立风味餐厅，以便发挥自己的特长，满足客人的需要。

(6) 自助餐厅是一种快餐厅，它主要供应西式菜点，但也供应中式菜点，具有节省用餐时间、价格低廉、品种多、风味不同的优势，颇受宾客的欢迎。

(7) 客房送餐：饭店为满足宾客的需求，就要为宾客提供客房送餐服务。

(8) 外卖部：主要向本地居民、住在饭店或公寓内的宾客或在饭店观光的宾客提供的特色烧烤、风味菜肴、各地点心，加工包装的新鲜水果、蔬菜等。

2. 宴会部

宴会厅接受宾客的委托，组织各种类型的宴会、酒会、招待会等活动，并根据宾客的要求制定菜单、布置厅堂、备餐铺台，同时为宾客提供完整的宴会服务。

3. 厨房部

厨房部是饭店的主要生产部门，负责整个饭店所有的中式、西式菜点的烹饪，负责厨师的培训，菜点的创新，食品原料采购计划的制订，以及餐饮部成本控制等工作。

4. 采购部

采购部是饭店餐饮部的物资供应部门，它根据实际需要以最有利的采购价格，按时、保质保量地为餐饮部组织和采购所需的物品，特别是食品原料和酒类饮料等。然后将采购进来的原料送入仓库，分库妥善保管。

5. 管事部

负责打扫厨房、餐厅、酒吧等处的卫生及所有餐具、器皿的洗涤、消毒、存放、保管和控制工作。

三、餐饮部各部门员工的岗位职责与素质要求

(一)餐饮部员工的岗位职责

1. 餐厅经理

餐厅经理的岗位职责主要有以下方面。

(1) 负责整个餐厅的运营、客户接待及人员管理。

(2) 制订餐厅工作计划，并指导、落实、检查、协调计划的执行。

(3) 组织并主持每天的主管、领班例会，听取汇报，布置工作，解决工作难题。

(4) 对各主管和各岗位领班下达工作任务。

(5) 为适应发展，不断完善前厅部的组织机构及各项规章制度。

(6) 热情待客、态度谦和，妥善处理客人的投诉，不断提高服务质量。

(7) 向分管总经理提出有利于提升餐厅销售业绩的各项建议，并提供信息反馈，供总经理等参考决策。

(8) 加强现场管理，营业时间坚持在第一线，及时发现和解决服务中出现的问题。

(9) 精通成本核算，加强对餐厅财产的管理，掌握和控制好物品的使用情况，减少费用开支和物品损耗。

(10) 负责餐厅美化工作和餐厅的清洁卫生工作，抓好餐具、用具的清洁消毒工作。

(11) 及时检查餐厅设备的情况，建立物资管理制度，并做好维护保养工作。做好餐厅的安全和防火工作。

(12) 重视员工的培训工作，定期组织员工学习服务技巧和技能，对员工进行配餐知识、推销知识的训练，定期检查并做好培训记录，并对员工进行考核。

2. 餐厅主管

餐厅主管的岗位职责主要有以下方面。

(1) 负责餐厅的日常管理工作，并与厨房保持密切联系，确保餐厅的服务质量，直接对餐厅经理负责。

(2) 出席每周的业务会，汇报本餐厅工作，向员工传达会议精神。

(3) 检查工作，每日检查设备、家具、餐具的摆设及其完好情况。

(4) 检查服务用品及卫生状况，检查库存物资。

(5) 检查员工仪容仪表。

(6) 主持每日餐前会，安排当天的服务工作。

(7) 从厨房了解当天出菜的情况，布置重点推销菜式。

(8) 签领食物、材料。

(9) 妥善处理客人投诉和质询。

(10) 做好员工考勤工作、评估工作。

(11) 做好餐厅的财产管理工作。

(12) 负责员工的培训工作。

3. 餐厅领班

1) 岗位职责

餐厅领班的岗位职责主要有以下方面。

(1) 对餐饮部主管负责，执行主管的工作指令，并向其汇报工作。

(2) 享有领班之规定的职权，负责现场管理和督导所属区域员工工作，以身作则，带领员工按餐厅服务工作规范和质量要求，做好本区域清洁卫生及接待服务工作。

(3) 现场检查、督导礼节礼貌、仪容仪表、考勤考纪、卫生等工作质量及开餐的准备工作，做好记录，并做出奖惩决定上报主管。

(4) 熟练掌握散台、包房及宴会服务程序及操作规范，随时协助服务员完成工作并对发现的问题及时予以纠正和指导。

(5) 熟练掌握酒店服务项目及餐厅产品的详细情况，带领本区域员工做好酒水、菜肴等酒店产品的推销工作，并协助处理疑难问题。

(6) 负责相关区域物料用品的领用、发放和耗损、报账工作，定期检查和清点本区域内各种设备、财产、物品，保证完好无损。

(7) 协助主管开好班前例会和营业碰头会，合理分配员工工作，定区、定人、定岗、定责，吃苦耐劳，关心员工思想和生活状况，起好带头作用，树立良好榜样。

2) 班前会制度

执行并落实以下班前会制度。

(1) 传达上级工作指令及质量要求，总结服务工作中的不足及违纪现象，表扬先进，纠正不足，并上报奖惩决定。

(2) 检查仪容仪表，考勤纪律。

(3) 预订通报，菜肴培训及工作安排。

4. 餐厅服务员

餐厅服务员的岗位职责有以下几个方面。

(1) 按照规格水准布置餐厅和餐桌，擦净餐、酒用具，补充各种物品，做好开餐前的各项准备工作。

(2) 主动热情地接待宾客，熟悉各种菜肴、酒水，做好推销工作，当好宾客的参谋，能按顾客的要求接收点菜。

(3) 按服务程序和规范，快捷、熟练、准确地给客人提供符合酒店规格和水准的服务。预见客人的需求并及时提供服务。

(4) 熟悉餐厅菜单，了解各菜的用料、烹饪方法与烹饪时间。

(5) 掌握本餐厅供应菜点、饮料的质量标准，防止向客人提供不符合标准的菜点和酒水。

(6) 核对账单，并将宾客的付款送到结账台结算。

(7) 积极参加培训，刻苦钻研业务，不断提高服务的技能、技巧，以提高服务质量。

(8) 负责客人就餐后的结束工作。

5. 餐厅迎宾员

餐厅迎宾员的岗位职责有以下几个方面。

(1) 在餐厅入口处礼貌地问候客人，引领客人到适当的餐桌，协助拉椅让座。

(2) 通知区域领班或服务员，以便及时送上菜单及进行其他服务。

(3) 了解餐厅领班对当班餐桌位的安排情况，并了解酒店内其他餐厅的客情，以便随机安排。

(4) 协助客人投诉，并向经理汇报。

(5) 做好宾客用餐人数的统计。

(6) 宾客就餐完毕，将宾客送出餐厅，并礼貌性地使用道谢语。

(7) 积极参加培训和训练，刻苦钻研业务，不断提高服务的技能、技巧，以提高服务质量。

(8) 负责客人就餐后的结束工作。

6. 餐厅传菜员

餐厅传菜员的岗位职责有以下方面。

(1) 开餐前搞好区域卫生，做好餐前的准备工作。

(2) 保证对号上菜，熟知餐厅菜品的特色及制作原理和材料搭配。

(3) 熟记餐厅房间号、台号，保证点菜单的传菜准确无误，按上菜程序准确无误，迅速送到服务员手里。

(4) 传菜过程中，轻、快、稳，不与客人争道，做到礼字当先，请字不断。做到六不端：温度不够不端，卫生不够不端，数量不够不端，形状不对不端，颜色不对不端，配料不对不端，严把菜品质量关。

(5) 餐前准备好调料、作料及传菜工具，主动配合厨房做好出菜前的准备。

(6) 冷备好菜盖，随时使用。

(7) 负责前后台协调，及时通知前台服务人员菜品变更情况，做好厨房与前厅的联系、沟通及传递工作。

(8) 安全使用传菜间的物品和工具，及时使用垃圾车协助前台人员撤掉脏餐具，剩余食品，做到分类摆放，注意轻拿轻放，避免破损。

(9) 做好收市，垃圾按桌倒，空酒瓶摆放整齐。

(10) 传菜员在传菜领班的直接指挥下，开展工作，完成传递菜肴的服务工作。对领班的安排工作必须遵循“先服从后讨论”的原则。

(11) 传菜员要按照规格水准，做好开餐前的准备工作。

(12) 确保所有传菜所用的餐具、器皿的清洁、卫生、明亮、无缺口。

(13) 在工作中高度保持全员促销意识，抓住机会向顾客推荐餐厅的各项服务及各种优惠项目，提高顾客在餐厅的消费欲望。

(14) 当顾客要求的服务项目无法满足时，及时向顾客推荐补偿性服务项目。

(15) 在工作中发现餐厅有不完善制度或须改进的服务，必须及时反馈，直到问题解决为止。

(二)餐饮部员工的素质要求

一名优秀的餐饮服务人员，除了热爱本职工作，具有娴熟的服务技能及业务知识外，还应有良好的服务姿态、谈吐举止、观察能力和沟通能力。

1. 爱岗敬业，有良好的职业道德

职业道德是从事某一职业的人在工作和劳动过程中所应遵循的，与特定职业相适应的行为规范。养成良好的职业道德是非常重要的。服务人员应有正确的职业道德与理想，热爱餐饮事业，有很强的事业心和责任心。对企业忠诚，对工作勤勉，对客人热情。从基层到管理人员都应属于服务人员序列，特别是管理人员，在服务方面要比一般服务员更优秀，这就要求各岗位人员应有良好的职业心态。在技能上向高、精、严看齐。

2. 职业化的外在形象

服务人员应形态干练、仪表大方、仪容整洁、举止端庄、和气微笑、身心健康、神情专注、精力充沛、态度亲切、语言流利。服务人员展现给客人的第一印象是客人了解酒店的第一切入点，是餐厅意识、文化水平、职业素养的综合体现。

3. 殷勤有礼

礼多人不怪，“请”“谢谢”“对不起”这些用语，应该是餐饮服务人员的常用语，服务人员要把“殷勤有礼”贯穿于工作与生活的全过程。

4. 主动、热情、耐心、周到和专注的服务态度

服务态度是指餐饮服务人员在对客人服务过程中体现出来的主观意向和心理状态，其好坏直接影响到客人的心理感受。主动——服务人员在工作中应时时处处为客人着想，表现出一种主动、积极的情绪，凡是客人需要，不分分内、分外，发现后应主动、及时地予以解决。做到眼勤、口勤、手勤、脚勤、心勤，把服务工作做到客人开口之前。热情——服务人员要有助人为乐的精神，做到面带微笑、友善待客。耐心——服务人员在为各种不同类型的客人服务时，应不急躁、不厌烦、有耐心，对客人提出的所有问题都应耐心解答，百问不厌，并能虚心听取客人的意见和建议，对事情不推诿。周到——细节决定成败，服务人员应将服务工作做得细致入微、面面俱到。专注——为客人服务是一种角色，进入角色的服务人员必须时刻专注客人的用餐情况，何时应再倒酒、何时餐台需要整理，或如何协调一些关系等。

5. 娴熟的工作能力

(1) 观察分析能力。

餐饮服务人员要善于察言观色，能很快地从客人的衣着、谈吐等方面，准确把握客人的身份、判断消费动机、消费水平，来协助客人合理消费。服务人员应有较强的记忆能力，对各类知识及本企业的菜单能记忆深刻且熟练掌握，能牢记客人的客史档案，熟悉老客户的消费细节要求，充分体现餐厅对客人的重视程度，应能够抓住客人的心理，为客人着想，以客人吃得舒心、放心、满意、健康、不浪费为服务宗旨。

(2) 交际沟通能力。

服务人员应有很强的亲和力，对内对外善于和客人充分沟通交流，才能明了客人的喜好和需求，取得客人的信任，相信你推荐的菜品。服务人员应具备良好的语言表达能力，说话得体，用词得当，能够准确表达相关事物的特点和优势，将餐厅信息全方位展示给客人。服务人员还应有良好的处理突发事件的能力，思维敏捷，灵活应对能力强，特别是餐厅推销菜肴、菜点是一个不到十分钟的短平快过程，如果缺乏沟通艺术，再好的产品也是

卖不出去的。

(3) 学习创新能力。

优秀的服务人员应有广博的知识，又要适应瞬息万变的社会市场和顾客需求，这就要求他们善于开拓、勤于学习，接受新理念，吸收新知识，要有“学一行干一行，学到老干到老”的终身学习理念。他们必须内练外学，以提高自身素质和业务技能，并在此基础上积极创新、勇于创新。他们应有良好的培训能力，能完成一带一的带教工作，使其充分发挥专长，为提升整体服务水平做贡献。

(4) 优秀的服务技能。

技能是指餐厅服务人员在提供服务时显现的技巧和能力，它不仅能提高工作效率，保证餐厅服务的规格、标准，更能够给客人带来愉悦的感受，因此服务人员要熟练掌握各种服务技能与标准，灵活自如并加以运用，为宾客提供优质的服务。

(5) 应变能力。

因为服务对象的需求各不相同，而且多变，所以，在服务过程中难免出现一些突发事件，如客人投诉、员工操作失误、停电等。这就要求服务人员必须具备灵活的应变能力，遇事冷静，随机应变。

(6) 自律、服从与协作能力。

自律能力是指服务人员在工作过程中的自我控制能力，服务人员应遵守公司的各项管理制度，明确知道在何时、何地该干什么，能干什么，不能干什么；服从是下属对上级的应尽责任，服务人员应具备以服从上司命令为天职的组织纪律观念，对直接上司的指令无条件服从，并切实执行，任何工作的完成都离不开团队的共同努力，餐饮服务需要几个岗位的人员共同协作才能完成，所以餐饮服务更需要团队协作的精神。

第二节　餐饮管理的目标与内容

一、餐饮管理的目标

餐饮管理就是计划、组织、指挥、控制和协调餐饮各部门的人、财、物、信息四大资源，以实现用最小的消耗获取最大的经济效益、环境效益和社会效益。餐饮从业人员必须明确餐饮管理的目标，这是搞好餐饮服务的基础。餐饮管理的目标主要包括以下内容。

(一)营造怡人的就餐环境

餐饮服务设施，不仅要满足宾客的生理需求，还要能满足其精神需求，如自豪感、享受感等。心理学研究表明，人们判断一件事物的好坏，大多数是通过感官来进行的，所以餐饮管理者首先应营造一个舒适、怡人的就餐环境，以便给客人留下良好的第一印象。如餐饮服务设施的装饰、布局要与饭店等级协调一致；灯光、色彩要柔和、协调；家具、餐具必须配套，与整体环境相映成趣；环境卫生必须符合卫生标准要求；服务人员的仪表仪态应符合饭店要求；餐饮服务设施的温度、湿度应怡人。

(二)供应适口的菜点、酒水

宾客的口味需求各异，且其对菜点、酒水的评判以适口为准，为此，管理者应了解市场需求及宾客的消费意向，供应的菜点、酒水品种应符合目标市场的需求；食品原料的采购必须符合饭店的规格标准；厨房制作必须照顾宾客的不同口味需求；原料采购、餐厅服务等环节密切配合，一旦出现问题，及时解决。

(三)提供优质的对客服务

适口的菜点酒水，必须配以优质的对客服务，才能真正满足宾客的餐饮需要。优质的服务虽然不能掩盖或弥补因粗劣的菜点、酒水带给客人的不满，但适口的菜点、酒水肯定会因不良的服务而变得难以下咽。由此可见，对客服务某种程度上比美味佳肴更能满足客人的需要。优质的对客服务包括良好的服务态度、丰富的服务知识、娴熟的服务技能和适时的服务效率等。

(四)取得满意的三重效益

餐饮管理的最终目标是获取效益，效益是衡量所采用经营方法成败的依据。餐饮管理的三重效益是指社会效益、经济效益和环境效益。社会效益是指餐饮经营给企业带来的知名度和美誉度，可以帮助企业赢得客源，并增强企业的竞争能力。经济效益是指餐饮经营给企业创造的利税(绝对收益)以及餐饮带来企业其他设施的消费(相对收益)。环境效益是指因餐饮企业采取某种节能环保措施而给企业带来的效益，同时也使企业具备可持续发展动力，也是企业富有社会责任感的体现。

二、餐饮管理的内容

(一)企业人力资源管理

人力资源管理是餐饮管理的首要任务，是各项工作开展的基础，包含对企业进行人员配置、潜能开发、考核激励等具体内容。主要包括以下内容。

一是人员配置，应根据店面规模档次，组织机构设立，管理层次、幅度的确立，对各工种职能进行分工界定。二是人员招聘与培训，指各岗职能确定对其审核、测试是基础工作，新聘、继续培训、培训实施是重要内容。三是考核激励，指各岗各级的考核方式、频率、及时给予激励，使员工建立团队合作意识，涉及职业生涯，规划愿景，用有效方式鼓励个人目标与企业目标融为一体。四是保持人员的动态平衡，流动是正常的、不可避免的，但不可没有节制，流动率应掌握在适当的范围和幅度以内。

(二)企业经营效益管理

在既定档次、标准、规格的前提下，经营企业追求利润最大化，服务企业追求成本最小化，这就是管理的一致目标。餐饮经营效益是企业的营业状况、盈利水平、成本控制效果、资金使用态势的综合表现，主要包括以下几个方面的内容。

(1) 经营计划管理是指投资经营目标，结合信息资源条件，制订生产经营计划，这是战略性的决策工作。计划包括市场定位、定价策略，毛利及成本水平，改造大修等内容。

(2) 经营指标管理是企业运作管理水平、管理目标实现程度的直观体现。主要指标包括营业收入、成本费用、活的毛利、实现利润等。与之配套支持的细化指标有上座率、翻台率、人均消费额、餐具损耗等。

(3) 营销策划管理是实现各项经营指标的重要手段和有力保证，力求降低成本，创造好的销售业绩，包括战略计划、渠道规划、组织销售活动等。

(三)物资原料管理

餐饮的生产和服务对设备设施的依赖性很强，投入和管理都是重要内容。物资原料管理包括餐、用具的使用管理、采购量大的食品原材料管理、进货频率。设备设施管理是指投入、结构设计、布局、造型、购买、日常使用、责任管理、维护保养。餐、用具管理指使用频率高，铲平质量因素的影响，主要包括配备、生产应用管理，正常损耗的核定，添补，调整计划。食品原料管理是指生产经营赖以持续进行的先决条件，事关成本和产品质量的基本前提。主要包括原料的规格、标准、进货方式和周期，进货数量与质量以及新品原料的开发、引进，对供货商的选定、考核、评估。

(四)产品质量管理

产品质量管理是餐饮管理的重点，没有客人认可的、稳定可靠的、不断完善的产品质量，就不可能有企业的持续发展。餐饮产品质量包括有形的食品，无形的服务和客观存在的环境卫生。厨房产品质量管理主要指产品设计和产品检查两个方面；服务质量是心理感受的重要内容，主要包括服务态度、技能、服务效率，流程设计，指导培训、现场陪练，督导运转，或个性化服务；就餐环境是指消费的心境和情绪，是直接影响顾客用餐时间和人均消费额的因素。

(五)工作秩序管理

工作秩序管理指企业为做到生产经营工作计划有序推进，所从事的日常基础管理。主要包括设计生产、服务运作流程，制定工作规范与标准，建立检查督导机制。

工作流程规划，含原料申购、申领程序方式、信息传递、渠道、质量管理体系、成本控制体系、突发事件处理(预案)体系的建立；制定生产规范及生产流程、标准，主要包括服务规范、厨房生产规范的每一项流程；制定管理制度，制度是执行规范的前提，是方式，是管理导向的标志；设计运转表格，也就是检查表格，是基础工作，是一种控制，也是分析的依据；建立督导机制，检验效果的关键在于建立督导机制，包括设立督导模式、明确方法与策略、落实督导结果。

(六)安全卫生管理

安全卫生是否达标并为消费者认可，让员工感到踏实，直接关系到企业经营能否正常进行。食品卫生安全，指食品原材料、半成品及成品的卫生安全，主要包括原料进货，保质期内的卫生安全，厨房生产过程中成品、半成品的保管，质量指标合乎要求等。生产操作卫生安全，指加工、生产、制作、操作方式、环境符合要求等方面，以及防止程序、规范中的污染。使用设备的卫生安全，指保持设备卫生、美观、使用方便、定期维护保养和维修，遵循完好的操作规程，做好培训督查工作。产品销售及环境卫生安全，指预防各环节可能出现的污染，预防事故的发生。卫生安全体系的建立，指生产全过程、全方位的督导管理，做到有效防治，做好预防措施。

知识拓展

餐饮部与酒店其他部门的关系

1. 与前厅部之间的关系

餐饮部与前厅部之间的关系主要体现在内部信息的沟通和工作的协调方面，餐饮部依据前厅部的住宿率来预测日常销售量，以及相应的餐饮安排。从前厅部取得住客信用方面的信息，以确定是否可以签单。有大型餐饮活动，重要宴会等，应把有关信息告知前厅部，以便前厅部回答客人查询，增强酒店在顾客心里的整体性。

2. 与销售部之间的关系

酒店销售部门接触的客户面广，信息渠道广，可为餐饮部带来更多业务。因此，餐饮部要与销售部互通信息，及时了解销售部掌握的客人对本酒店餐饮的反映和投诉情况。在餐饮销售预测方面，餐饮部也有赖于销售部所提供的信息。

3. 与采购部之间的关系

采购物品时，采纳采购部对其原材料行情方面的意见，列出采购产品规格书。餐饮部与采购部沟通，制定标准的采购书和采购计划，避免和减少计划外采购。餐饮部与采购部之间要加强市场信息方面的沟通，及时掌握新设备、新原料和时令菜的行情。

4. 与财务部之间的关系

协助财务部门做好及时、准确的营业日报，以便正确掌握实际经营情况。发挥餐饮成本控制的作用，及时提供餐饮成本的波动情况，做好成本的控制与监督工作，做好餐饮经营的业务分析。

5. 与工程部之间的关系

餐饮部在本部门的设备使用过程中，要经常检查设备的运转情况，发现问题，立即汇报工程部专业人员维修，非专业人员不得随便拆修机器设备。根据工程部制定的机器保养和维护工作标准，培训本部员工正确使用机器设备。按规定的程序和方法操作，责任落实到使用者，并减少人为的机器设备损坏。

6. 与房务部之间的关系

餐厅的地毯洗涤、地面打蜡等计划保养工作一般由房务部的 PA 组完成，因此餐饮部应配合 PA 组制订详细的保养计划，并在实施过程中派专人协助。餐厅的花草使用也属房务部管理，餐饮部应根据所需规格、花型、摆设地点等，填写有关单据，便于花草的品种与用途相吻合。接受花房专业人员的指导，进行花草的维护和清洁。餐饮部与房务部洗衣房的联系主要是棉织品的洗涤工作，每天根据经营的需要及时将用过的台布、口布等棉织品送洗衣房洗涤和更换。在棉织品的送洗和换领过程中，必须派专人清点清洗数量，领用时核实数量及检查洗涤质量。脏的棉织品送去洗涤时，要先抖落掉裹在台布中的杂物，以免洗涤时损坏设备。及时挑出破旧的棉织品，以确保对客服务的质量。

7. 与人力资源部之间的关系

根据餐饮服务的特点，制定出本部工作人员的基本要求，供人力资源部招聘人员时参考，并积极配合人力资源部做好人员招聘、考核、评选工作。根据酒店总体培训计划，制订本部门的培训计划并组织实施，同时接受人力资源部的培训指导和检查。配合人力资源部做好餐饮部的人员定岗、定编工作。

8. 与保安部之间的关系

餐饮部与保安部之间的联系主要体现在餐厅和厨房安全管理方面。厨房消防安全是餐饮部的重点工作内容。餐饮部在消防方面必须严格按照保安部的部署，做好安全防火工作，特别是要根据消防安全的要求配备相应数量的灭火器和灭火毯，做好消防管理工作。接受保安部的消防安全检查工作。

(资料来源：https://wenku.baidu.com/view/5f163f3d6137ee06eef91811.html)

本章小结

本章介绍了不同规模的酒店餐饮组织机构设置的基本原则和基本模式，以及餐厅各岗位的职责和餐饮管理的目标和内容。其中，餐饮组织机构设置的原则和基本模式是本章学习中应重点掌握的内容。

习　题

一、单项选择题

1. 通过合理配备人员和合理分工提高工作效率来降低成本属于组织机构设置的(　　)。

A. 效率原则　　B. 统一指挥原则

C. 分工协作原则　　D. 管理幅度原则

2. 餐厅数量比小型酒店多、功能比较齐全，内部分工也比较明确，其机构相对复杂，这类餐厅适合用于(　　)餐饮组织机构。

A. 小型　　B. 中型　　C. 大型　　D. 独立经营

3. 从厨房了解当天出菜的情况，布置重点推销菜式，是属于餐厅 (　　)的工作。

A. 经理　　　　B. 主管　　　　C. 领班　　　　D. 服务员

4. 设计生产、服务运作流程，制定工作规范与标准，建立检查督导机制等工作属于(　　)。

A. 企业人力资源管理　　　　B. 工作秩序管理

C. 安全卫生管理　　　　D. 物资原料管理

5. 熟记餐厅房间号、台号，负责点菜单的传菜准确无误，按上菜程序准确无误，迅速送到服务员手里，这些工作职责是属于餐厅(　　)。

A. 服务员　　　　B. 传菜员　　　　C. 领班　　　　D. 主管

二、多项选择题

1. 组织机构设置的原则有哪些？(　　)

A. 效率原则　　　　B. 统一指挥原则

C. 分工协作原则　　　　D. 集权与分权结合原则

2. 以下哪些是餐厅经理的岗位职责？(　　)

A. 负责餐厅的日常经营活动，定期向各餐厅主管部门布置和检查工作

B. 负责餐厅员工的培训

C. 检查餐厅内的清洁卫生

D. 接受客人投诉

3. 以下哪些是餐饮管理的目标？(　　)

A. 营造愉悦的进餐环境　　　　B. 供应适应的菜点酒水

C. 提供优质的对客环境　　　　D. 取得满意的三重效益

4. 餐饮管理的内容有(　　)。

A. 旅行社企业人力资源管理　　　　B. 产品质量管理

C. 物资原料管理　　　　D. 工作秩序管理

5. 餐饮管理目标中获得“三重效益”是指(　　)。

A. 经济效益　　　　B. 环境效益　　　　C. 社会效益　　　　D. 品牌效益

三、简答题

1. 简述餐饮企业的组织机构设立原则。

2. 餐饮管理的目标有哪些？

3. 餐饮管理的内容有哪些？

四、论述题

结合实际，谈谈餐饮企业组织机构的类型。

五、案例分析题

汉堡王的管理职责与员工工作安排

汉堡王是美国最成功的快餐连锁企业之一。

其下所属各分店规模不一，人员配备也有所不同。一般来说，100 个餐位再加上一个驶

入室外卖窗口是汉堡王比较标准的规模。如此规模的分店一般有 6 名管理人员，即 1 名经理和 5 名副经理。任何时候，店里都会有 6 个人中的某一位在店里值班。在营业高峰时段，可能会有多个经理在场，余下的 2～3 人专门处理运作瓶颈。5 名副经理每周工作 5 天，轮流驻店值班。

分店中每名经理的首要职责是：按照公司的指导方针，保证在清洁的环境里，用优质的产品迅速为顾客服务。经理的首要任务是使快餐店达到公司的服务标准、质量标准和卫生标准。他们要教育新员工、指导并分配工作、检查质量、处理瓶颈、为员工树立榜样。除此之外，还要订购原材料、接收货物、检查并张贴行为标准，检查一天的准备情况和高峰时期的准备情况、制定兼职人员的工作安排表等。快餐店的 5 名副经理中，有 3 名主管订货、安排时间和早餐服务。

快餐店使用 45 名员工。员工一般每周工作 5～6 天，35～40 小时。在晚上或周末，快餐店经常雇用高中生或兼职工。员工都需要经过经理的严格选拔，几乎没有人以前曾在汉堡王工作过。员工们按照工作的小时数领取报酬，超过 40 小时的给加班费。

每天员工工作时间安排都不一样。安排整周事务的工作安排表通常提前一周公布。大多数工作安排每天会被调整，其主要原因是鼓励员工们交叉培训，目的是增加运作的弹性。由于快餐店实行交叉培训，所以采购员工指导厨房的运作方式，厨房也指导如何进行采购。同时又能使员工相互理解对方所遇到的暂时性困难。

每天当班员工的数量随高峰期和非高峰期的涨落而变化，以避免在任何时间里出现员工过多或过少的情况。兼职员工被安排在不同时间上下班，每次工作时间最少三四个小时。员工离店的时间由经理决定，如果生意清淡，经理会让一些员工提前下班；如果生意兴隆，员工们就会被要求在预定时间以后下班。工作表现优秀的员工一般安排在周五和周六的高峰时间工作。

（资料来源：王敏. 餐饮运行与管理[M]. 北京：北京大学出版社，2017.）

问题：根据上述材料，总结汉堡王的组织机构及其岗位职责。

扫一扫，习题答案

服务技能篇

第四章

餐饮服务技能

【学习目标】

本章是服务技能篇的重点，也是专业实训课的主要内容。通过本章的学习和训练，要求学生正确、熟练地了解座次安排、熟练操作餐饮服务中托盘、餐巾折花、服务礼仪、席间服务的各项基本技能，掌握处理投诉技巧等，为将来从事酒店餐饮企业的专业技能服务工作打下扎实的基础。

【关键词】

座次安排　托盘服务技能　餐巾折花　服务礼仪

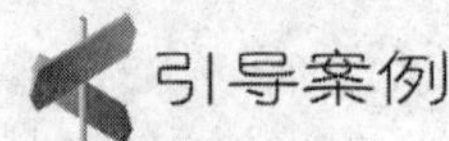

引导案例

餐前准备

一位翻译带领 4 位德国客人走进了西安某三星级饭店的中餐厅。入座后，服务员开始让他们点菜。客人要了一些菜，还要了啤酒、矿泉水等饮料。突然，一位客人发出诧异的声音。原来他的啤酒杯有一道裂缝，啤酒顺着裂缝流到了桌子上。翻译急忙让服务员过来换杯。另一位客人用手指着眼前的小碟子让服务员看，原来小碟子上有一个缺口。翻译赶忙检查了一遍桌上的餐具，发现碗、碟、瓷勺、啤酒杯等均有不同程度的损坏，上面都有裂痕、缺口和瑕疵。翻译站起身把服务员叫到一旁说："这里的餐具怎么都有毛病?这可会影响外宾的情绪啊!"

"这批餐具早就该换了，最近太忙，还没来得及更换。您看其他桌上的餐具也有毛病。"服务员红着脸解释着。

"这可不是理由啊!难道这么大的饭店连几套像样的餐具都找不出来吗?"翻译有点火了。

"您别着急，我马上给您换新的餐具。"服务员急忙改口。翻译和外宾交谈后又对服务员说道："请你最好给我们换个地方，我的客人对这里的环境不太满意。"

经与餐厅经理商洽，最后将这几位客人安排在小宴会厅用餐，餐具也使用质量好的，并根据客人的要求摆上了刀叉。望着桌上精美的餐具，喝着可口的啤酒，这几位宾客终于露出了笑容。

(资料来源：http://www.canyin168.com/glyy/yg/ygpx/fwpx/200607/820_2.html)

餐前准备中应该重视的问题有哪些？

环境的布置与餐厅的摆台，实际上也是饭店餐饮文化的具体体现。饭店的物质条件、气氛、卫生、安全，餐厅的环境、温度、音乐背景，餐桌的布置，服务员的气质、服饰、礼貌、技巧等综合因素，构成了这种文化的氛围，显示了餐前准备程序的重要性。因此，餐前准备的过程，同时也是一个完善餐饮文化和体现饭店文明程度的过程。

第一节　餐前服务准备

一、座次安排

座次礼仪一直是商务交往中比较重视的细节性礼仪，而餐桌座次安排更可以算得上是商务饮食礼仪中不可以缺少的一个重点。从古到今，因为桌具的演进，所以座位的排法也相应变化。总体来讲，座次是"尚左尊东、面朝大门为尊"。家宴首席为辈分最高的长者，尾席为最低者。一般的宴会，除自助餐、茶会及酒会外，主人必须安排客人的席次，不能以随便坐的方式，引起主客及其他客人的不满。尤其有外交使团的场合，大使及代表之间，前后有序。

(一)桌次安排

1. 桌次安排的原则

主桌的确定：居中为上、以右为上、以远为上。(距离门的位置)

桌次的高低以离主桌位置远近而定。以主人的桌为基准，右高左低，近高远低。

(1) 以右为上。

当餐桌分为左右时，以面门为据，居右之桌为上。

(2) 以远为上(大)。

当餐桌距离餐厅正门有远近之分时，以距门远者为上(见图 4-1)。

(3) 居中为上。

多张餐桌并列时，以居于中央者为上。

(4) 桌次较多的情况下。

上述常规排列往往交叉使用。

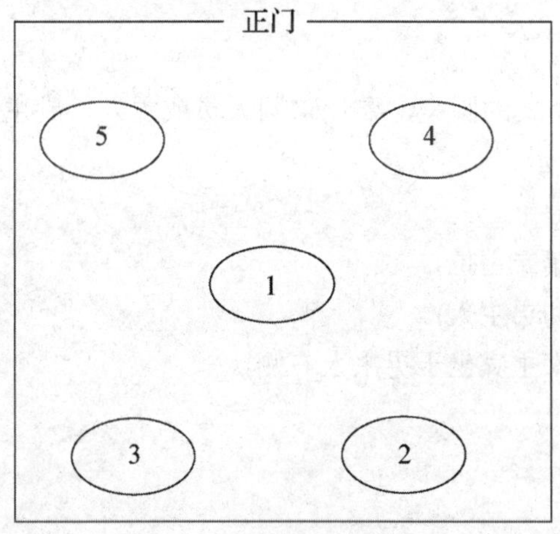

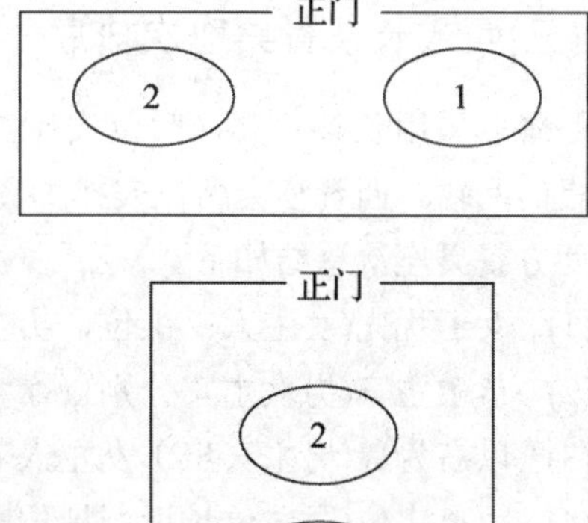

图 4-1　宴会桌次安排

(二)中餐宴席座次安排

1. 排序原则

①以远为上，面门为上。②以右为上，以中为上。③观景为上，靠墙为上。

2. 座次分布

面门居中位置为主位，主左宾右分两侧而坐，或主宾双方交错而坐，越近首席，位次越高。

中餐宴会席位安排如图 4-2 所示。

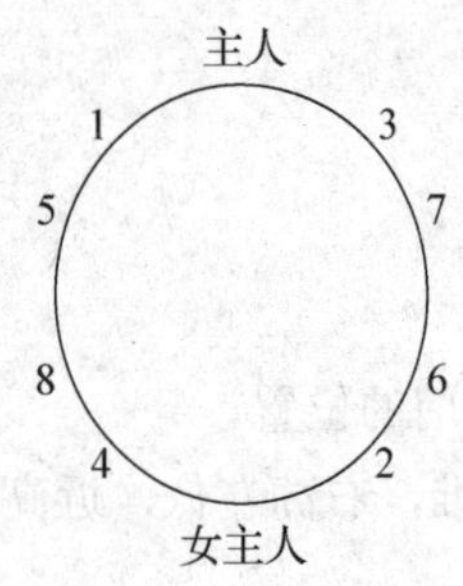

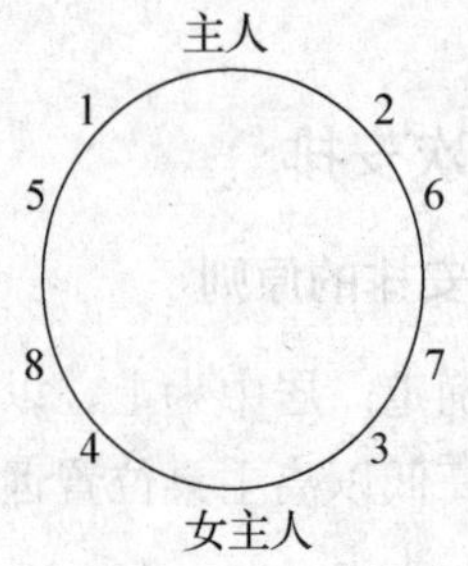

图 4-2　中餐宴会席位安排

中国人传统上用八仙桌。对门为上，两边为偏座。请客时，年长者、主宾或地位高的人坐上座，男女主人或陪客者坐下座，其余客人按顺序坐偏座。在中国，左为尊，右为次；上为尊，下为次；中为尊，偏为次。在具体安排座位时，还应考虑其他因素。例如，双方关系紧张的，应尽量避免安排在一起；身份大体相同，或同一专业的，可安排在一起。一般家庭举行宴请，因正房为坐北向南，故方桌北面即向门一面为客人的位置。现在则以迎门方的左为上、右为下，是为首次两席。两旁仍按左为上、右为下，依次安排。

(三)西式长条餐桌座次排序

西餐多采用长条餐桌，席位安排，类似中式的圆桌，要让陪同人员或主人、副主人坐在长桌的两端。西餐宴会席位安排如图 4-3 所示。

西方餐桌座次总结如下。

(1) 女士优先(女主人：主位，男主人：第二主位)。

(2) 恭敬主宾(男女主宾分别仅靠女主人和男主人)。

(3) 以右为尊(男主宾坐于女主人右侧，女主宾坐于男主人右侧)。

(4) 距离定位(距主位越近，地位越高)。

(5) 面门为上(面对门口高于背对门口)。

(6) 交叉排列(男或女，生人或熟人)。

图 4-3　西餐宴会席位安排

(四)入座礼仪要求

谈到餐桌座次礼仪，不可缺少的需要了解的内容就是入座的礼仪，入座礼仪要求：先请客人入座上席，再请长者入座，其他人依次入座。入座时要从椅子左边进入，入座后不要动筷子，更不要弄出什么响声来，也不要起身走动，如果有什么事，要向主人打招呼。

二、铺台布的步骤

台布是餐厅摆台所必备的物品之一。台布的规格及色泽的选择，应与餐台的大小、餐厅的风格协调一致。

(一)台布的种类与规格

1. 台布的种类

台布的种类很多，因纯棉台布吸湿性能好，大多数餐厅均使用纯棉提花台布。台布的图案有团花、散花、工艺绣花等；台布的颜色有白色、黄色、粉色、红色、绿色等，但多数选用白色。选择台布的颜色，要与餐厅的风格、装饰、环境相协调。

台布的形状大体有三种：正方形、长方形和圆形。正方形常用于方台或圆台，长方形则多用于西餐各种不同的餐台，圆形台布主要用于中餐圆台。

2. 台布的规格

台布的规格大小有多种，经常使用的有140cm×140cm、160cm×160cm、180cm×180cm、200cm×200cm、220cm×220cm、240cm×240cm、260cm×260cm等的台布。使用时应根据餐桌的大小选择适当规格的台布。例如，140cm×140cm的台布适用于90cm×90cm的方台上，160cm×160cm的台布适用于100cm×100cm、110cm×110cm的方台上，180cm×180cm的台布适用于直径150cm、160cm的圆台上，200cm×200cm的台布适用于直径170cm的圆台上，220cm×220cm的台布适用于直径180cm或200cm的圆台上，240cm×240cm的台布适用于直径220cm的圆台上，260cm×260cm的台布适用于直径240的圆台上。

除了方台布外，还有长方形台布，如160cm×200cm、180cm×300cm等不同规格。这类台布用于长方台及西餐的各种餐台，可根据餐台的大小形状选用不同数量的台布，一块不够用时，可随意拼接。在拼接时，注意将接口处按压整齐。

圆形台布的规格各有不同，一般的圆形台布多使用定型特制，即根据餐台的大小将台布制成大于餐台直径60cm的圆形台布，使台布铺于餐台上，圆周下垂30cm为宜。

(二) 台布铺设

台布铺设是将台布舒适平整地铺在餐桌上的过程。

1. 准备工作

铺台布之前，首先应将所需餐椅按就餐人数摆放于餐台的四周，使之呈三三两两的并列状。然后服务人员应将双手洗净，并对准备铺用的每块台布进行仔细检查，发现有残破、油液和皱褶的台布，则不能继续使用。最后应根据餐厅的装饰、布局确定席位。餐厅服务员站立在副主人餐椅处，距餐台40cm，将选好的台布放于副主人处的餐台上。

铺台布时，双手将台布打开并提拿好，身体略向前倾，运用双臂的力量，将台布朝主人座位方向轻轻地抛抖出去。在抛抖过程中，做到用力得当，动作熟练，一次抖开并到位，如图 4-4 所示。

图 4-4 铺台

2. 铺设方法

中餐圆台铺台布的常用方法有 3 种。

(1) 推拉式铺台：即用双手将台布打开后放至餐台上，将台布贴着桌面平行推出去，再拉回来。在零餐餐厅或较小的餐厅，或因有客人就座于餐台周围等候用餐时或在地方窄小的情况下，选用这种推拉式的方法进行铺台。

(2) 抖铺式铺台：即用双手将台布打开，平行打折后将台布提拿在双手中，身体呈正位站立式，利用双腕的力量，将台布向前一次性抖开并平铺于餐台上。这种铺台方法适合于较宽敞的餐厅或在周围没有客人就座的情况。

(3) 撒网式铺台：即用双手将台布打开，平行打折，右脚在前，左脚在后，动作自然潇洒，斜着向前方抛撒。这种铺法多用于宽大场地或技术比赛场所。

台布不能沾地面，台布中间的十字折纹的交叉点正好在餐桌的圆心上，台布正面鼓缝朝上，中线直对正、副主人席位，四角要直线下垂，下垂部分与地面距离相等，铺好的台布图案在餐桌中间，平整无皱纹。

围餐椅要从正主人位置开始，餐椅要对正餐桌，餐椅的前端要与桌边平行，距台布下边约 5cm。相邻座位的距离要相等，便于客人用餐。

三、餐巾折花的操作技法

(一)餐巾与餐巾折花的理解

(1) 餐巾又称口布、茶布、席布等，一般为正方形布巾，边长从 45cm 到 65cm 不等，是餐厅中供宾客用餐时使用的卫生清洁和装饰用品。

(2) 餐巾折花是通过折、叠、卷、穿、翻、拉、捏等操作技法，将干净、平整、无破损的餐巾折成一定的形状插入杯中或摆在餐碟中，供客人欣赏和使用。餐巾折花是餐前的准备工作之一。最早是叠成方形平放在餐盘中，以后才逐渐发展为叠成各种造型插在杯中或摆在盘中。

(二)餐巾的作用

(1) 餐巾是一种卫生用品。宾客可把餐巾放在胸前或放在膝盖上，一方面可以用来擦

嘴，另一方面可防止汤汁弄脏衣裤。

(2) 餐巾折花还能起到美化桌面的作用。服务员用一张小小的餐巾可创造出栩栩如生的花、鸟、鱼等形状，摆在餐桌上既可起到美化餐台的作用，又能给宴会增添热烈气氛。

(3) 餐巾折花还是一种无声的形象语言，表达宴会主题，起到沟通宾主之间感情的作用。

(4) 表明宾主的座次，体现宴会的规格和档次。

(三)餐巾的种类

1. 按餐巾的质地分类

(1) 纯棉织品：吸水性强、去污力强；上浆、熨后挺括，易折成型，造型效果好，但折叠一次效果才最佳；手感柔软，但清洗麻烦，需洗净、上浆、熨烫。

(2) 棉麻织品：质地较硬，不用上浆也能保持挺括。

(3) 化纤织品：颜色亮丽、透明感强；富有弹性，比较平整，如一次造型不成，可以二次造型，不用上浆、熨烫，使用方便；可塑性不如纯棉织品好；易清洗，但吸水性差，去污力不如纯棉织品；手感不好。

(4) 纸质餐巾：成本低，更换方便；尽管也能循环再利用，但是不够环保；有时也会给人非正式的感觉和低档次的感觉。

2. 按餐巾的规格分类

餐巾规格的大小在不同的地区不尽相同。根据实际使用效果，45cm×45cm、50cm×50cm或60cm×60cm的餐巾折叠造型在实际使用中较为普遍、适宜。

(四)餐巾折花的基本类型

各种各样的餐巾折花，形形色色、千奇百怪、栩栩如生，现在比较成熟的、简洁的、容易折叠的餐巾折花有近百种。

1. 按照餐巾折花的盛器分类

(1) 杯花：一般应用在正式的宴会中，不同的宴会有相对稳定的餐巾折花搭配和设计，是正式餐饮活动中最普遍使用的类型，如图4-5所示。

(2) 环花：将餐巾平整卷好或折叠成造型，套在餐巾环内，称环花，如图4-6所示。它是盘花中此较特殊的一类，使用餐巾环，通常是创意餐台设计中必不可少的餐巾花型。餐巾环也称为餐巾扣，有瓷质的、银质的和塑料制、象牙制、金制、玉制等。此外餐巾环也可用色彩鲜明、对比感强的丝带或丝穗带代替，将餐巾卷成造型，中央系成蝴蝶结状，然后配以鲜花。

(3) 盘花：盘花一般在西餐和中餐零点餐厅中应用得较多一些，也成为近年来餐巾折花的一个趋势，如图4-7所示。盘花分解图如图4-8所示。

图 4-5　杯花造型

图 4-6　盘花造型

图 4-7　环花造型

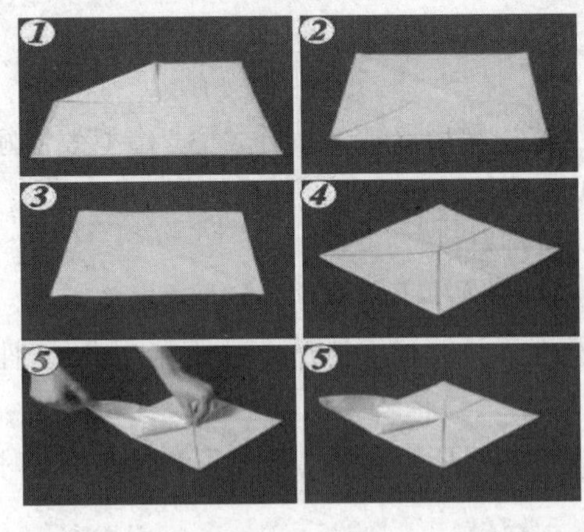

图 4-8　盘花分解图

2. 按照餐巾折花的造型分类

(1) 植物类餐巾花：主要是模仿植物的花、叶、茎、果实等，是餐巾折花中最重要的一类，其中以花草为主。

① 花卉型餐巾花：月季、荷花、梅花、牡丹、玫瑰、水仙、鸡冠花、出水芙蓉、兰花等。这一类花是植物类餐巾花中使用最多的。

② 叶类餐巾花：荷叶、双叶花、三叶花、四叶花。

③ 茎类餐巾花：冬笋、春笋、马蹄莲、翠竹、仙人掌等。

④ 果实类餐巾花：玉米、寿桃等。

(2) 动物花：主要模仿鱼、虫、鸟、兽等的整体形态或局部特征。动物造型形态生动、活泼可爱，其中以飞禽为主。

① 飞禽造型餐巾花：孔雀、凤凰、鸽子、鸳鸯、仙鹤、海鸥、大雁、火鸡、小鸟等。

② 走兽造型餐巾花：白兔、松鼠等。

③ 昆虫造型餐巾花：蝴蝶、蜻蜓等。

④ 鱼虾造型餐巾花：金鱼(龙眼、四尾金鱼、三尾金鱼)、对虾、海螺等。

(3) 实物花：模仿生活中的各种实物形态而折成的花，如花篮、领带、披肩、情人结、折扇(双扇、单扇)、风帆、风车、马蹄、帽子(僧帽、教皇帽、皇冠、三角帽)、轮船、帆船(一帆风顺、乘风破浪、轻舟、小船)、飞机、六角星、袋子(餐巾袋、装饰袋、雅洁袋等)、聚宝盆、元宝或如意、楼梯或台阶、和服、蜡烛等。

(4) 抽象花：比较少见，是在近年来有的个性餐厅和设计酒店的餐饮服务中出现的餐巾花。

(五)餐巾折花的基本技法

餐巾折花的基本技法包括折叠、推折、卷、穿、翻、拉、捏七种。

1. 折叠

(1) 折叠就是将餐巾平行取中一折为二、二折为四或者折成三角形、长方形、正方形、菱形、多齿形、梯形等多种形状。

(2) 其基本技法分为折和叠两个部分，辅之以压。

① 折一般要求沿餐巾的一定线呈直线对折，以食指为中轴线或支点，拇指折压餐巾的一半或一部分。

② 叠是折的后续动作，是为了矫正折的对称和美观，在叠压之前，从餐巾的折的边缘或角进行矫正。

③ 叠压是为了保持折的基本形状，用掌心由中间向两端或由一端向另一端压平餐巾。

2. 推或推折

(1) 推折，是将折叠好的餐巾推或推折成一褶一褶的形状。

(2) 基本技法。

① 在打折时，双手的拇指、食指捏住餐巾的一端的两边，或餐巾的中间的两边。

② 两个大拇指相对成一线，指面向外，指侧面按紧餐巾向前推动餐巾至中指处，用食指捏住推折的褶，而形成均匀的折裥(初学者可以用食指或中指向后拉折，但是这样往往不容易保证折褶均匀)，这样形成的褶比较均匀。

3. 卷

(1) 将餐巾卷成圆筒或实心卷并制出各种花型的一种手法。卷的方法可以分为直卷和螺旋卷两种。

(2) 基本技法。

① 直卷：又称为平行卷，是将餐巾一端的两头一起卷起，形成实心卷或筒。直卷时，拇指和食指捏住餐巾头或角，由内向外翻转，食指抽出后压住餐巾头，拇指再从餐巾头底部捏住餐巾头，依次往复，卷至要求的地方即可，这个过程中中指和无名指压住餐巾，不让其滑动。

② 螺旋卷：又称为斜角卷，是先将餐巾折成三角形，餐巾边参差不齐；或将餐巾一头固定，只卷起另一头；或一头多卷，一头少卷，形成一头大、一头小的实心卷或筒。螺旋卷的技法，基本同直卷，只是不同的端头用力和卷的幅度不同而已。

(3) 实心卷与圆筒卷。

① 实心卷的关键是要把餐巾卷紧、卷实，它是卷的最常见类型。

② 圆筒卷的关键是将餐巾的各端卷得均匀，呈圆筒状，不要出现不一致的现象。

(4) 卷，往往与翻、折、捏、推折等配合，就可以折成餐巾花，是相对独立的技法。在个别花型中也与推折、折叠配合，作为中间技法使用。

4. 穿

(1) 穿是指用工具(一般用筷子)从餐巾的夹层褶缝中边穿边收，形成皱褶，使造型更加逼真美观的一种手法。

(2) 基本技法：穿时左手握牢折好的餐巾；右手拿筷子，将筷子的一头穿进餐巾的夹层褶缝中，另一头顶在自己身上或桌子上，然后用右手的拇指和食指将筷子上的餐巾一点一点往里拉，直至把筷子穿过去。使用两根或两根以上的筷子穿时，注意后面穿的动作不要影响前面的花型。抽取筷子时应轻、慢、稳，以利于保持花形。

(3) 基本要求：皱褶要求拉得均匀、平、直、细小；穿时注意左手攥住餐巾，不要散形；穿好后，要先将折花插进杯子，再把筷子抽掉，否则皱褶易松散。穿时用的筷子最好粗细适中、圆形、光滑、硬度强。

(4) 穿的类型：①一根筷子穿；②两根筷子穿，一般先穿下面的筷子，再穿上面的筷子，两根筷子都穿好以后，依次将筷子轻轻抽出。

5. 翻

(1) 翻是指将餐巾折卷后的部位翻成所需花样，将餐巾进行上下、前后、左右、里外翻折的一种技法。翻大多数用于折花鸟。

(2) 操作方法是：①翻的动作一般与拉、转动作相结合；②一手拿餐巾，一手将下垂的餐巾翻起一角，拉成花卉及鸟的头颈、翅膀、尾巴等，或翻转成一定的花型。

(3) 基本要求：翻拉花卉的叶子时，要注意对称的叶子大小一致和均匀，距离相等，叶片交错，形象自然；翻拉鸟的翅膀、尾巴或头时，一定要拉挺，不要软。

(4) 翻的类型：①翻转向背面，即将已经初步折叠的餐巾翻转过来，再进行新的操作；②由内向外翻拉，如帆船等；③向上翻拉，如玉米的叶等；④向下翻拉；⑤左右翻拉，如风车的最后一步。

6. 拉

(1) 拉常与翻的动作相配合，是在翻折的过程中将餐巾花的某一部分由里向外拉伸，使花型挺直的一种技法，大多数用于折花、鸟。用手从基本折叠好的花模中拉出餐巾的一角或头，形成花的叶、花瓣，或鸟的翅膀、尾巴，或鱼的尾巴等。

(2) 基本技法：一手握住所折的餐巾，一手翻折，拇指和中指捏住餐巾的一角或一端，从下往上，或从上往下，或从内向外拉出来即可。

(3) 基本要求：在翻拉的过程中，两手必须配合好，否则会拉散餐巾；用力要均匀，左手拿握该松则松，该紧则紧；大小比例适当，造型挺括。

7. 捏

(1) 捏的方法主要用于折鸟或其他动物的头部，它常常与压的动作相配合。

(2) 基本技法：①操作时先将鸟的颈部拉好(鸟的颈部一般用餐巾的一角)；②用一只手

的大拇指、食指、中指三个指头，捏住鸟颈的顶端；③食指向下，将餐巾一角的顶端尖角向里压下，大拇指和中指做槽，将压下的角捏出尖嘴。

(3) 基本要求：要用力，一次捏成。截取餐巾角或顶端时要适当，与动物的颈部比例和大小要合适。

(六)餐巾花型选择

餐巾花型的选择和运用，一般应根据宴会的性质、规模、规格、冷菜名称、季节时令、来宾的宗教信仰、风俗习惯、宾主座位的安排、台面的摆设需要等因素进行考虑。总体原则如下。

(1) 根据宴会或用餐的性质来选择花型。例如，以欢迎、答谢、表示友好为目的的宴会餐巾花可设计成友谊花篮及和平鸽等，可以表达热爱和平、友谊长存之意；婚宴时可以选用“鸳鸯”“喜鹊”“比翼双飞”等，表达花好月圆、夫妻恩爱、天长地久之意。

(2) 根据宴会的规模来选择花型。一般大型宴会可选用简单、快捷、挺拔、美观、统一的花型；每桌可以选主位花型、来宾花型两种，每一个台面的花型应有所不同，显得多姿多彩。小型宴会可以同一桌上使用各种不同的花型，形成既多样又协调的布局；一般使用2～3种动、植物花型相间搭配，形成既多样又协调的布局。

(3) 根据花式冷拼选用与之相配的花型。例如，冷拼是“游鱼戏水”，餐巾花则可以选用“金鱼”造型。

(4) 根据季节时令选择花型。用台面上的花型反映季节特色，使之富有时令感和真实感。例如，夏天举办的宴会选用“荷花”“扇子”“玉兰花”等；冬天举办的宴会则选用“梅花”“冬笋”“仙人掌”“企鹅”等。

(5) 根据宾客的身份、风俗习惯和爱好来选择花型。例如，美国人喜欢山茶花，忌讳蝙蝠；日本人喜爱樱花，忌讳荷花、梅花；法国人喜欢百合，忌讳仙鹤；英国人喜欢蔷薇、红玫瑰，忌讳大象、孔雀；等等(此部分，可以查阅相应的专业书籍，进一步拓展知识面)。

(6) 根据宾客的宗教信仰来选择花型，不能犯客人的宗教禁忌。如果是信奉佛教的客人，宜用植物、实物类花型，不用动物类花型；如果是信奉伊斯兰教的客人，不用猪等禁忌造型等。

(7) 根据宾主座位的安排来选择花型。宴会主人座位上的餐巾花称为主花，主花要选择美观而醒目的花型，其目的是使宴会的主位更加突出。

此外，还应该根据菜单的内容选择不同种类的餐巾花型，使之与餐点相得益彰，增加宴会的热烈气氛。

第二节　餐中服务进行

一、服务礼仪

服务礼仪是指员工在工作岗位上通过语言、行为等，对客人表示尊重的规范。规范的服务礼仪，不仅可以帮助餐厅和员工树立良好的形象，还能使员工获得客人的理解、好感与信任。让员工学习和运用服务礼仪，不仅是树立自身形象的需要，更是提高企业社会效益、提升自身竞争力的需要。

(一)服饰仪容礼仪

1. 制服的穿着要求

(1) 整洁、挺括和大方。制服必须上衣平整、裤线笔挺。

(2) 做到衣裤无油渍、污垢、异味。领口与袖口尤其要保持干净。

2. 发型

(1) 发型要朴素大方，头发应勤洗，保持无油腻、凌乱状态，确保无掉发。

(2) 男士鬓发不盖过耳部，保持清洁、整齐、无头屑。

(3) 女士头发过肩须整洁扎起，并用黑色发网罩起，不能有怪异发型和发色。

3. 仪态

员工在工作时间不得随便聊天，站立和走路姿态要挺直，两手不得交叉放在胸前或插在口袋里，在服务中要做到三轻“走路轻，说话轻，动作轻”。

(二)规范礼貌用语及操作程序

(1) 当客人进入餐厅时，应主动上前，热情地征询客人“先生/小姐，您好！欢迎光临，请问您几位？”

(2) 拉椅请坐，先将女性坐的椅子拉出，在她坐下时，徐徐将椅子靠近餐桌，说：“先生/小姐，请坐”并做请的手势。

(3) 巡台。如发现烟盅里有两个以上烟头，要马上撤换。将空菜碟以及空汤碗撤走。撤出的餐具端到下栏盘，餐具按指定的下栏盘放好，及时撤换骨碟，更换时必须在客人右侧进行并做请的手势，如果客人正在交谈时，应提醒客人。

(4) 席间勤添加酒水。上完最后一道菜时，要主动告诉客人“先生/小姐，您点的菜已经上齐了”并询问客人是否要增加水果或甜品。

(5) 收撤菜碟餐具。先征得客人同意，才能收撤(空碟除外)，应在客人的右边逐样收撤，先收筷子、筷子架，后收汤匙、味碟等其他餐具及酒杯。

二、酒水服务

开餐前，各种酒水应当事先备齐。检查酒水质量，如发现瓶子破裂或有悬浮物、沉淀物时应及时调换。将检查好的酒瓶擦拭干净，分类摆放在酒水服务台或酒水车上。

除基本的准备外，酒水准备工作还包括对酒水温度的处理。服务员需了解餐厅常用酒水的最佳饮用温度。

(一)冰镇(降温)

1. 冰镇的目的

许多酒水的最佳饮用温度是低于室温的。例如，啤酒的最佳饮用温度为 4～8℃，白葡萄酒的最佳饮用温度为 8～12℃，香槟酒和有汽葡萄酒的最佳饮用温度是 4～8℃。因此，在饮用前需要对此类酒做冰镇处理，这是向宾客提供优质服务的一个重要内容。

2. 冰镇的三种方法

(1) 冰箱冷藏法。直接将酒瓶放入冰箱冷藏室。应注意冷藏和冷冻是有区别的，有些酒类如啤酒在低于-10℃时，酒液就变得混浊不清了。啤酒和软饮料贮存在接近 4℃的温度下较为理想。

(2) 冰块冰镇法。冰块冰镇法包括两种方法，一种是直接将冰块放入酒液饮料中，另一种是将酒瓶插入放有冰块的冰桶中约 10min，即可达到冰镇的效果。

(3) 溜杯。这种方法是用冰块对杯具进行降温处理，常用于调制鸡尾酒。服务员手持酒杯下部，在杯中放入一块冰块，转动杯子，使冰块沿杯壁滑动，以此达到降低杯子温度的目的。

(二)温烫(升温)

1. 温烫的目的

需要在常温以上饮用效果更佳的酒，如黄酒、加饭酒、日本清酒以及某些鸡尾酒的饮用。

2. 温烫的四种方法

(1) 水烫。将酒液倒入温酒壶，放入热水中，以水为媒介的加热方法。

(2) 烧煮。将酒液倒入耐热器皿，直接放置于火上的加热方法。

(3) 燃烧。将酒液倒入杯后，将杯子置于酒精液体内，点燃酒精加热的方法。

(4) 注入。将热饮注入酒液或将酒液注入热饮中升温的方法。

水烫和燃烧一般是当着客人的面操作。

(三)示瓶

当客人点完酒之后，就进入斟酒程序，而示瓶是斟酒服务的第一道程序，它标志着服务操作的开始。示瓶是向客人展示所点的酒水。这样做的目的有两个，一是对客人表示尊重，请客人确定所点酒水无误；二是征询客人开酒瓶及斟酒的时间，以免出错。

(四)开瓶

酒瓶的封口通常有瓶盖和瓶塞两种。

1. 正确使用开瓶器

餐厅常用开瓶器见图 4-9、图 4-10。

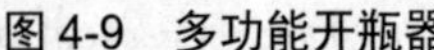

图 4-9 多功能开瓶器

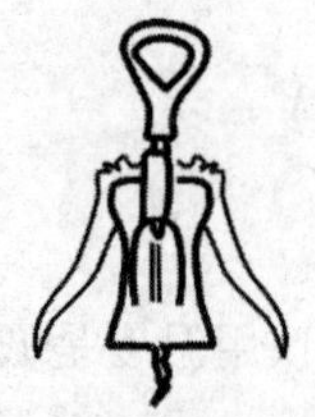

图 4-10 翼型开瓶器

2. 开瓶时动作轻，尽量减少瓶体的晃动

开启软木塞瓶盖时，如出现断裂情况，可将酒瓶倒置，利用酒液的压力顶住软木塞，同时再转动酒钻拔出软木塞。

3. 开启瓶塞后，擦拭瓶口或检查酒液

开启瓶塞后，要用干净的布巾擦拭瓶口，如软木塞发生断裂的，还应擦拭瓶口内侧，以免残留在瓶口的木屑顺着酒液被斟入客人的酒杯中。开启瓶塞后，检查瓶中酒液是否有质量问题，也可以通过嗅闻瓶塞插入酒瓶部分的气味是否正常来判断。

4. 随手收拾开瓶后留下的杂物

开瓶后的封皮、木塞、盖子等杂物，不要直接放在桌面上，应养成随手收拾的好习惯。

(五)斟酒

1. 斟酒的姿势与位置

斟酒一般分为徒手斟酒和托盘斟酒。

(1) 右脚前跨，踩在两椅子之间，重心移至右脚，身体微前倾，两脚呈 T 字形站立。

(2) 右手持酒瓶的下半部，商标朝向客人，右手持瓶靠近杯口，但不靠在杯口上。

(3) 徒手斟酒时，左手持干净的餐巾布并背于身后，每斟倒一次，擦拭一次瓶口；端托盘斟酒时，左手托住托盘，餐巾布搭在手腕处或折成条形固定在瓶口，斟酒时托盘的左手自然拉开甩盘，注意掌握好托盘的重心。

斟倒时酒液徐徐注入酒杯内，当杯中酒斟倒适度时，控制流量并旋转瓶身 100°～180°，然后向上抬起小手臂，做到一滴不洒。注意抬起小手臂时不要碰到旁边客人。

2. 斟酒量的控制

(1) 白酒斟酒量为八成。

(2) 红葡萄酒斟 1/2 杯，白葡萄酒斟 2/3 杯，威士忌等斟 1/6 杯为宜。

(3) 香槟会起泡沫，所以分两次斟倒，先斟 1/3 杯，待泡沫平息后再斟 1/3，共斟 2/3 杯。

(4) 啤酒同样分两次斟倒，斟倒完毕时，酒液占八分，泡沫占两分为最佳。

3. 斟酒的程序

(1) 中餐宴会斟酒时间及顺序。

中餐宴会一般是从主宾位置开始、按顺时针方向进行斟酒服务，也可根据客人需要从

年长者或女士开始斟倒。正式宴会一般提前五分钟，由服务员将烈性酒和葡萄酒斟倒好，当客人入座后再斟倒饮料。若是两名服务员同时操作，则一位从主宾开始，另一位从主宾对面的副主宾开始，均按顺时针方向进行。

(2) 西餐宴会斟酒顺序。

西餐用酒较多，也较讲究，比较高级的西餐宴会一般要用七种酒左右，菜肴和酒水的搭配必须遵循一定的传统习惯，菜肴、酒水和酒杯的匹配都有严格规定。西餐宴会应先斟酒后上菜，斟酒的顺序是先宾后主，女士优先。

4. 斟酒注意事项

(1) 注意酒瓶的位置。

斟酒时，瓶口不可碰到杯口，更不可搭在杯口上斟酒，应相距1～2cm为宜，一则是不卫生，传染疾病；二则防止碰破杯口或将杯子碰倒。但也不要将瓶口拿得过高，以防控制不当，酒水溢出。当服务人员因操作不慎将酒杯碰倒或碰破时，应立即向客人道歉并更换酒杯，同时将干净餐巾布铺在酒渍之上。

(2) 注意控制斟酒量。

服务员需随时注意瓶内酒量的变化，以适当的倾斜度控制酒液流出的速度，以免溢出。

(3) 谨慎斟倒带泡沫的酒水。

泡沫多的酒水应控制好斟倒速度，宁慢勿快。速度太快，泡沫容易溢出杯外，所以也可让酒液沿着杯壁缓缓注入。

三、上菜、分菜操作程序

(一)上菜操作程序

1. 上菜的概念

上菜是指服务员将厨房烹饪好的菜品，按要求摆放到餐桌上。

2. 上菜顺序

一般情况下，顺序为冷菜——热菜——汤——面点——水果。遵循先冷后热、先淡后浓、先咸后甜、先精后粗、先荤后素的原则。

3. 上菜服务细则

(1) 准备。

① 根据菜品准备相应的餐具、用具。

② 在菜品到达工作台时，服务员检查菜品并将服务勺放到盘内的右侧，但不能损坏菜品的形状，注意划单。

(2) 上菜。

① 根据上菜时间在5min之内上凉菜。

② 在副主人位的右侧上菜，右脚在前、左脚在后，上身稍微前倾，双手端着菜盘，

将菜品的观赏面朝向客人，轻轻放在转盘上，盘边距离转盘边缘 2～3cm，每次上的菜品要转到主人与主宾之间。

③ 接到传菜员送到的菜品后，要在最短的时间内把菜端上桌。

(3) 报菜名。

上菜后，后退一步，右手五指并拢，做手势的同时报菜名，对主菜或特色菜应做简单介绍，如有典故，可向客人讲述。

(4) 摆放。

两道菜摆放成“一”字型，三道菜摆放成“品”字型，四道菜摆放成“口”字型，五道菜摆放成“梅花”型，要将菜肴均匀地放于转台上。

(5) 整理。

每次上菜之前都要整理转台，将空盘撤下，如果在整理转台之后还是没有多余的空隙可以放置菜肴，在征得客人同意后可将大盘换成小盘。

(二)分菜操作程序

1. 分菜的含义

分菜又称让菜或派菜，中餐宴会的分菜是在宾客观赏报菜名后，由服务员用分餐叉勺依次将菜分让给宾客。

2. 分菜前的准备工作

将菜上桌，待客人观赏后，征得客人同意后再分让，将菜盘撤到接手桌，然后左手垫上干净的餐巾将热菜托起，若是长盘，则顺手放于左前臂上，用左手指尖勾住盘底边，防止下滑，右手持分餐叉勺。

3. 分菜方法

(1) 托盘分菜法。

(2) 桌面分菜法。

(3) 工作台分菜法。

站在客人左侧操作，左脚在前，右脚在后，呈“丁”字步，站立要稳，身体不能倾斜或依靠宾客，目光与菜盘成一直线，腰部略弯，将菜盘虚压吃盘 2～3cm，高于吃盘 2～3cm，用右手持分餐叉勺分让，给每位宾客分菜的数量、质量、色彩要搭配均匀，每道菜分完后盘内要略余一份菜左右并换成小盘放在餐桌上，明示富余。

4. 分菜工具及使用方法

分菜工具有分菜刀、叉、勺。分餐叉勺的用法，是服务员右手握住叉、勺把的后部，勺心向上，叉的底部向勺心，在夹菜肴和点心时，右手食指插在勺把和叉把之间，与拇指配合捏住叉把，其余三指控制勺把，无名指和小指起稳定作用，中指支撑勺把中部。分带汁的菜时，由位置在下的分餐勺盛汁。

5. 分菜的顺序

由主宾开始，按顺时针方向依次分让。

6. 分菜服务程序及规范

分菜服务用在宴会和零点服务中，有些菜需要分派(或整桌都要分餐服务)，服务要求如下。

(1) 分菜前，先将菜端上桌示菜并报菜名，用礼貌用语“请稍等，我来分一下这道菜”，然后进行分派。

(2) 用叉勺分菜时，左手托菜盘(菜盘下垫口布)，右手拿分菜用的叉勺，从主宾左侧开始，按顺时针方向绕台进行，动作姿势为左腿在前，上身微前倾。分菜时做到一勺准，不允许将一勺菜或汤分给两位客人，数量要均匀，可将菜剩余 2/10，再装小盘，然后放桌上，以示富余。

(3) 分汤及一些难分派的菜时，可用旁桌分菜法。在工作台上摆好相应的餐具，将菜或汤用分菜用具分开。

7. 桌面分菜

(1) 准备用具。

① 分鱼、禽类菜品时，准备一刀、一叉、一匙。

② 分炒菜时，准备匙、叉各一把或一双筷子、一把长柄匙。

(2) 分菜。

① 由两名服务员配合操作，一名服务员分菜，一名服务员为客人送菜。

② 分菜服务员站在副主人位右边第一个位与第二个位中间，右手执叉、匙夹菜，左手执长柄匙接挡，以防菜汁滴落在桌面上。

(3) 另一名服务员站在客人的右侧，把餐盘递给分菜的服务员，待菜肴分好后将餐盘放回客人面前。

案例 4-1

寿宴上的意见

一个周末的晚上，在吴都大酒店的餐厅，一位当地小有名气的企业家为他的母亲做八十大寿，服务员的服务工作非常规范，每道菜都按饭店规定的服务程序为客人派菜，菜也烧得不错，但客人并不满意，意见有三：第一，这顿菜很精致，但都没有吃饱；第二，今天母亲大寿，原想多拍几张照片，但因桌上多是空盘，照片效果不佳，所以只拍了几张；第三，原想搞得热热闹闹，但因服务员包下了派菜，所以整个过程冷冷清清。

(资料来源：https://wenku.baidu.com/view/1c205f0b6bec0975f565e204.html)

【思考题】针对客人的意见，如果你是服务员，该怎么办？

【分析】

(1) 与国际接轨的同时，还应尊重当地人的习惯。

(2) 宴会席上除了一些高档菜外，再配上几个当地人爱吃的大众菜，以保证量足。

(3) 增加主食，尤其是色香味较佳、价格不太贵的点心。

(4) 服务员派菜时要学会察言观色，留意客人的反应，如果客人不喜欢派菜，则绝对不派。

第三节 餐后服务跟进

一、送客服务

送客也是礼貌服务的具体体现，表示餐饮部门对宾客的尊重、关心、欢迎和爱护，在星级饭店的餐饮服务中是不可或缺的项目。在送客过程中，服务人员应做到礼貌、耐心、细致、周全，使客人满意。

(一)送客礼仪

(1) 当客人起身离开餐厅时，服务员主动为客人搬开座椅，女士优先。帮助客人整理衣物，取回客人寄存的随身行李。

(2) 抓住机会了解顾客对用过的饭菜是否满意、服务是否周到以及是否发生了误会。假如有令顾客不满意之处，应向顾客解释并表示竭诚改善。

(3) 礼貌地向客人道别，欢迎再次光临，目送客人离开。

(4) 任何一位服务员遇到客人离去时，都必须礼貌地向客人道别。

(5) 客人离开餐厅后，服务员须检查台面上、下是否有客人遗忘的物品。

(6) 用托盘将台面上客人用的各种餐具和用具撤下。

(7) 铺换新台布，并重新摆台及调整座椅。

(二)送客服务程序及注意事项

送客服务是餐饮服务流程的结束环节。良好的送客服务可使顾客有完美的感觉，对于稳定客户有很大的意义。

做好送客服务要注意以下几个方面。

1. 主动打包

有的顾客点的菜比较多，在将离开时可能还会剩下一些。对于这样的顾客，服务员应在其即将离开时主动为其打包，并征求顾客意见是否带走。服务员主动为顾客打包，可以赢得顾客好感。因为来用餐的有些顾客不好意思主动开口要求打包，服务员主动询问、主动给客人打包，是理解顾客心理的一种表现。

2. 不可“驱赶”顾客

用餐结束后，若顾客没有马上起身离开的意思，而是继续聊天，此时值台服务员不要急于去收拾餐桌，可以继续为顾客续添茶水。当顾客示意服务员收拾餐桌时，服务员应当照办。服务员不要主动询问顾客是否收拾餐桌或问顾客是否已经用餐完毕，这很不礼貌。服务员不要干扰顾客的谈话，不要妨碍顾客的兴趣。即使有的顾客在餐厅已经超过营业时间后还没有离开，服务员也不能用清理卫生、搬动桌椅、关灯等形式“驱赶”顾客离开。

3. 热情送客

顾客用餐结束起身准备离开时，负责本餐桌的值台服务员或当时位置就近的服务员要主动上前协助拉椅，提醒顾客携带好随身的物品，并热情礼貌地向顾客再次道谢、告别，欢迎顾客再次光临。

4. 送客人至门口

顾客起身离开时，沿途的服务员要停下手中的工作，主动为顾客让路，并微笑地向顾客道别，目送顾客离开；餐馆门口处的引座员要使用告别语主动向顾客告别，为顾客开门，礼貌送别顾客。

5. 及时清台

客人离开餐馆后，服务员要立即对餐桌进行清理。

(1) 要检查桌面是否有无客人遗留的物品，如有，则迅速还给客人；如已经无法追及，则送将上级处理。

(2) 码齐座椅后按照酒具的种类进行分别进行整理。收台顺序一般为先收拾餐巾及毛巾，后收拾玻璃器皿，再收拾不锈钢餐具，最后收拾瓷器类餐具及筷子。

(3) 按要求从新摆台，等候迎接下一批客人的到来或继续为其他客人服务。撤下的布件、餐酒具等应该及时运送至指定地点。

案例 4-2

结 账 风 波

一个深秋的晚上，三位客人在南方某城市一家饭店的中餐厅用餐。他们在此已坐了两个多小时，仍没有去意。服务员心里很着急，到他们身边站了好几次，想催他们赶快结账，但一直没有说出口。最后，她终于忍不住对客人说：“先生，能不能赶快结账，如想继续聊天请到酒吧或咖啡厅。”

“什么？你想赶我们走，我们现在还不想结账呢。”一位客人听了她的话非常生气，表示不愿离开。另一位客人看了看表，连忙劝同伴马上结账。那位生气的客人没好气地让服务员把账单拿过来。看过账单，他指出有一道菜没点过，但却算进了账单，请服务员去更正。这位服务员忙回答客人，账单肯定没错，菜已经上过了。几位客人却辩解说，没有要这道菜。服务员又仔细回忆了一下，觉得可能是自己错了，忙到收银员那里去改账。

当她把改过的账单交给客人时，客人对她讲：“餐费我可以付，但你服务的态度却让我们不能接受。请你马上把餐厅经理叫过来。”这位服务员听了客人的话，感到非常委屈。其实，她在客人点菜和进餐的服务过程中并没有什么过错，只是想催客人早一些结账。

“先生，我在服务中有什么过错的话，我向你们道歉了，还是不要找我们经理了。”服务员用恳求的口气说道。

“不行，我们就是要找你们经理。”客人并不妥协。

(资料来源：https://wenku.baidu.com/view)

【思考题】假如你就是部门经理，这时该如何处理此事呢？

【分析】送客是礼貌服务的具体体现，表示餐饮部门对宾客的尊重、关心、欢迎和爱护，在星级饭店的餐饮服务中是不可或缺的项目。在送客过程中，服务人员应做到礼貌、耐心、细致、周全，使客人满意。其要点如下。

(1) 宾客不想离开时绝不能催促，也不要做出催促宾客离开的错误举动。

(2) 客人离开前，如愿意将剩余食品打包带走，应积极为之服务，绝不要轻视他们，不要给宾客留下遗憾。

(3) 宾客结账后起身离开时，应主动为其拉开座椅，礼貌地询问他们是否满意。

(4) 要帮助客人穿戴外衣、提携东西，提醒他们不要遗忘物品。

(5) 要礼貌地向客人道谢，欢迎他们再来。

二、客人评价收集

顾客满意与否对企业的生存和发展会产生巨大的影响。对于“高接触”的餐饮业，由于服务特性的影响，对顾客意见收集、反馈和持续改进显得更为重要，是企业增强市场竞争力的重要手段之一。因此，餐饮从业人员需要站在顾客的立场上，而不是从企业的角度去了解顾客的需求和期望；需要用科学的方法去分析产品和研究服务质量来满足顾客。对顾客意见收集、反馈和持续改进是在餐饮企业生存发展环境、顾客消费心理和经营战略发生深刻变化，以及顾客满意理论深入发展的背景下提出的。

(一)意见收集方式

(1) 设立了总经理信箱。

(2) 在餐台设置客人意见本。

(3) 通过各大订餐网站收集客人网络评价信息。

(4) 制作了满意度调查表。

(二)意见收集、整理、汇报程序

定期将各种方式收集来的顾客意见由人力资源部进行整理，将信息整理分类后在管理人员行政例会上进行通报，经讨论并由酒店管理班子研究后做出处理决定。

(1) 餐饮部应对每桌客人的意见进行收集，无论是服务、设备设施还是菜肴质量，每

桌都要形成有效的意见反馈单，无论好坏；厨师长应对每桌的菜肴进行餐后的观察，对客人对菜肴的取食量进行分析，以便在以后的工作中根据客人的喜好更合理地安排菜品。

(2) 对于网络客人的意见反馈，应特别重视，对所有网站的客人的反馈意见，前厅部要做到逐条跟踪、逐条解决，尤其是客人对餐饮部提出的意见。

(3) 销售部应做好对协议单位的沟通和回访，对回访的内容要有书面意见，销售总监应根据每个销售员的实际情况做好最低回访量的安排，并纳入业绩考核。

(4) 落实改进方案，由人力资源部将处理方案通知相关部门并限期整改，整改后再由部门将落实情况在行政例会上进行通报，最终实现酒店管理工作的不断完善。

三、投诉处理与跟进

顾客投诉是指宾客主观上认为由于餐饮服务或产品存在不足而引起的麻烦、不愉快或损害了他们的利益等情况而向服务人员、管理人员及有关部门表示不满。投诉会让餐饮企业失去一部分宾客，更会给企业带来不好的声誉，但是一次有效的投诉处理不仅可以让宾客满意，也可以让企业有重新改正的机会，可以提高服务水平。为提高企业整体服务水平，最大限度地减少投诉，提高宾客满意度。

(一)投诉的原因

1. 对服务质量的投诉

服务员没有按照宾客的合理要求提供服务，取送物品不及时甚至送错，不尊重宾客的风俗习惯，损坏、遗失宾客的物品等。

2. 对不清洁、不卫生食物的投诉

餐厅菜品有异物，食品有异味或不新鲜，菜品不合口味等。

3. 对安全事故及异常事件的投诉

停水(电)、偷窃、伤病、醉酒、电梯卡人、房内反锁等情况引起的投诉等。

4. 对个人隐私受侵犯的投诉

偷听宾客谈话，打听宾客年龄或收入，泄露宾客资料等。

5. 对设施设备的投诉

空调不制冷，电梯运行不正常，马桶堵塞，卫生间漏水，照明不足等。

6. 对环境的投诉

环境嘈杂、噪声大、房间不隔音等。

7. 在消费过程中的额外要求

要求赠送小吃、菜品、饮料酒水、鲜花、水果、礼品等。

(二)投诉的分类

1. 有效投诉

有效投诉是指经过认真调查核实，宾客投诉的问题是由于餐饮部门违反有关的标准、规定或程序，即属于酒楼责任的投诉。

合理的额外要求，指宾客确因喜欢餐饮产品而提出的额外要求，或者现场员工实施了管理授权确能增加宾客的期望值和满意度。

2. 无效投诉

无效投诉是指经过查证并最后核实，非酒楼责任的投诉。

3. 重大投诉

(1) 经济纠纷在 2000 元以上的投诉事件。

(2) 由服务员的态度、部门间的协调、制度、条例等引起客人的强烈不满。

(3) 顾客向酒楼的上级主管部门、消协、媒体等部门提出申诉、索赔的投诉。

(4) 由于顾客强烈不满的投诉，影响了餐饮企业的声誉，导致日后公关销售工作的困难，或反映出部门内部管理和服务质量存在重大问题。

(三)顾客投诉处理程序

顾客投诉处理程序如图 4-11 所示。

图 4-11　顾客投诉处理流程图

1. 受理投诉事件

接到客人投诉的个人与机构将投诉申请递交至受理投诉机构。受理投诉机构根据有无受理投诉权进行受理。对投诉受理立案情况进行登记，包括日期、编号、投诉人姓名、住址、投诉内容、对象等。

2. 核查事实，调查原因

受理投诉机构根据投诉申请人提供的资料进行事实的核查，调查事件发生的真正原因，包括对当事人调查、对餐厅领班调查、对在场者调查等。

3. 做出处理决定

根据经过核查的事实和原因，视事件的具体情况及补救的措施做出处理决定，如警告、

记过、扣发奖金，严重者给予开除处分。

4. 结案

受理投诉机构根据投诉事件的具体情况及产生的影响采取相应的措施，如赔礼道歉、补偿经济损失、提供补偿服务等，并将处理的结果通知投诉客人。

5. 存档

将投诉的立案情况、调查情况、处理决定、补救措施等资料进行整理归档、备查。

(四)顾客投诉跟进

跟进、了解并掌握宾客对餐厅的各种有效投诉，应全程跟进并及时向部门领导反映。当采取了有效的纠正措施之后，需主动回访顾客并将回访情况如实登记"顾客投诉记录表"上，以备查。

1. 跟踪投诉的全过程

顾客离开前，询问顾客是否已经满意。在解决投诉的一周内，打电话或者写封信给顾客，了解顾客是否依然满意所做出的解决措施，可以在信中夹入优惠券。日后也可以保持联系来维护这样的客户，其有可能成为回头客。

2. 尽可能地对顾客进行补偿

力尽所能地来满足顾客。若未解决顾客的投诉，应该努力提供顾客的合理需要或者期望得到的补偿。在解决了顾客的抱怨后，还可以赠送给顾客其他的小礼物或者优惠券等。总之，就是做一些额外的事情，对已经发生的不快进行补偿。

3. 将顾客投诉转化为销售业绩

顾客投诉得到了满意的解决时，就是销售的最佳时机。如果餐饮机构认真听取了顾客的抱怨和投诉，并在某段时间里正确处理了顾客投诉，还对顾客提供了附加服务，当对顾客所给予的机会表示感激时，就是餐饮服务人员开始向顾客打开产品大门的时机，顾客们会更乐于接受，由投诉与不满变得满意、高兴，并且会成为回头客。

知识拓展

托盘服务技能

托盘是酒店餐厅服务员端送食品、饮料和餐饮用具的常用工具之一。在餐厅服务工作中，无论是运送食品、摆台、撤换餐用具，还是结账、收款都要使用托盘，因此餐厅服务员的托盘服务是基本的技能。

1. 托盘的分类

按托盘的材料和质地分，主要有金属托盘(如铝制、不锈钢制等)、硬质塑料托盘、搪瓷托盘、木制托盘等。

按托盘的尺寸大小分，圆托盘一般可分为大(直径>55cm)、中(50cm<直径<55cm)、小(直

径<50cm)三种规格。

按托盘的形状分，可分为方形、长方形、圆形和多边形等。

2. 托盘选择

装运餐点、酒水、餐具等选用大中型托盘。摆位、斟酒、上饮料等选用小方盘或不同规格圆盘。每次服务前，托盘大小、形状要选用适当。

3. 理盘

装运酒水前将托盘擦干净，不留水迹、污渍。为防止滑动，必要时在盘内垫盘布，盘布铺平拉直，四边与盘底齐。若盘布较大，可折叠好后铺平。

4. 装盘

根据盛装物品形状、体积，使用先后次序，合理安排。几种物品同时装盘，重物、高物靠近身体，轻物、低物在外。先用物品在上，后用物品在下。不加盖的食品在外，离身体远一点，防止头发落入。刀叉、扁平餐具、小碟等在外。热菜食品不能置于凉菜食品上。盘内物品不得有一部分突出在盘外。整个装盘做到摆放整齐，位置得当，托盘平稳，操作方便。

5. 轻托

从放盘的桌子或架子上将托盘移出15cm，左手弯曲，掌心向上，五指分开，手指和掌心托在盘底中部，掌心与底盘不接触，托于胸前，略低于胸部。整个托盘要平稳。

6. 重托

托盘时，将盘拉出15cm，腰略屈，左手五指分开，全掌托住盘底，右手协助将盘扶住。腿与腰肌用力，托起托盘，身体站直，举至肩平。左前臂紧靠身体，稳住臂肘。掌握好重心，行走时步伐稳、不摇晃，两眼平视前方，表现自如。

7. 行走

行走时，头正、肩平，上身挺直，目视前方，脚步轻快，从容自如。不左顾右盼，行走时只有轻微摆动，不使盘内酒水、汤菜溢出。

8. 放盘

放盘时身子略向下移，左手轻微转动，右手将托盘放在桌子上或宴会接手桌上。若是轻托直接上菜上酒，则托盘下移后，左手托住托盘，右手取菜点或酒水递放在席位上。注意始终保持托盘平稳。

本章小结

本章介绍了餐前服务准备的相关内容，阐明了座次安排的原则、方位，铺台布的程序和餐巾折花的手法、花型等；介绍了餐中服务礼仪，酒水准备知识，上菜、分菜程序；还介绍了餐后跟进服务中送客服务、客人评价收集方法，投诉处理与跟进等。其中，座次安排，餐巾折花，上菜、分菜程序，投诉处理是本章学习中应重点掌握的内容。

习　题

一、单项选择题

1. (　　)是最基本的餐巾折花手法。

A. 折叠　　B. 推折　　C. 卷　　D. 捏

2. 要求冰镇后饮用的酒有(　　)。

A. 红葡萄酒　　B. 白葡萄酒　　C. 茅台酒　　D. 黄酒

3. 中餐厅迎宾时，服务员应走在客人(　　)左右，引领客人到适当的座位。

A. 左前方 1m　　B. 左前方 2m　　C. 右前方 1m　　D. 右前方 2m

4. 在客人准备点菜时，服务员应立即走上前询问：(　　)?

A. 您可以点菜了吗　　B. 我可以为您点菜了吗

C. 您现在想点菜吗　　D. 现在可以点菜吗

5. 餐饮服务质量的好坏取决于(　　)。

A. 客人需求的满足程度　　B. 服务员的服务态度

C. 服务程序　　D. 服务方式

二、多项选择题

1. 宴会根据(　　)来选择色彩和花型。

A. 宴会规模　　B. 主客位　　C. 宴会规格　　D. 时节

2. 客人的点菜单一般为四联，分别交给(　　)。

A. 服务员　　B. 传菜部　　C. 收银处

D. 客人　　E. 宴会部　　F. 餐厅经理

3. 整瓶的葡萄酒在开瓶前，应向客人展示酒的商标，让客人验看，目的是(　　)。

A. 避免差错　　B. 表示对客人的尊重

C. 显示服务的礼遇　　D. 促进销售

4. (　　)需要更换骨等餐具。

A. 吃完带壳的菜肴后　　B. 上名贵菜肴前

C. 上甜品前　　D. 菜肴口味相差很大时

5. 中餐斟酒时，可以从(　　)开始，按(　　)方向依次斟倒。

A. 主人位　　B. 主宾位　　C. 顺时针　　D. 逆时针

三、简答题

1. 中餐宴席座次排序原则有哪些？

2. 餐巾折花的基本技法有几种？

3. 酒水服务中冰镇的三种方法是什么？

四、论述题

结合实际情况，当宾客请服务员代为点菜时，服务员该怎么办？

五、案例分析题

张先生是某饭店的常住客人，他脾气大，爱挑剔，常因一点小事就大发雷霆。张先生经常在咖啡厅用餐，与服务员小李成了好朋友，细心的餐厅经理发现，每当张先生发脾气时，服务员小李上前劝几次就化解了。有一次，张先生在中餐厅就餐，服务员在吧台把啤酒瓶开启后，拿到餐桌上欲斟之时，张先生怒视服务员说：为什么把别人用过的酒给我用？岂有此理，找你们经理去。

问题：

(1) 张先生为什么会发怒？

(2) 服务员的正确做法应是怎样的？

(3) 如果你是餐厅部经理，你将如何避免此类事情的发生？

扫一扫，习题答案

第五章

中餐服务技能

【学习目标】

通过本章的学习，了解中餐宴会的类型；了解中餐宴会设计；掌握中餐宴会摆台；理解中餐宴会服务。

【关键词】

中餐宴会的类型　中餐宴会设计　中餐宴会摆台　中餐宴会服务

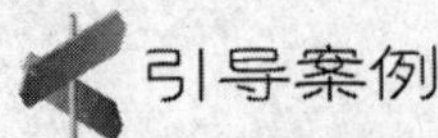

引导案例

有一家新开张的四星级饭店，宴会厅装饰得富丽堂皇，别具一格，加上菜肴很有特色，吸引了很多客人光顾，生意越做越红火。但是，随着时间的推移，顾客反而减少，总经理感到有问题，召集中层干部开会，分析其原因，并发放调查表，征求老顾客对饭店经营的意见。经过调查得知，顾客减少的主要原因，一是宴会服务不佳，二是服务形式没有变化，尤其是台面设计方面，不管什么主题宴会，变化不大，缺少新意和特色，不能满足客人求新、求变的心理。后来，总经理要求宴会部一方面提高宴会服务质量；另一方面，注重宴会厅环境的布置，并要求针对不同的餐厅、不同的主题宴会，要设计出不同的台面，使客人一进宴会厅，就能感受到台面有特点、有新意，与众不同。经过宴会部全体员工的共同努力，宴会服务质量大大提高，过去流失的老顾客又重返饭店消费，新顾客也慕名而来，使宴会部营业额越做越高。

(资料来源：http://www.docin.com/p-485761335.html)

优雅大方的就餐环境、布局合理的台型和实用美观、富有创意的宴席台面都是成功的宴会不可或缺的重要因素。宴会的台面设计取决于宴会的主题、就餐的形式、菜肴的特色、场地的要求、风俗习惯和客人的特殊要求等。

第一节　中餐宴会类型

中餐宴会被人们广泛应用于社会交往的方方面面。由于宴请的目的、规格、形式、时间、礼仪、习俗等不尽相同，因而宴会名目繁多。现将中餐宴会分类方法及其相关宴会的主要特点介绍如下。

一、中餐宴会的分类

(一)按宴会的规模大小分类

1. 小型宴会

所谓小型宴会是与大型宴会相比较而言，规模在 1～5 桌不等，参加人数相对较少，往往在包间进行。在菜单设计、员工工作的安排及服务上不是很复杂，一般按照主宾的要求进行认真设计，严格操作，都能收到很好的效果。

2. 中型宴会

中型宴会在大型宴会与小型宴会之间，规模在 6～15 桌不等，参加人数较多。在菜单设计、组织安排上要针对客人的要求，精心策划，按程序操作，会达到设计的要求。

3. 大型宴会

大型宴会通常有特定的主题，如重大的庆典活动、国际友人的来华访问、记者招待会等，规模在 16 桌以上，参加人数较多，工作量大，要求高，组织者必须具有较高的组织能力。从菜单设计、原料采购、服务程序等方面要全面考虑，使整个宴会在菜品质量、服务水平、组织工作等方面达到理想的效果。

(二)按宴会性质与接待规格分类

1. 国宴

国宴是国家元首或政府首脑为国家庆典及其国际或国内重大活动，或为外国元首或政府首脑来访以示欢迎而举行的正式宴会。国宴通常被认为是一种接待规格最高、礼仪形式最为隆重的宴会。国宴由国家元首或政府首脑主持，宴会厅内要悬挂国旗、奏两国国歌及席间音乐，席间有致辞或祝酒。目前，我国国宴根据宴请目的的不同主要有庆典类宴会、欢迎类宴会、接待类宴会或茶话会四种类型。

(1) 庆典类宴会。例如，国庆宴会是由国家元首或政府首脑举行的国庆招待会，党和国家主要领导人、党政军各部门负责人、各群众团体、民主党派负责人、无党派人士和社会各界知名人士、人民群众等代表出席。

(2) 欢迎类国宴。欢迎类国宴是由国家元首或政府首脑为欢迎来华访问的外国的国家元首或政府首脑而举行的正式宴会。邀请主要随行人员、有关国家驻华使节等出席。请柬、菜单和座位卡上印有国徽，宴会厅悬挂两国国旗。宴会开始时先奏宾客方国歌，然后奏中国国歌；主、宾先后致辞；席间乐队演奏乐曲。欢迎宴会时间通常为 45～75min。

(3) 接待类国宴。接待类国宴主要指国家元首或政府首脑为国际或国内的重大活动而举行的宴会。如宴请外国专家、全国劳动模范、科技界精英、在我国举行的大型国际峰会的重要与会代表或大型国际体育赛事的重要官员等。

(4) 茶话会。茶话会是在阳历新年前夕，为迎接新年的到来，由国家元首或政府首脑举行的迎春茶话会，届时邀请各界著名人士同欢共庆，相互拜年，以茶话、点心、小吃、水果为主，伴有演出，气氛轻松愉快。

2. 正式宴会

正式宴会是指正式场合举办的讲究礼节程序且气氛较隆重的宴会。正式宴会是一种高规格的、讲究排场、气氛隆重的宴会。

3. 便宴

便宴是一种非正式的宴会，其形式比较简单，可以不排座位，不做正式讲话，宴会的规格及菜单设计可随客人的要求而定。

4. 家宴

家宴是家庭成员相聚的宴饮活动，或者在家中以个人名义招待客人的非正式宴会。家庭内部的宴饮活动，多在遇有婚嫁、寿辰、生育等喜庆之事，或传统节日到来之时举办。

常见的家宴由庆贺婚嫁的喜宴、除夕之夜的年夜饭、中秋节的团圆酒宴。

(三)按宴请目的或宴会主题分类

1. 地域民族特色类主题

地域民族特色类主题，其来源包括独特地域的风土人情、地方文化、地区事务及少数民族风情等，如云河宴、长江宴、岭南宴、巴蜀宴、壮乡宴等。它又包含以下几种不同的主题类型。

(1) 以地域民风民俗及地方文化为主题。

(2) 以地域代表性自然景观为主题。

(3) 以地域文化及其景观为主题。

(4) 以特定民族风情为主题。

知识拓展

敦煌宴：舌尖上的丝路，餐桌上的史诗

在绿洲古城的敦煌宾馆根据敦煌的人文和地域特点研制的“敦煌宴”。与其说是菜肴，不如说是一张张敦煌明信片。敦煌宴的菜肴范围广泛，有的以敦煌名胜古迹、自然风光做题，有的以敦煌石窟壁画、历史典故做题，有的干脆以敦煌雅丹奇观做题。

形色俱佳、精致典雅的菜肴似从画中“走出”，整齐排开。九色神鹿、丝路驼铃、阳关三碟、乐僔珍菌、胡人烤饭、月泉虾仁、鸣沙烧麦、荷香羔羊、玉关有合、石炙脂玉、浆水素燕、敦煌花馍……无论菜名还是菜式的卖相，让人仿佛置身于古丝绸之路上。经过20多年的努力，敦煌宾馆最终将“敦煌宴”发展成为集特色、绿色、营养、健康、文化为一体，共有名胜风光、石窟典故、雅丹奇观、食疗药膳、古今小吃五大系列，上百个菜品的地方名优佳肴，并多次在省内外获得金、银大奖，被誉为“甘肃名宴”。

(资料来源：https://baijiahao.baidu.com/s?id=1594542710318948703&wfr=spider&for=pc)

2. 历史材料类主题

我国拥有五千年的文明史，历史文化资源极其丰富，这为我们进行主题宴会设计提供了大量优质的素材，这类主题既可以突出特色，又可以彰显我国优秀的历史文化。此类主题的选取点可以是古今文化景观、著名历史与现代人物、典型文化历史故事、经典文学著作、宫廷礼制等，如三国宴、红楼宴、水浒宴、乾隆宴、孔府家宴等。

历史材料类主题所包含的类型较多，大体可以划分成下列几类。

(1) 以古今著名文化及其景观为主题。

(2) 以著名历史人物为主题。

(3) 以经典文学著作与历史故事为主题。

(4) 以宫廷礼制为主题。

知识拓展

红　楼　宴

“红楼菜”是曹雪芹所著《红楼梦》中所描写的菜品。红楼宴是在红学家和美食家的指导下，以《红楼梦》所描写的菜肴和点心为依据而创造出来的名宴佳肴。它集红楼菜的精华于一体，融观赏、品尝、谈菜为一体，给人带来知识和美好的享受。如上海餐饮界于20世纪80年代策划编制的“红楼宴”菜单，风格别具。这份“红楼宴”菜单是以“金陵十二钗”平时食用的菜肴和补品为主料，结合书中人物不同的身份、性格和故事情节，配以不同的基色、调味，运用炸、炒、蒸、炖、烤等烹饪技术融合而成。如热菜：美妙玉品茶龙井虾、王熙凤高谈茄子鲞、薛宝钗论酒食鸭信、敏探春油盐炒枸杞、秦可卿山药健脾胃、贤李纨敬老撕鹌鹑、史湘云围炉烤鹿肉。

3. 人文情感与审美意境类主题

此类主题是借助餐饮形式来表达人的情感意志，它关注的是人与人间的情感表达和人的审美情趣，寓情于景，既给人以视觉上的审美享受，又能引起观者的情感共鸣。其主题设计的选取点有某种审美意象所寄托的事物、人的审美情趣、特殊的人际关系等。

此类主题可以细分为以下几种类型。

(1) 以具体事物的赞美为主题。

(2) 以某种抽象的审美情趣为主题。

(3) 以表达人与人间的某种情感为主题。

4. 食品原料类主题

食品原料的来源极其广泛，对食品原料进行深入挖掘，将其特色进行多样化的呈现，可以给人耳目一新的感受，如野菜宴、泡馍宴、镇江江鲜宴、安吉百笋宴、云南百虫宴、西安饺子宴、海南椰子宴、东莞荔枝宴、漳州柚子宴等。

此类主题可以细分成以下两种主题类型。

(1) 以季节性食品原料为主题。

(2) 以地域特色性食品为主题。

知识拓展

西安饺子宴

饺子是中国的传统食品。使这种寻常小吃登上宴会的“大雅之堂”，是西安饺子宴饭店(原西安解放路饺子馆)的独创，它与著名的仿唐菜点和牛羊肉泡馍，一并被誉为“西安饮食三绝”。2018年9月，被评为“中国菜”之陕西十大主题名宴。

西安饺子宴之绝，首先在于用料多样，味型各异，造型美观。馅料既有时令鲜菜和一般鸡、鸭、鱼、肉，还有猴头、海参、鱼翅、发菜等山珍海味。因此有“百饺百味”之称，茄汁、麻辣、鱼香、五味、鲜咸、糖醋、咖喱、蚝油、椒麻、红油等味型无所不包。其次是烹制技术多样。基本的制法分蒸、炸、煎、煮四种，但由于各种饺子的馅料不同，其制作方法也不完全一样，中菜的烹、炒、爆、熘、焖、酿等方法也兼而用之。再次是造型奇特。既有泡眼朝天、修尾轻摇、栩栩如生的金鱼形，又有状若杏核、精巧玲珑的珍珠形，还有鸳鸯形、蝴蝶形、元宝形，有的又如燕窝、海螺、花卉，真是千姿百态，巧夺天工。

西安饺子宴，分为百花宴、牡丹宴等 5 个档次。每宴由 108 种不同馅料、形状和风味的饺子组成。宫廷宴主要是以燕丝、熊掌、甲鱼等为主料的饺子；八珍宴主要是以八珍为主料的饺子；龙凤宴和牡丹宴，则是以猴头、鱿鱼、海参等为主料的饺子；百花宴稍次一等，为普通型，除部分海味外，多数是肉类和素馅。其上桌程序亦颇有讲究。从烹制方法上讲，先上炸、煎类饺子，后上蒸、煮类饺子；从口味上讲，先咸，次甜，后麻、辣。咸味饺子中，先海鲜，次鸡肉，后清素，十余道饺子以后，上一道“银耳汤”漱口清喉，调节一下口味，再继续上其他饺子，层次分明，使人回味无穷。西安饺子宴的创制和应市，受到中外宾客的热烈赞赏和高度评价。美国前国务卿基辛格吃罢饺子宴，高兴地说：“这顿午餐出奇的好。”国内一位食品专家食后诗兴大发，即席挥毫：“一餐饺子宴，尝尽天下鲜。美味甲寰宇，疑是作神仙。”还有一位美国友人食后赞誉道：“到中国，不到万里长城，不算真正到过中国；到陕西，不吃解放路饺子馆的风味饺子，不算真正到过西安。”

(资料来源：https://baike.baidu.com/item/西安饺子宴)

5. 营养养生类主题

这是近年来刚刚兴起，却越来越受关注的一种主题宴会形式。其主题来源于不同的养生方法或养生文化与饮食业的融合，如健康美食宴、中华药膳宴、长寿宴等。

此类主题大致可以细分成以下两种类型。

(1) 以某些养生食品为主题。

(2) 以特定养生理念为主题。

6. 节庆及祝愿类主题

此类主题来源广泛，特点鲜明，其选取点可以是中西节庆活动，也可以是某种大型的庆典活动，以及对于生活的美好祝愿等，如春节、情人节、元宵节、母亲节、中秋节、圣诞节及饭店挂牌、周年店庆等。

此类主题可以细分成以下几种类型。

(1) 以中西节日为主题。

(2) 以大型庆典活动为主题。

(3) 以生活的美好祝愿或期望为主题。

(4) 以对人的祝福为主题。

(5) 婚宴类主题。

7. 休闲娱乐类主题

这类主题源于人们所热衷的某种休闲运动或娱乐活动，是生活方式与美食的完美结合，非常迎合现代人的生活要求，如歌舞晚宴、时装晚宴、魔术晚宴、影视美食、运动美食等。

这类主题可以划分为以下几种类型。

(1) 以某种娱乐节目为主题。

(2) 以某些特色运动项目为主题。

(3) 以某种时尚生活方式为主题。

8. 公务、商务类主题

这类主题源于生活中所发生的公务性大事件，设计者通过对这种主题的设计或希望表达对事件的关注，或者希望达到事件营销的目的，如奥运宴、答谢宴、迎宾宴等。

此类主题可以细分成以下两种类型。

(1) 以某种重大事件为主题。

(2) 以商务宴请为主题。

(四)按宴会的价格等级分类

1. 高档宴会

一般价格较高，是当地普通宴会价格的几倍或十几倍，使用的烹饪原料多为山珍海味或高档、稀有的原料，菜肴制作比较精细，餐厅的环境和服务比较讲究。

2. 中档宴会

一般价格比高档宴会低，比普通宴会高，在高档宴会与普通宴会之间，使用的烹饪原料多为一般的山珍海味，鸡、鸭、鱼、肉、虾、蔬菜等。菜肴制作讲究，餐厅的环境和服务较好。

3. 普通宴会

一般价格较低，使用的烹饪原料为常见的鱼、虾、鸡、鸭、蛋、蔬菜等。菜肴制作注重实惠，讲究口味，餐厅的环境及服务相对要差于中、高档宴会。

(五)按宴会用餐时间分类

此类宴会有早宴、午宴、晚宴三种。

比较正式的宴会一般安排在晚上进行。早宴和午宴往往是因为工作日安排不开而采用的形式，也是现代交往中经常采用的一种非正式宴请形式。利用进餐时间，边吃边谈工作问题，是宴会的主要内容。此类活动一般只请与工作有关的人员，不请配偶。

(六)按交往礼仪分类

此类宴会有欢迎宴会和答谢宴会之别。

欢迎宴会一般是主人表示对来访宾客的敬意而设的宴会，答谢宴会则是来访宾客为感谢主人的盛情接待而设的宴会。这两种宴会是礼仪性的，有了欢迎才会有答谢，其设宴规格是对等的，出席人员基本上是一致的。

在社会交往中，因礼仪需要而举行的欢迎或答谢宴会以国家元首或政府首脑之间的欢迎或答谢宴会为最高等级。此外，在地方政府、企业、社团、个人的社会交往中，举行欢迎宴会或答谢宴会也是十分普遍的现象。

在地方政府的接待中，为接待到访的中外来宾，尽地主之谊，由地方政府举行欢迎宴会，此类宴会对省市政府来说是高规格的宴会，以地方特色菜与时令菜为主，设计菜单时要考虑客人与主要陪同的需求，宴会设计要突出当地特点与风貌。例如，在企业、社团举行的欢迎宴会有多种多样，宴会规模有大有小，其客人可以是国际、国内会议的代表，可以是参观访问的同行、检查工作的领导，或商业往来的客户。宴会的规格按企业既定的接待方针或按照客人过去接待主人的规格相对等。宴会厅布置豪华，菜肴选料按出席者身份来定档次，菜点需要国内知名地方特色菜肴或地域性、季节性的原料。

二、宴席的分类

宴席是宴会的基本物质条件，更侧重于菜品的构成要素组合，因而，在餐饮企业，人们还习惯从这个角度来进行宴席的分类。

(一)按地方菜系分类

如川菜席、鱼菜席、粤菜席等，其内部又可再分，如淮阳席中，可细分为淮安风味席、南通风味席等，便是具体饭店、宾馆的特色风味席。此外，大型宾馆也往往把几种地方菜系风味汇集在一起，如中餐宴席、西餐宴席，中餐宴席可再分地方风味席，或兼容之，如沪扬风味席、川扬风味席等。它们以宴席的地方风味菜肴为旗帜，菜品纯正，乡情浓烈，配合地域性的环境布置，个性鲜明的餐具摆设，有着很强的地域性。此类宴席的设计很注重菜肴、环境、餐具的风格统一。

(二)按菜品数目分类

如四喜四全席、五福捧寿席、六六大顺席、七星席、八八席、八仙过海席、九九上寿席、十大碗席、三蒸九扣席等，此类宴席的特点是，可以从菜肴的数量反映出宴席的规格，反映乡风民俗，满足人们祈求丰盛的心理，故而它在乡镇民间较为流行。过去的宴席档次很多是讲究菜肴的道数，道数越多，档次越高，现今旅游景点的农家宴有时还会采用这种宴席。

(三)按菜头分类

如燕窝席、鱼翅席、鲍鱼席、海参席等，此类宴席的命名是按照宴席头道主菜的烹饪原料来确定的，宴会的头道菜要求用料名贵，烹制精美。头道菜一旦确定，其他菜可按需到位。用头道菜分类可从原料使用上体现宴席的档次，所以被普遍采用。

(四)按烹制原料大类分类

如海鲜席、江鲜席、河鲜席、湖鲜席、全菌席、山珍席等，此类宴席突出某一类特产原料以适应宾客的嗜好。由于选用同一类原料，便要求宴席菜品能烹调出不同的风味，更能显示厨师用料的精妙、厨艺的高超。举办这类宴席的地区要求制菜原料充足，品种较多，是此类原料的主要产地或集散地。如滨海地区的海鲜原料丰富，河湖地区的水乡河鲜丰富，云南盛产菌类，所以这些地区便有海鲜席、河鲜席、全菌席等。

(五)按主要用料分类

如河蟹席、全牛席、全羊席、全鸭席、全鸡席、全藕席等，这类宴席上的菜肴，都选用相同的原料为主料，配以不同的辅料，烹调方法各异，充分发挥一物多吃的神韵，工艺难度较大。制作这类宴席要注意有些主料的季节性、地域性很强，不能不考虑季节、地域性，否则会适得其反。

(六)按菜品造型分类

如百花宴、长安八景宴、洞庭君山宴、羊城八景宴、西湖十景宴，这类宴席的制作，菜点多用名胜风景命名，菜式做工考究、工艺装饰性很强，有很强的视觉冲击力，如在菜品的其他方面也臻于完美，就是旅游城市中独具特色、有卖点的宴席。

(七)按餐饮文化分类

如东坡席、三国宴、红楼宴、满汉全席、民族宴、孔府家宴、药膳宴、开封宋菜席、成都天席、洛阳水席、荆州楚席，这类宴席的制作需要很深的中国传统文化底蕴，它不但选用当地土特名优原料，反映出当地民情习俗，而且在宴会厅的布置、宴席的台面设计、员工的服装与服务上都能够反映出这种文化，对当地饮食文化有较大影响力。

(八)按席面布置分类

如孔雀开屏席、万紫千红席、百鸟朝凤席、返璞归真席等，这类宴席的设计利用台面的一束花布置，偏重台面与菜点结合，艺术与美化菜肴，命名典雅、寓意吉祥，有很强的象征意义，人情味浓厚。

(九)按宗教信仰分类

如清真宴、全素宴，此类宴席按照宗教禁忌，严格选择原料来制作菜肴。在宴会厅及台面的布置中也应考虑到这种因素。

第二节　中餐宴会设计

一、中餐宴会设计的作用和要求

宴会设计是根据宾客的要求和承办酒店的物质条件和技术条件，对宴会场景、宴会台面、宴会菜单及宴会服务程序进行统筹规划，并拟出实施方案和细则的创造过程。

(一)中餐宴会设计的作用

1. 计划作用

宴会设计方案就是宴会活动的计划书，它对宴会活动的内容、程序、形式等都起到了引领作用。举办一场宴会，要做的事情很多，环境的布置、餐桌的排列、灯光音响的设置、菜品设计、酒水服务等涉及餐饮部甚至酒店其他部门和岗位，如果事前没有计划，就会缺少协调性，工作中就可能出现漏洞，造成质量事故。

2. 指挥作用

宴会设计方案就像一根指挥棒，指挥所有宴会工作人员的操作行为和服务要求。经宴会设计产生的实施方案一旦确定，对于生产和服务过程而言，就是具有高度约束力的技术性文件。各相关岗位要根据宴会设计的规定和要求做好各项准备工作。

3. 保证作用

宴会设计方案实际上也是一个产品质量保证书，是检查和衡量产品质量的标准。宴会设计实施方案和细则将每一个方面的工作都落实到了实处，各岗位按照设计要求实施，宴会的生产和服务过程的质量就会有保证。

(二)中餐宴会设计的要求

宴会设计的关键在于为满意地完成一定的宴会任务要求，去精心寻找和构造一个最佳的实施方案。因此宴会设计必须在科学化、规范化、标准化、审美性要求的轨迹上运行。

1. 突出主题

根据不同宴会目的，突出不同的宴会主题，是宴会设计的基本要求。例如，国宴是通过宴会达到国家之间的相互交流、友好交往的目的，在设计上应突出热烈、友好、和睦的主题气氛。婚宴的目的是庆贺喜结良缘，设计时要突出吉祥、喜庆的意境。

2. 特色鲜明

宴会设计贵在特色，可在菜品、酒水、服务程序、娱乐、场景布局或者台面设计上表现出来。

3. 安全舒适

宴会活动中的安全舒适是所有赴宴者所需要的。宴会设计时要考虑防止如电、火、食品卫生、服务活动等不安全因素的发生，避免顾客遭受损失。优美的环境、清新的空气、适宜的温度、可口的饭菜、悦耳的音乐、柔和的灯光会给赴宴者带来舒适感。

4. 美观和谐

宴会设计是一项创造美的活动。宴会场景、台面设计、菜品组合乃至服务人员的容貌和装束，都包含许多美学的内容。宴会设计就是将这些审美因素进行有机的组合，协调一

致，达到美观和谐的要求。

5. 遵守效益最佳原则

从目的来看，宴会设计可分为效果设计和成本设计。前四个方面是围绕效果设计提出的。从成本角度来看，宴会设计师要把宾客的每一分钱都花到最有价值的地方，避免浪费，力求性价比最高。同时，还要严格执行酒店规定的财务核算制度，保证宴会的正常盈利。

二、中餐宴会设计的内容

(一)中餐宴会环境设计

1. 中餐宴会环境设计的基本原则

(1) 环境设计要体现经营理念原则。

在激烈的市场竞争中，餐饮企业越来越讲究经营理念和服务理念，而抽象的理念通过有形的环境可以得到具体的体现，从而有利于顾客的识别。因此，宴会环境设计要遵循体现餐饮企业的理念的原则。例如，国外一些“绿色”主题宴会不仅仅以经营“绿色”食品为主，而且环境设计也是“绿色”的，如在餐厅内种植树木、竹林，种花养鸟；地面采用可再利用的花岗岩；墙面采用无污染的材料或天然材料进行装饰；餐桌、餐椅的材料部分取自报废船只的地板；厨房设备采用绿色家电，等等。

(2) 环境设计要体现特色原则。

宴会服务的特色，不仅体现在菜肴、点心和自配饮料上，也体现在环境上。如野味宴虽然不多，但将宴会环境布置成远古时代先民狩猎场景，再结合野趣盎然、野味十足的就餐方式，就会使不少宾客心驰神往。

(3) 环境装饰风格要与宴会主题协调一致原则。

现代宴会主题种类很多，装饰风格也很多，有中国的传统风格、各种地方风格、各少数民族风格，有西洋的古典风格、中世纪风格、现代风格，还有日本、韩国、印度、伊斯兰风格。此外，还有各种乡村风格、海岛风格、宫廷风格、农家小院风格，等等。只有将宴会环境的装饰风格和宴会主题、宴会经营风格结合起来，保证协调一致，才能创造出有特定意境和特色的装饰环境，才能适应市场需求。

(4) 环境设计满足顾客需要原则。

满足顾客需要是宴会服务的核心，也是宴会环境设计与管理的一个原则。主题宴会的环境设计与氛围营造必须符合人的审美需求和实用需求，所以宴会环境设计人员必须树立客人导向意识，与宴会的举办者密切协调，充分了解对方的要求和意图，根据宴会的性质、规模、主题等有针对性地进行设计。

(5) 环境美观与经济适用相结合原则。

适用、经济、美观是中餐宴会环境设计的原则。首先，中餐宴会环境必须适用。适用就是要从不同功能需要出发，根据客人的活动规律、心理特点、消费时尚来制定设计方案，不仅做到宴会环境舒适典雅、美观大方、安全方便，又具有独特装饰风格。其次，环境设计在保证功能需要和个性特色、美观效果的前提下，尽量少花钱，多办事。由于宴会市场需求和消费时尚的瞬息万变，宴会装饰必须不断开发新产品以迎合顾客求新、求奇的心理。所以，宴会环境设计和美化布置必须遵循适用和经济相结合的原则，为获得较好的经济效益创造条件。

2. 中餐环境设计的内容

(1) 色彩运用。

色彩是宴会装饰布置的重要因素和表现手法。其色彩运用的艺术处理重点要解决三个方面的问题。

其一是宴会装饰主题和风格。如以茶文化为主的宴会主题色调应突出淡雅、清丽，给客人以清心脱俗之美感；中式婚宴的设计中，红色作为中国人心目中的吉祥和喜庆色彩，给新人和来宾以幸福美满的喜悦感。

其二是反映宴会厅装饰布置的发展趋势。现代各类宴会厅的装饰布置在突出其主题和风格的基础上，其颜色选用大多以反映自然、朴实、清新、返璞归真为趋势。例如，仿宫廷宴家具的颜色，多以高档红木家具的深红、深紫红为主，而农家宴家具多以现代木质家具的本色为主，越自然越好。

其三是主题宴会色彩的运用与设计既包括基调的确立，也包括墙面、地面、台面、装饰物的色调组合。一要注意色相的组合，二要注意明度的确立，三要注意色彩的饱和度。

(2) 天花装饰。

中餐宴会天花装饰的总体要求是：天花板装饰形式与宴会主题气氛相吻合。其装饰有平整式、凹凸式、悬挂式、井格式、结构式、透明式、帷幔式等多种形式。

(3) 墙面装饰。

墙面与天花板、地面互相衬托，与宴会家具、台面互相配合，形成宴会厅空间构图的主题和气氛。宴会墙面装饰布置的基本要求：主题鲜明、美观大方、清新明快。

其艺术处理手法主要注意以下两个方面。

其一，宴会主墙(舞台)的装饰布置。主墙(舞台)风格决定宴会装饰布置的主题和风格。一般要经过精心设计、认真选择装饰画或图案及其艺术处理手法来形成主装饰风格。其装饰的画面、图案可以选择大中型壁画、舞台主题插花、壁毯、国画、竹木金属浮雕、工艺挂毯刺绣、彩绘瓷画、西洋绘画、主题布景彩画等。画面构图内容要根据宴会性质、经营风格、宴会主题和风格等多种因素来确定，以保持主墙能反映宴会布置的主题和风格。例如，由某市中药公司所举办的大型主题宴会舞台设计积极配合主办单位的性质及开会内容，设计以中药的意象为依托，在主墙(舞台)上摆置象征各类草药的绿色植物；主墙(舞台)背板是著名唐诗以及中国传统中国图绘。这些设计传神地表达出了中药历史传承及其独特性。

其二，侧墙或一般墙面的布置方法是以墙纸装饰为主，必要时选择1～2幅与主题装饰画面、图案配合良好的字画、条幅装饰即可，画面宜少不宜多，宜简不宜繁。

(4) 地面装饰。

地面是宴会厅的客人最直接、最经常接触的空间位置。其装饰布置的总体要求是：平

整美观、图案整洁、主题突出、坚固耐磨、防滑保暖、防潮隔音、易于清洁。

(5) 人工景致装饰。

人工景致是为了创造和突出宴会装饰布置的主题风格和特定意境，经过精心设计而创造出来的某种特定微型景观。例如，江南水乡风情的婚宴必须是具有某一特色的江南水乡风情和水乡文化，而不是其他风情或文化；另外，人工景致的主题创造必须选择能够反映其地域、民族和历史文化装饰材料和表现手法，如假山、池塘、水池、竹林、芭蕉、农家小院、瀑布、渔船等；人工景致的主题造型和装饰布置必须和宴会厅的外观装饰、室内天花、墙面、地面的装饰布置和宴会厅分区功能布局保持协调配合，并形成主要景观，形成特定意境，增强宴会美感效果和形象吸引力。

(6) 绿化装饰。

宴会厅的绿化多采用盆栽，摆放在厅门两侧，厅室的入口，楼梯进出口，厅内的边角或中间。举行隆重的大型宴会时，主台的后面要用大型的花坛或青松翠柏等盆树。餐台上可以放置盆花或插制盆花，形成热烈、欢快的气氛。主桌台面的装饰与其他桌有区别，可以布置得更加华丽一些。正式宴会有致辞台，一般设在主台的后侧面，其台前可摆放花篮、盆栽，台上用鲜花布置。

(7) 标志装饰。

宴会的标志主要有旗帜、标语、横幅等。标志是根据宴会的要求进行布置的。国宴中要在宴会厅的正面并列悬挂两国国旗，按“右为上、左为下”的惯例，由我国政府宴请来宾时，我国的国旗挂在左方，外宾的国旗挂在右方；若举行答谢宴会时，则要相互调换位置。

在举行婚宴的餐厅，可以挂宫灯、彩条，张贴大红双喜字，服务人员穿红色的礼服。在寿宴中，则要张贴大寿字。在产品新闻发布会上要悬挂横幅，宴会厅各处有规则地布置产品宣传广告画，以突出宴请的主题，形成热烈、欢快的气氛。

(8) 灯光装饰。

灯光装饰是宴会厅内布置的重要内容。良好的光照艺术处理可创造和强化宴会环境气氛、格调，突出装饰美化功能和食品展示效果。中餐宴会装饰布置的光照艺术处理在满足餐厅光照功能的基础上，可根据主题宴会活动装饰和销售需要，选用适宜的光照艺术。如春节、元宵团圆宴会期间的宴会厅可选择各种精巧美观的花灯装饰。

(9) 温度、湿度和气味。

温度、湿度和气味是宴会环境气氛的另一方面，它直接影响着顾客的舒适程度。

① 顾客因职业、性别、年龄的不同而对宴会厅的温度有不同的要求。通常，女性喜欢的温度略高于男性，孩子选择的温度低于成人。此外，季节对宴会厅的温度也有影响。夏天，宴会厅的温度要凉爽；冬天，要温暖。一般来说，宴会厅的最佳温度应保持在21～24℃。

② 湿度会影响顾客心情。湿度过小，即过于干燥，会使顾客心绪烦躁，从而加快顾客的流动。反之，适当的湿度，能增加宴会厅的舒适程度和活跃程度，减缓顾客的流动。

③ 气味是宴会厅气氛的重要因素。气味通常能给顾客留下极为深刻的印象，顾客对气味的记忆甚至要比视觉和听觉记忆更深刻，因此宴会厅要对气味进行严格控制。

3. 中餐宴会环境设计实例

1) 春节(农历正月初一)主题：新春发财宴

(1) 气氛。

春节是中国传统佳节，具有悠久的历史，应体现出欢快、幸福、团结、天地为乐的气氛，有着兴高采烈、张灯结彩的气息。故选用的色彩皆以大红为主。就着“南花街、北庙会；南团年饭、北饺子”的风俗习惯，在选用菜肴上因人而异，但皆是好意头的菜式。服务人员要向客人拜年。

(2) 布置。

① 在大门口挂大红灯笼，门上贴童男童女画。

② 餐厅的空间分别挂上“福”字画、对联、灯笼、爆竹等饰物(都以大红为主)。

③ 提前 20 天左右在大堂醒目处摆上“年货阵”，如：冬菇、糖果、瓜子、瑶柱、发财等，要做适当的包装。

④ 摆花阵。主要是各种兰花、花篮、金橘、水仙等。

⑤ 在春节期间，所有的包厢里可以摆上水果、干果盒(有各种水果、瓜子)。

⑥ 播放欢快、轻松、喜庆的春节音乐。

2) 婚宴主题：永结同心

(1) 气氛。

以隆重、喜庆、欢快为主，用具颜色皆以金色、红色为主。服务人员要笑容满面，适时送上“新婚快乐、白头偕老”等祝福语，应安排好意头的双数菜式。忌讳：瓜、牛肉、豆腐等。

(2) 布置。

① 挂龙凤喜帐或龙凤礼堂。

② 挂彩带、金蝴蝶结、心形气球。

③ 备置签到台、签到簿、笔及企牌(写“某某联姻”的字样)。

④ 备置麦克风、放中式婚礼进行曲。

⑤ 备置蛋糕车、蛋糕刀、结婚蛋糕。

⑥ 备好喝交杯酒用的香槟杯。

⑦ 备好主台红地毯、红毛巾、红台布、红筷子。

⑧ 备好 2 个托盘(供敬茶用)。

⑨ 备齐菜谱和客人就座姓名牌(如客人需要)和红瓜子、喜糖、红枣。

⑩ 备好新娘房(包括全身镜、梳子、衣架、凳子等)。

(二)宴会台面设计

台面设计要起到烘托宴会气氛、突出宴会主题、提高宴会档次的作用。可以借助物品与餐具进行组合，深化意境。

1. 中餐宴会台面类型

(1) 按餐饮风格分类。

① 中餐宴会台面：中餐宴会台面用于中餐宴会，一般用圆形桌和中式餐具摆设。台面造型多为中国传统吉祥图饰，如大红喜字、鸳鸯、仙鹤等。

② 中西合璧台面：如果赴宴者既有中国人又有外宾，一些宴会采用中菜西吃的方式。在台面摆设上采取中西餐交融的摆设方式，既有中餐的特点，也有西式宴会的特点。

(2) 按台面的用途分类。

① 餐台：也叫素台，在餐饮行业里也叫正摆台。餐台要从实用角度出发，根据宾客就餐人数的多少、实际进餐的需要、菜单的编排和宴会标准配备餐具。各种餐具的摆放相对集中，简洁适用，美观大方。

② 看台：又称观赏台面。按宴会的性质、内容，用各种小物件和装饰物摆成各种图案，供宾客在用餐前观赏。在开宴时，将各种装饰物撤掉，再摆上餐具。这种台面多用于民间宴席和风味宴席。

③ 花台：顾名思义就是用鲜花、绢花、盆景、花篮，以及各种工艺美术品和雕刻等装饰成的台面。花台将看台和餐台合而为一。这种设计要符合宴会的主题，色彩要鲜艳醒目，造型要新颖独特。

2. 台面设计的要求

(1) 根据宾客的用餐要求进行设计。

在进行宴会台面设计时，每个餐位大小、餐位之间的距离、餐用具的选择和摆放的位置，都要首先考虑到宾客用餐的方便性和服务员为宾客提供席间服务的方便性。

(2) 根据宴会的主题和档次进行设计。

主题宴会台面设计应突出宴会的主题，例如，婚庆宴会应摆“喜”字席、百鸟朝凤、蝴蝶戏花等台面；如果是接待外宾，就应摆设迎宾席、友谊席、和平席等；主题宴会台面设计还应根据宴会档次的高低来决定餐位的大小、专属及餐用具的造价、质地和件数等。

(3) 根据宴会厅装饰格调进行设计。

宴会台面设计必须与宴会厅装饰格调相协调。如果餐具摆放、装饰物的造型色彩等与餐厅环境相融、相得益彰，就好比锦上添花，再加上菜肴美味飘香、服务周到，定会让人如沐春风。由此可见，根据宴会厅的格调和希望表达的状态设计餐具、装饰物的造型、色彩与质感也是十分重要的。

(4) 根据宴会的菜点和酒水的特点进行设计。

餐具及装饰物的选择与布置，必须由宴会菜点和酒水特点来决定。不同的主题宴会配备不同的餐具及装饰物。例如，中式主题宴会应选用传统的中餐具，食用什么菜点应配备什么餐具，饮用不同的酒水也应摆放不同的酒具。

(5) 根据宴会美观性要求进行设计。

宴会台面在满足以上实用性的基础上，应结合文化传统、美学结构进行创新设计，将各种餐具加以陈列和布置，起到烘托宴会气氛、增强宾客食欲的作用。

(6) 根据宴会进餐礼仪进行设计。

宴会台面设计时，应充分考虑到国际交往的礼仪，例如按照国际管理安排翻译陪同的餐位；餐具、台布、台裙、餐巾颜色及所选用的插花或餐巾折花应适应宾客的民族风俗和宗教信仰等。

(7) 根据宴会安全卫生的要求进行设计。

安全卫生是饮食行业提供服务的前提和基础，也是宴会台面设计时应考虑的重要因素之一。要保证摆台所用的餐、用具都符合安全卫生的标准，在摆台操作时要注意操作卫生，不能用手抓餐具、杯具的进口或接触食物的部分。

3. 宴会台面设计的步骤和方法

成功的宴会台面设计就像一件艺术品，令人赏心悦目，给参加宴会的宾客创造出隆重、和谐、热烈、欢快的气氛。因此，宴会台面设计已成为现代宴会中不可缺少的布置。下面简单介绍宴会台面设计的步骤与方法。

(1) 根据宴会目的与目标顾客特点来确定设计方案。

宴会台面设计者首先要明确宴会主题。宴会台面主题的确定依据是消费者的用餐目的、年龄结构、消费习俗、顾客心理、经济状况等因素。例如，为开业庆典而设计的台面，应根据庆典的内容、性质及参加庆典人员多少、文化层次等来确定宴会台面的主题和格调。如参加者以年轻人为主，色彩应以明快、时尚、有创意的台面格调为主，表现奔放、活泼、欢快的喜庆气氛。

(2) 根据宴会台面寓意命名。

大多数成功的宴会台面会拥有一个别致而典雅的名字，这便是台面的命名。只有给主题宴会台面以恰当的命名，才能突出宴会的主题、暗示台面设计的艺术手法、增加宴会气氛。其具体命名如中国茶宴、珠联璧合宴、蟠桃庆寿宴、梦幻漓江迎宾宴、圣诞欢庆宴等。

(3) 根据宴会场地规划台型设计。

宴会厅场地和台型的安排方式，原则上根据宴会厅的类型、宴会主题、宴会形式、宴会场地大小、用餐人数及主办者要求等因素，决定宴会场地的摆设规划。

(4) 根据宴会的主题创意设计台面造型。

① 台布和台裙的装饰：台布、台裙的颜色和款式要根据宴会主题来确定，以体现服务的内涵。台裙要选用制作好的窗轨台裙，也可根据实际需要，选择丝质或其他材料现场制作。如寿宴餐台可选择红黄相间的动感台裙，红色代表热烈，黄色代表富贵，使寿宴主题尽显其中。

② 餐具的选择和搭配：现代宴会厅的餐具选择有中式、西式、日式、韩式等不同风格，不同质地、形状、档次也有很大差异，宴会设计者可以大胆地把不同风格的餐用具引为自用或特制出精美的主题餐具，搭配出形态万千的摆台造型。宴会设计者根据宴会主题和酒店实际情况选用适当的餐具，强化宴会主题氛围。

③ 餐巾花的造型：台面选用的餐巾必须与宴会设计的其他要素色调和谐一致，突出主题，渲染宴请气氛。同时，宴会规模也影响餐巾花的选择，一般大型宴会采用简单、快

捷、挺括的花型。不管选择什么样的花型，都应整洁美观、便于识别、卫生方便，但是不要出现赴宴者忌讳的花型。

④　菜单设计、装帧与陈列：宴会菜单和宴会厅不仅有点缀作用、推销作用，而且是主题宴会的重要标志，可以反映不同宴会的情调和特色，因此宴会厅的服务人员必须根据宴会的主题精心设计菜单的装帧与陈列方法。

⑤　花台造型：台面花台造型设计是主题宴会台面布置的一项艺术性很强的工作，要求设计人员根据不同的主题宴会，设计出不同花台，既美化环境、丰富餐台造型，又增加宴会的和谐、美好气氛。由于鲜花费用较高，不环保，甚至有污染食品的危险，很多酒店采用谷物和其他物品设计花台，也有不错的表现效果。

⑥　餐垫、筷套、台号、席位卡的布置：餐垫、筷套、台号、席位卡虽然是小的因素，但其作用不可忽视，设计者必须根据宴会的主题风格、花台的造型、餐具的档次、宴会的规格、宾客的要求精心准备与布置。

⑦　餐椅装饰：餐椅的主要功能是供宾客使用。宴会餐台设计与布置中常用的餐椅多选用优良原木支撑，一般相对固定，而宴会设计师可以采用椅套改变其色调与风格，使其整体协调。如以红色和粉色为主色调的婚宴摆台中，可将粉色丝绸制成的蝴蝶结温馨飘逸地挂在椅后，一束粉色玫瑰插于蝴蝶结中，以特有的方式向新人表达美好祝愿。

(三)典型主题宴会台面设计实例

“桂林山水宴”(国宴、商务宴)主题宴会餐台设计说明如下。

设计单位与个人：广西桂林榕湖饭店，设计者：肖燕。

1. 餐台造型

餐台造型如图 5-1 所示。

图 5-1　桂林山水宴餐台造型

2. 设计意图

“江作青罗带，山如碧玉篸”是桂林山水的真实写照。大自然的鬼斧神工，造就了一颗璀璨的东方明珠——桂林山水甲天下的旅游名城。诸多的历代名人，世界各国的国家元首，游人纷至沓来，叹为观止。桂林榕湖饭店国宾楼，特此通过台面设计把桂林山水展示在世界各国人民面前，歌颂勤劳、智慧的桂林人民用双手装扮美丽的桂林城，为世界各国人民搭起了友谊的桥梁。

3. 设计手法

桂林山水宴，气势堂皇，宴会台以金黄、红、浅绿为主色调，红色热烈、黄色至尊，淡绿色典雅，紧扣主题。选用质量上乘的餐具，晶莹剔透的水晶杯体、金质餐具进行摆设，显示着尊贵、气派、典雅。中心展台设计别具匠心，利用民族工艺，将技术、艺术融为一体。设计师利用黄色的金丝绒布进行精心制作，朵朵黄玫瑰在台面上尤显尊贵，中心采用形态各异的桂林山石，民族风雨桥，古老的水车，刘三姐、阿牛哥乘坐的小船作为饰物，摆放得错落有致，风雨桥意寓着搭建世界各国人民的友谊桥梁；刘三姐、阿牛哥的对唱，唱响着世界和平与发展。浅绿色的台布与中心的设计，形成了千峰环立、一水抱城、洞奇石美的独特景观。桂林山水宴会餐台雍容华贵，气势恢宏，它富足而不失高雅，它传统而不失现代，这组餐台适合政府宴请宾客、高级商务洽谈，中国官员宴请外国使节等。整个设计浑然一体，体现了深刻的寓意。

第三节　中餐宴会摆台

一、中餐宴会台型设计

(一)小型中餐宴会台型设计(1～10 桌)

1. 一桌中餐宴会

餐桌应置于宴会厅的中央位置，宴会厅的屋顶顶灯对准桌心。

2. 二桌中餐宴会

餐桌应根据厅堂的形状及门的方位而定，分布成横一字形或竖一字形，第一桌在厅堂的正面上位。

3. 三桌中餐宴会

如果厅堂是正方形的，可将餐桌摆放成品字形；如果是长方形的，可摆放成一字形。

4. 四桌中餐宴会

如果厅堂是正方形的，可将餐桌摆放成正方形；如果厅堂是长方形的，可将餐桌摆放成菱形。

5. 五桌中餐宴会

如果厅堂是正方形的，可在厅堂中心摆一桌，四角方向各摆一桌，也可以摆成梅花瓣形；如果厅堂是长方形的，可将第一桌放于厅堂的正上方，其余四桌摆成正方形。

6. 六桌中餐宴会

若是正方形厅堂，将餐桌摆成梅花瓣形；若是长方形厅堂，将餐桌摆成菱形、长方形或三角形。

7. 七桌中餐宴会

在正方形厅堂中，可将餐桌摆成六瓣花形，即中心一桌，周围摆六桌；在长方形厅堂中，可将一张餐桌摆在正上方，六桌在下，呈竖长方形。

8. 八至十桌中餐宴会

将主桌摆放在厅堂正面上位或居中摆放，其余各桌按顺序摆放，或横或竖，或双排或三排。

(二)中型中餐宴会台型设计

如果宴会厅够大，可将餐桌摆成别具一格的图案。中型主题宴会无论将餐桌摆成哪一种形状，均应突出主桌。中型以上宴会均应在主桌的后侧设讲话台和麦克风。中型中餐宴会台型设计如图 5-2 所示。

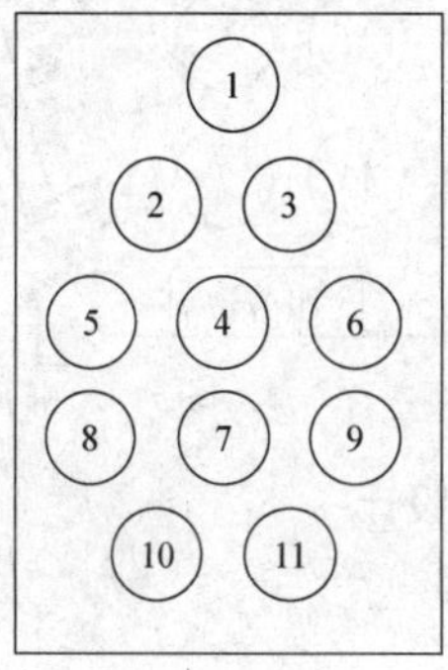

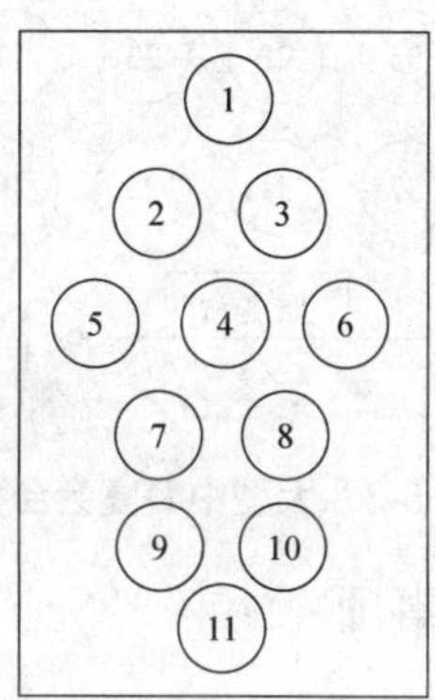

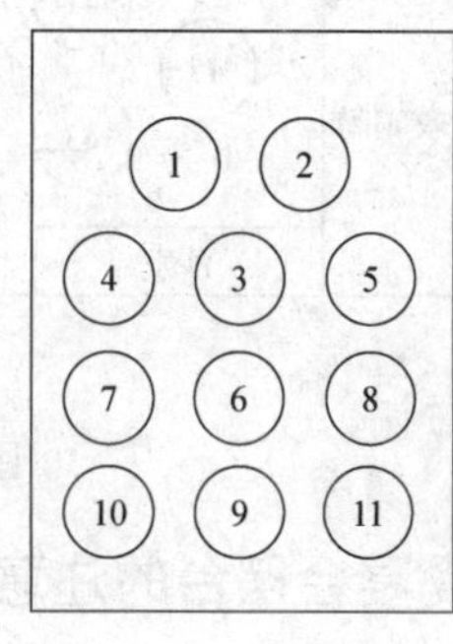

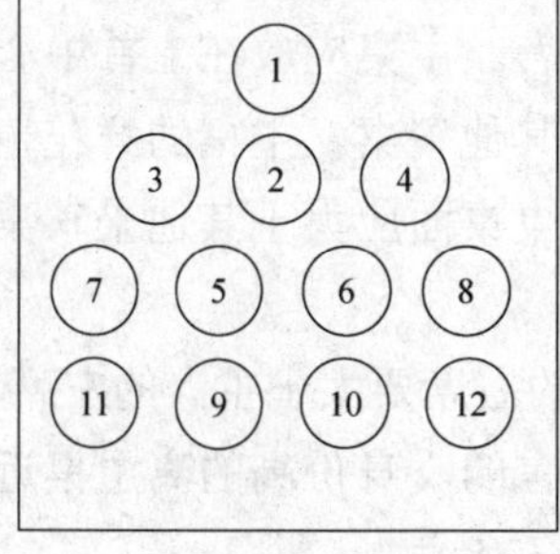

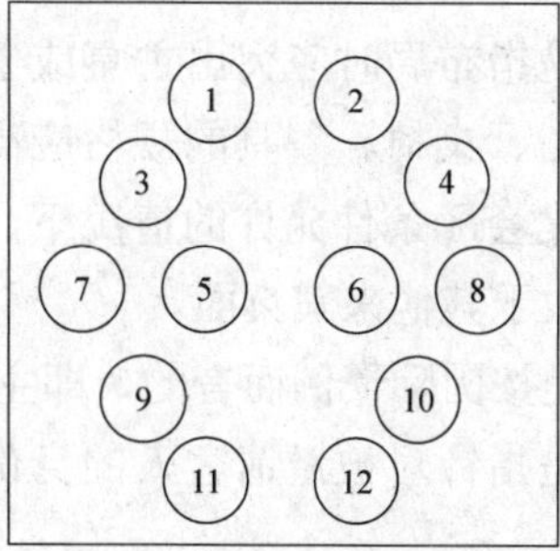

图 5-2　中型中餐宴会台型设计

(三)大型中餐宴会的台型设计

由于大型中餐宴会投入的服务力量较大，为指挥方便，行动统一，应根据宴会的规模将宴会厅分为主宾席区和来宾席区等若干服务区。主宾席区，一般设 5 桌，即一主四副。主宾餐桌位要突出于副主宾餐桌位，同时台面要略大于其他餐桌；来宾席区，视宴会的大小可分为来宾一区、二区、三区等。主宾区和来宾区应有一条比较宽的通道，使宾客出入席间方便。

大型主题宴会的台型设计还要根据不同宴会性质规划好舞台、讲台、接待桌、乐队等布局。大型中餐宴会台型设计如图 5-3 所示。

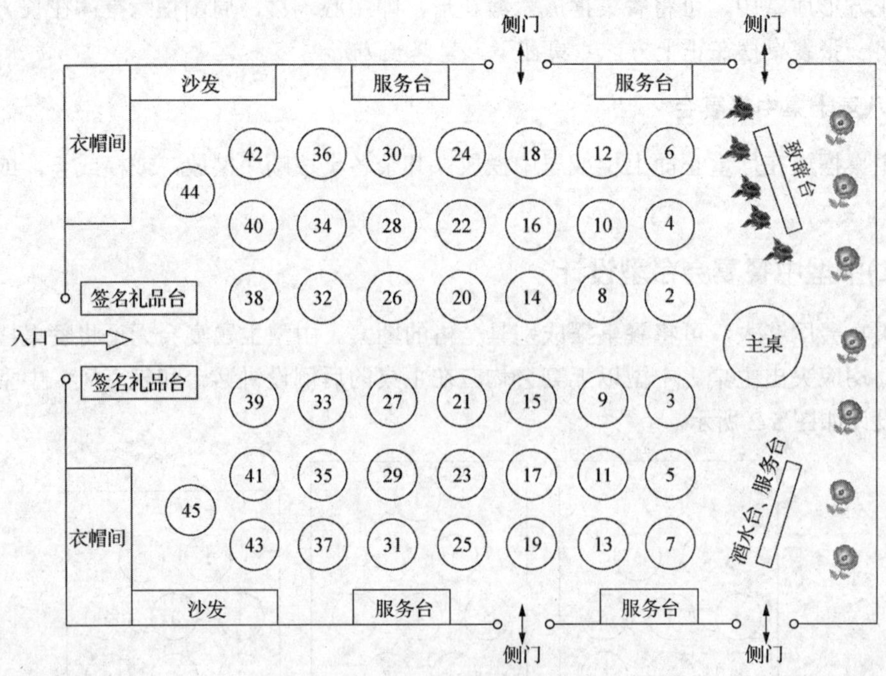

图 5-3　大型中餐宴会台型设计

(四)中餐宴会摆台的注意事项

(1) 中餐宴会安排应做到合理、美观、整齐、大方，其布局的一般顺序是“中心第一，先左后右，近高远低”。

① “中心第一”是指布局时应突出主桌或主宾席。主桌应放在上首中心，要突出其设备和装饰。主桌的台布、桌椅、餐具的规格应高于其他餐桌，主桌的鲜花也要特别鲜艳突出。小型主题宴会在宴会厅条件允许的情况下，主桌桌面应大于其他来宾桌面；大中型宴会的主桌桌面一定要大于其他来宾桌面。

② “先左后右”是按国际惯例而言的，即主人的右席要大于主人的左席。

③ “近高远低”是指针对被邀请客人的身份而言的，身份高的离主桌近，身份低的离主桌远。

(2) 合理使用宴会场地。如果中餐宴会安排文艺演出或乐队演奏，在安排餐桌时应留出一定的场地。

(3) 大型中餐宴会除主桌外，所有餐桌都应编号。桌号架放在餐桌上，客人从餐厅的入口处就可以看到。安排桌号时应照顾宾客的风俗习惯，如广东人赴宴时，编排台号时应避开“4”号桌。

(4) 宴会餐桌之间的距离不少于 1.5m，餐桌与墙之间距离不少于 1.2m。

(5) 主桌要专设服务桌，其余各桌应酌情设服务桌。服务桌摆设距离要适当，便于服务操作，一般放在宴会厅四周。

二、中餐宴会的席次安排

中餐宴会的席次安排应根据宴会的性质、主办单位或主人的特殊要求、中餐宴会礼仪规格和当地风俗习惯进行精心安排。具体应掌握以下原则。

(1) 主桌主人的座位通常正对宴会厅大门，副主人与主人相对而坐，如图 5-4 所示。

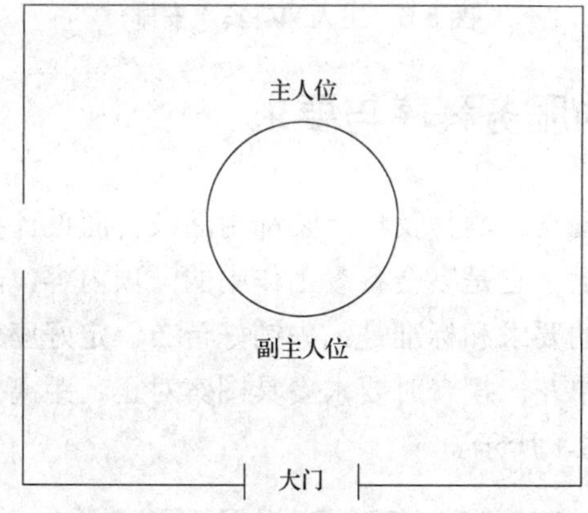

图 5-4　主桌主人位和副主人位安排

(2) 中、大型宴会一般餐桌主人位可以正对大门，也可以面向主桌，如图 5-5 所示。

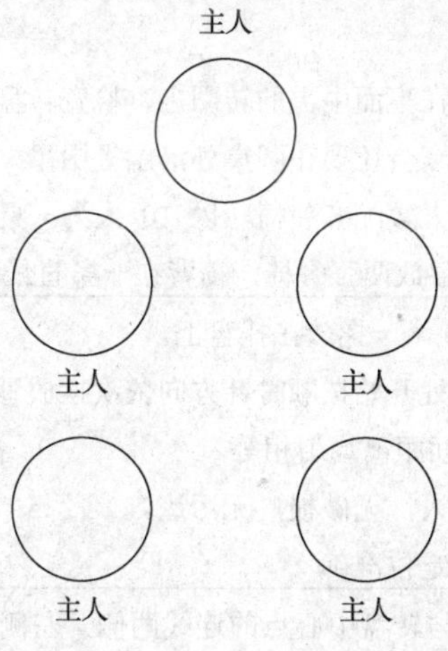

图 5-5　大、中型宴会主人位安排

(3) 主人的右侧、左侧分别安排主宾和第二宾的座次，副主人的右侧、左侧分别安排第三和第四宾客的座次，主宾和第三宾的右侧位安排翻译的座次。另外，主人的左侧也可以安排第三宾，副主人的左侧可以安排第四宾，其他座位是陪同席等，如图 5-6 所示。

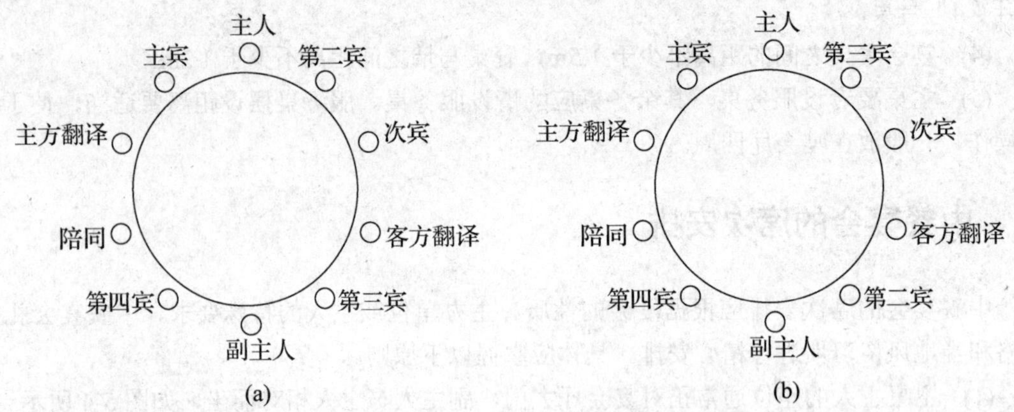

图 5-6 主人和各宾次安排

三、中餐宴会摆台的服务程序与要求

中餐宴会摆台就是将餐具、酒具及桌上装饰用品按台面设计要求，运用一定技法，遵循一定的程序摆放在台面上。它是宴会备餐工作中的一项内容，也是餐馆服务员必须掌握的一门基本功。中餐摆台的要求和标准是：先铺好台布，定好座位，再按顺序依次安放餐具、酒具、餐台用品、餐巾花。摆台时要求餐具图案对正、距离匀称、整齐美观、清洁卫生、便于使用。具体如表 5-1 所示。

表 5-1 中餐宴会摆台的服务程序与要求

项 目	要 求
铺台布、放转盘、围桌裙、配餐椅	1. 中餐宴会一般使用 180cm 的 10 人圆桌台，台布选用长度或直径 240cm 的方台布或圆台布。 2. 玻璃转盘放在桌面中央的转圈上，检查转盘是否能正常工作。 3. 规格较高的宴会还要在圆桌外沿围上围裙。 4. 按宴会出席人数配齐餐椅，以 10 人为一桌，一般餐椅放置为三三、两两，即正、副主人侧各放两张餐椅，椅背在一条直线上
摆骨碟	1. 将骨碟每 10 个一摞放在托盘上。 2. 从主人座位处开始按顺时针方向依次摆放骨碟，要求碟边距离桌面边缘 1.5cm，骨碟与骨碟之间距离均匀相等。 3. 店标朝向客人，无破损，无污迹。 4. 轻拿轻放，定位准确
摆汤碗、汤勺和味碟	在骨碟中心点与转盘中心点的连线两侧，左侧摆放小汤碗，汤勺摆放在汤碗中，勺柄朝左；连线右侧摆放味碟，汤碗与味碟之间相距 1cm，横向直径在一条直线上

续表

项　目	要　求
摆筷架、长柄汤勺、筷子、牙签	1. 在小汤碗与调味碟横向直径右侧延长线上摆放筷架、长柄勺、袋装牙签和筷子，勺柄与骨碟相距 3cm，筷套距离桌面边缘 1.5cm。 2. 骨碟纵向直径平行，袋装牙签与银勺末端平齐
摆放玻璃器皿	1. 在骨碟中心点与转盘中心点的连线上，汤碗与味碟的上方摆放葡萄酒杯，葡萄酒杯的左侧摆放饮料杯，饮料杯与汤碗之间的距离为 1.5cm。 2. 葡萄酒杯的右侧摆放白酒杯，三杯呈一条直线并左高右低，三杯之间的距离相等，为 1.5cm。 3. 三杯横向直径的连线与汤碗和味碟横向直径的连线平行
摆餐巾花	1. 若是选用杯花，需提前折叠并放置杯具内，侧面观赏的餐巾花如鸟、鱼等头部朝右摆放。 2. 注意把不同样式、不同高度的餐巾花搭配摆放，主人位上摆放有高度的花式
摆公用餐具	1. 在正、副主人杯具的前方，各摆放一个筷架或餐盘。 2. 将一副公用筷和汤勺摆放在上面，汤勺在外侧，筷子在内侧，勺柄和筷子尾端向右
摆放菜单、台号、座卡	1. 一般 10 人桌放两份菜单，正、副主人餐具一侧各摆放一份，菜单底部距离桌边 1cm。 2. 高级宴会中，可在每个餐位上放置一份菜单
摆餐花	转台正中摆放插花或其他装饰品
摆椅子	1. 如果是圆桌，对称摆放；如果是长方形桌，对称摆放于桌子对面。 2. 椅子前边缘与桌裙垂直相切。 3. 椅子与垂挂台布相距 1cm 摆放
检查	摆台后，再次检查台面餐具有无遗漏、破损，餐具摆放是否符合要求，餐具是否清洁光亮，餐椅是否配齐

案例 5-1

一家四星级酒店接待一场婚宴，原预订 30 桌，但开宴前，主人突然提出增加到 32 桌，由于宴会部餐前准备工作不到位，服务人员忙得七手八脚，将没有来得及清洗消毒的餐具匆忙摆台上桌，可待正式开宴时，后补的两桌客人意见很大，发现有些餐具有缺口，且有灰尘。婚宴主办方坚决要求酒店给个说法。经酒店管理人员协调，总算平息了事态。但造成了很不好的影响，同时给酒店带来了一定的经济损失。

(资料来源：http://www.lj-edu.cn/xcdymn/jiaoxuezy/readnews.asp?NewsID=720)

【思考题】宴会前，该酒店的餐前准备工作有哪些做得不到位？

第四节　中餐宴会服务

一、中餐宴会服务的特点

宴会一般要求格调高雅，在环境布置及台面布置上既要舒适、干净，又要突出隆重、热烈的气氛。在接待服务上强调周到细致、讲究礼节和礼貌、讲究服务技艺和服务规格。从这个意义上讲，宴会服务有以下几个特点。

(一)中餐宴会服务的系统化

宴会服务不仅指宴会服务在宴请时为客人提供的服务，它同时还指从客人询问宴会开始到预订、筹办、组织实施、实际接待以及跟踪、反馈等环节，是各个部门的员工共同努力、密切配合、共同完成的工作。因此，宴会服务是一项系统性很强的工作，每一个部分既自成一体，又属于整体规划的一部分。任何一个环节的服务脱节或不到位都将影响整个宴会部的正常运转。

(二)中餐宴会服务的程序化

宴会部提供的服务是有先后顺序的。也就是说，各项工作按照一定的程序进行，这个程序被各个岗位及参与服务的工作人员所遵守，不能有先后的颠倒，更不能有中断，要求每个环节互相衔接。例如，服务操作的铺台布、摆转台、摆小件餐具等，都是依次进行的，如果前后颠倒，便无法操作。

(三)中餐服务的标准化

每一项中餐宴会服务工作都有一定的标准，要求服务人员严格遵循。例如预订环节，要求预订人员严格按照预订程序操作，填写指定的表格。再如席间服务，也是要求按规定的顺序和操作规范上菜、斟酒。这些操作规范和服务程序是服务人员工作的准则，是追求完美的体现，因此不允许有率性而为的背离和疏漏。

(四)中餐宴会服务的人性化

中餐宴会服务是一门综合性的艺术。它的服务对象是人，因此不仅要为顾客提供饮食产品，提供规范有序的服务，而且这种服务要以人为中心，强调人性化。例如，服务中带着自然的微笑能给顾客以亲切感；凡事一声“请”“先生(女士)，请问您需要什么？”给顾客以被尊重的感觉；想顾客之所想，帮顾客之所需，周到细致，给宾客以“宾至如归”的温馨感和信赖感。

二、中餐宴会服务程序

(一)中餐宴会前的服务程序

1. 中餐宴会的承接

首先由宴会部主管或营销人员受理预订，一旦确定下来，则首先签订宴请合同，然后通知宴会部做好筹备工作。

(1) 受理宴会预订。受理宴会预订时，需要掌握客人与宴会的有关情况，主要包括以下内容。

① 八知：知台数、知人数、知宴请标准、知开餐时间、知菜式品种及出菜顺序、知主办单位、知收费方式、知宴请对象。

② 三了解：了解风俗习惯、了解生活禁忌、了解特殊需要。

(2) 签订宴请合同。即填写宴会预订单、收取宴会预订金或抵押支票，最后由双方签字。

(3) 通知宴会部做准备工作。将客人预订宴会的详细情况以书面形式通知宴会服务部门或人员。

2. 宴会前的组织准备工作

(1) 场景布置。应根据宾客要求及宴请标准进行场景布置，一般在宴会厅周围摆放盆景花草，或在主台后面用花坛、画屏、大型青翠树枝盆景装饰，用以增加宴会隆重、盛大而热烈的气氛。

(2) 台型布置。管理人员要根据宴会厅的面积和形状及宴会要求，设计好餐桌排列图，设计时按照台型布置的原则，即按“围绕主桌，先左后右，由近及远”来设计。布置过程中做到既要突出主台，又要排列整齐，间隔适当；既要方便就餐，又要便于服务员席间操作。

(3) 熟悉菜单。服务员应熟悉宴会菜单和主要菜点的风味特色，以做好上菜、派菜准备和回答宾客对菜点提出询问的思想准备。同时，应了解每道菜的服务程序，保证准确无误地进行上菜服务。

(4) 物品的准备。根据菜单的服务要求，准备好各种银器、瓷器、玻璃器皿等餐具、酒具，备好菜肴应跟配的作料，备好鲜花、酒水、香烟、水果等物品。

(5) 铺设餐台。通常在宴会前 1 个小时要摆好台面餐具。摆台前应洗干净双手，铺设好规定的台布，摆放好餐具，将正、副主人位的座位拉开对正，然后把其他座位按均等的距离摆好。

(6) 安排席位。凡正式宴请，每个客人座位前都放席卡，通常叫作“名卡”。卡片上写有参加者的姓名，便于对号入座。座次的安排一般依身份而定。

(7) 摆设冷盘。大型宴会开始前 10～15min 摆好冷菜，开始前 10min 斟预备酒。摆设冷菜时，要根据菜点的品种和数量，注意菜点色调的搭配、荤素的搭配、菜型的正反、刀口的逆顺、菜盘间的距离等，使摆台不仅能为宾客提供一个舒适的就餐地点和一套必需的进餐用具，而且能给宾客以赏心悦目的艺术享受，为宴会增加隆重又欢快的气氛。

3. 宴会的迎宾工作

(1) 热情迎宾。根据宴会的入场时间，安排宴会主管人员和迎宾员提前在宴会厅门口迎候客人，值台服务人员站在各自负责的餐桌旁准备服务。宾客到达时，要热情迎接、微笑问好，待宾客脱去衣帽后，将宾客引入休息厅就座休息。

(2) 接挂衣帽。如果宴会规模小，可不设专门的衣帽间，只在宴会厅房门前放衣帽架，安排服务员协助宾客宽衣并接挂衣帽。如果宴会厅规模较大，宾客凭牌使用衣帽架。

(3) 端茶递巾。宾客进入休息厅后，服务人员应招呼入座并根据接待要求，递上香巾、热茶或酒水饮料。递巾送茶服务均按先宾后主、先女后男的次序进行。

(二)宴会中的就餐服务

1. 入席服务

值台服务人员站在各自的席台旁等候客人入席。当宾客来到席前，要面带笑容，引客入座。待宾客坐定后，即把台号、席位卡、花瓶拿走。菜单放在主人面前，接着给客人递上毛巾，打开口布摊在客人膝上，迅速上茶，根据客人要求倒茶。

2. 斟酒服务

(1) 为宾客斟酒水时，要先征求客人意见，根据宾客要求斟倒各自喜欢的酒水饮料。如宾客提出不要，应将宾客前的空杯撤走。

(2) 斟酒时，服务员应站在来宾的身后右侧，右脚向前，侧身而进，右手握瓶斟酒，酒瓶的商标面向来宾，瓶口离杯口 1～2cm，斟倒八分满即可。

(3) 在只有一个服务员斟酒时，应从主宾开始，再主人，然后按顺时针方向进行。在有两个服务员为同一桌来宾斟酒时，一个从主宾开始，另一个从副主宾开始斟酒，然后按顺时针方向进行。切忌站在一个位置继续为下一位宾客斟酒或为左右两位宾客斟酒。

(4) 在宾主互相致酒前，服务员应斟好所有来宾的酒或其他饮料。

(5) 当客人起立干杯或敬酒时，应迅速拿起酒瓶等待客人准备添酒，客人要求斟满酒杯时，应斟满酒杯。

(6) 当宾客离开座位去敬酒时，要将客人的席巾叠好放在客人的筷子旁边，席巾应折叠成好看的图形。

(7) 宴会席间要及时为客人添加饮料、酒水，直至客人示意不要为止。

3. 分菜、上菜服务

各类不同的宴会，由于菜肴的搭配不同，上菜的程序也不一样，传统宴会的头道热菜是最名贵的大菜。主菜上后，依次上炒菜、大菜、甜菜、汤、点心、水果。但也有例外，如全鸭席中的北京烤鸭，不是头道菜上，而是安排在最后一道大菜，称其为“千呼万唤始出来”。粤菜的上菜顺序是：冷盘、汤羹、热炒、大菜、蔬菜、点心、炒饭、水果，上蔬菜时表示菜已全部上完。

4. 撤换餐具

宴会中撤换餐具不应少于 3 次，重要宴会则要求每道菜都要换盘。撤换餐具的程序一般是吃完冷餐后撤换一次餐盘；喝完汤后，撤掉汤的餐具，换上干净的餐盘；吃完带骨的菜后换盘；上甜菜前换吃甜菜的餐具；吃水果前要撤掉除酒具以外的餐具。撤换餐碟时，要待宾客将碟中食物吃完方可进行，如宾客放下筷子而菜未吃完的，应征得宾客同意后才能撤换。

5. 席间服务

(1) 宴会进行时，要勤巡视，细心观察宾客的表情及示意动作，主动服务。服务时，态度要和蔼，语言要亲切，动作要敏捷。餐具要轻拿轻放，右手操作时，左手要自然弯曲放在背后。

(2) 如果宾客在进餐时不慎将餐具掉在地上，服务员应首先从服务桌上拿来干净的餐具、用具送给宾客，然后收捡地面上的餐具。

(3) 如果宾客弄翻了饮料或酒杯，弄脏了台面或衣服，服务员要迅速用毛巾或餐巾帮助客人擦拭衣服，用湿毛巾擦净台布，有时要用餐巾盖住被弄脏的桌面。然后为宾客换上新的杯具，重新斟酒水。

(4) 宴会进行中，递送香巾的程序是，喝完汤送一次，吃完海鲜类菜肴送一次，吃完水果送一次。递送香巾的方法：将香巾放在专用的小盘中，从宾客的右侧送上，放在每位宾客餐盘的右边。

(5) 宴会中有即兴演唱等活动，或临时增加服务项目，服务员要及时与厨房联系，尽量做到让客人满意。

(6) 当餐台上的水果用完后，就可撤掉水果盘、餐盘和水果刀叉，并在餐台上摆好鲜花，表示宴会结束。

(三)宴会的结束工作程序

当宴会结束时，服务员要把工作台上的酒水、餐具归置好，然后退到桌边等候宾客起座。当宾客起身离座时，应为其拉开座椅，疏通走道。当宾客迈出宴会厅时，要视情况目送或随送至宴会厅门口，不要在宾客刚起身还未出宴会厅时，便忙于收台。在宾客离席后，要检查台面是否有未熄灭的烟头，宾客是否有遗留物品。收台的顺序是：先收口布、小毛巾，然后是玻璃器皿，最后是瓷器。

案例 5-2

婚宴上错菜，酒店给赔偿

“桌上的这些都不是我们菜单上点的菜，这是不是在欺骗顾客？”2018 年 3 月 8 日，吴先生在浙江某酒店举行婚宴，事后发现筵席上的菜式与菜单上的完全不同。

据吴先生介绍，他在该酒店订了 25 席婚宴筵席，但当天实际消费了 22 桌，“剩下的 3 桌我准备请亲朋好友再去吃一顿。”吴先生说，3 月 9 日中午，他与亲朋发现，餐桌上的很多菜并没有在婚宴当天出现。经查验菜单，才发现该酒店在婚宴上弄错了菜。“出现这样的情况，原因是厨师把菜单弄错了，”该酒店的公关李经理说。3888 元一桌的标准婚宴筵席菜单有 A、B 两套，由于厨师疏忽，将顾客预订的那套菜单弄成了另一套。

“两套菜式虽不同，但价格完全是一样的，”李经理解释道。发现问题后，酒店餐饮部负责人当即向顾客表示歉意，并给予 3000 元的精神补偿费。同时，酒店也对相关人员做出相应处罚。

(资料来源：http://hainanjdyd.cxzg.com/m/newsview/uid/45261/id/183944.html)

【思考题】从上面案例中来看，是什么保证了婚宴客人的权益？

【分析】签订婚宴协议很重要，也很必要。在发现婚宴过程中出现的问题后，酒店和顾客双方都能有所依据，对出现的问题进行及时解决。宴会协议或合同中明确双方的权利和义务，所有经双方同意的特殊要求的项目必须记入合同，酒店宴会组织者应收取一定比例的预付金。

知识拓展

餐饮特殊菜肴上菜方法

(1) 上拔丝菜，如拔丝鱼条、拔丝苹果、拔丝山芋等，要托在热水上，即用汤碗盛装热水，将装有拔丝菜的盘子搁在汤碗上用托盘端送上席。托热水上拔丝菜，可防止糖汁凝固，保持拔丝菜的口味。

(2) 如果有的热菜配有作料、小料等，应同热菜一起上。如清蒸鱼配有姜醋汁，北京烤鸭配有葱、酱、饼等，在上菜时可略做说明。

(3) 上易变形的炸、爆炒菜等，如高丽虾仁、炸虾球、油爆肚仁等，一出锅应立即端上桌。上菜时要轻稳，以保持菜品的形状和风味。

(4) 上有声响的菜，如锅巴海参、锅巴肉片、锅巴什锦，这些菜一出锅就要以最快的速度端上台，随即把汤汁浇在锅巴上，使之发出响声。做这些一系列动作要连贯，不能耽搁，否则将失去应有效果。

(5) 上原盅炖品菜，如冬瓜盅，上台后要当着客人的面启盖，以保持炖品的原味，并使香气在席上散发。揭盖时要翻转移开，以免汤水滴落在客人身上。

(6) 上泥包、荷叶包的菜，如叫花鸡、荷香鸡，要先上台让客人观赏，再拿到操作台上，当着客人的面打破或启封，以保持菜肴的风味和特色。

本章小结

本章简略地介绍了中餐宴会的分类和宴席的分类，阐明了中餐宴会设计的内容、摆台的程序和要求以及宴会服务的程序和要求。其中，中餐宴会设计的内容和宴会服务的程序和要求是本章学习中应重点掌握的内容。

习　题

一、单项选择题

1. 巴蜀宴是属于(　　)主题宴会。

A. 地域民族特色类　　B. 食品原材料类

C. 营养养生类　　D. 节庆类

2. 根据宾客的用餐要求设计，应注意(　　)。

A. 餐具的摆放　　B. 每个餐位的大小

C. 装饰物的选择　　D. 宴会厅的格调

3. 宴会餐桌之间的距离不少于(　　)m，餐桌与墙面的距离不少于(　　)m。

A. 1.5，1.8　　B. 1.2，1.6　　C. 1.5，1.2　　D. 1.6, 1.2

4. 骨碟边缘要求距离桌面边缘(　　)cm。

A. 1.5　　B. 2　　C. 3　　D. 5

5. 只有一个服务员斟酒时，应从(　　)开始斟酒。

A. 主人　　B. 主宾　　C. 副主人　　D. 副主宾

二、多项选择题

1. 按照中餐宴会规模和大小分类，应包括(　　)。

A. 小型宴会　　B. 中型宴会　　C. 中大型宴会　　D. 大型宴会

2. 以下哪些属于中餐宴会设计的要求？(　　)

A. 突出主题　　B. 特色鲜明　　C. 安全舒适　　D. 美观和谐

3. 以下哪些主题宴会属于历史材料类主题宴会？(　　)

A. 三国宴　　B. 红楼宴　　C. 西安饺子宴　　D. 孔府家宴

4. 中餐宴会受理预订时，工作人员应掌握与客人和宴会的有关情况，如“三了解”是指(　　)。

A. 了解风俗习惯　　B. 了解生活禁忌

C. 了解特殊需要　　D. 了解宴请标准

5. 中餐宴会服务的特点有(　　)。

A. 标准化　　B. 系统化　　C. 人性化　　D. 程序化

三、简答题

1. 简述中餐宴会的分类。

2. 简述中餐宴会设计的要求。

3. 简述中餐宴会服务的特点。

四、论述题

结合实际，谈谈中餐宴会台面设计的要求。

五、案例分析题

2018 年 11 月 25 日中午，D 酒店预订处接到一位俞小姐的订餐电话，说下午要早来一会儿，要给男朋友过生日。接到预订后，相关班组立即做好了接待准备，包厢服务员小 A 对房间做了精心布置：温馨的烛光、浪漫的轻音乐、红色玫瑰花瓣摆成了“Happy Birthday”和“心”形图案。俞小姐到后着实惊喜了一番，一个劲儿地夸奖酒店想得周到，有创意。

(资料来源：http://www.shangxueba.com/ask/397952.html)

问题：

试分析酒店服务得到顾客俞小姐夸奖的原因？

扫一扫，习题答案

第六章

西餐服务技能

【学习目标】

通过本章的学习，了解西餐宴会的分类，学习如何设计西餐宴会，掌握西餐宴会的摆台技能，熟悉西餐宴会服务的流程和特点。

【关键词】

西餐宴会类型　西餐宴会设计　西餐宴会摆台　西餐宴会服务

引导案例

忐忑的西餐

老张的儿子留学归国，还带了位洋媳妇回来。为了讨好未来的公公，这位洋媳妇一回国就诚惶诚恐地张罗着请老张一家到当地最好的四星级饭店吃西餐。用餐开始了，老张为在洋媳妇面前显示出自己也很讲究，就用桌上一块“很精致的布”仔细地擦了自己的刀、叉。吃的时候，学着他们的样子使用刀叉，既费劲又辛苦，但他觉得自己挺得体的，总算没丢脸。用餐快结束了，吃饭时喝惯了汤的老张盛了几勺精致小盆里的“汤”放到自己碗里，然后喝下。洋媳妇先是一愣，紧跟着也盛着喝了，而他的儿子早已是满脸通红。

请问：这个案例说明了什么问题？如何避免这些问题？

随着经济全球化的发展，各国之间的经济联系非常密切，中西方之间的文化交流愈发频繁。单纯的中式餐饮已不能满足国内外消费者的基本需求，因此西餐在中国得到迅速的发展。

同时，由于人们生活水平的提高，很多过去认为“高大上”的西餐也慢慢进入平民百姓的生活。普通百姓如何在西餐餐桌前表现得自然又优雅，享受西方美食的同时也能更好地体验西方餐饮文化呢？

基于以上两种情况，我们要培养出掌握适当技能、适应市场需求的西餐服务人员，此外对西方的餐饮方式以及餐饮文化，也要有一个系统全面的了解。

第一节　西餐宴会类型

一、西餐的概念

西餐，英文为 Western Food，译为西方国家的餐饮，它是西方式餐饮的统称，有时也会指代西方餐饮和餐饮文化。

一般而言，西方国家是指欧洲(东欧除外)、北美，以及澳大利亚和新西兰等以白人文化为主流文化的国家和地区。西餐的菜式异于中国的菜式，正规的西菜一般包括了前菜、汤、主菜、餐后甜品及饮料等。

然而，上述各国的餐饮都有它们本身显著的特点，每个国家的菜式也不相同，例如法国人会认为他们做的是法国菜、英国人则认为他们做的是英国菜。因此西方人自己并没有明确的“西餐”概念，这其实是中国人和其他东方人的概念。

二、西餐宴会的概念

西餐宴会，英文为 Western Banquet。西餐宴会多采用长方形餐桌，西式摆台，使用刀叉等餐具，供应西式的菜肴，按西餐礼仪提供餐饮服务。西餐采用分餐制，即一人一份餐盘，多套刀叉服务；每吃一道菜，更换一套相应的餐具；不同的菜式摆上不同的刀叉餐具；不同的菜配不同的酒及酒杯。宴会装饰的灯光柔和、偏暗；点蜡烛，气氛轻松而舒适。宴会进行中有乐队伴奏或插放轻音乐。

三、西餐宴会的类型

西餐宴会服务起源于欧洲的贵族家庭，在不同的地区使用着不同的服务方式。

经过多年的归纳、总结和提高，形成了现在常见的法式服务、俄式服务、英式服务和美式服务。在今日的西餐馆里，往往为了协调其菜谱和餐厅设施，而把两种或两种以上的服务方式结合起来使用。在特色餐厅里则使用别具一格的服务方式，如在法式餐厅里使用法式服务。下面详细介绍以上几种常见的传统西餐宴会服务方式。

(一)法式服务

法式服务是一种十分讲究礼节的服务方式，起源于西方上层社会。让宾客享受到精制的菜肴，尽善尽美的服务和优雅、浪漫的情调是法式服务的宗旨。法式服务的特点是：服务周到、节奏较慢、用餐费用昂贵。

传统的法式服务相当烦琐。如宾客用完一道菜后必须离开餐台，让服务员清扫完毕后再继续入席就餐，这样耗时很多。餐厅还必须准备许多用具，每餐的食品很多，浪费也很大。

当今流行的法式服务是将食品在厨房全部或部分烹制好，用银盘端到餐厅，服务人员在宾客面前做即兴加工表演，如戴安娜牛排、黑椒牛柳、甜品苏珊煎饼就是服务员在烹制车上进行最后的烹调加工后，切片装盘并端给宾客的。又如凯撒色拉(Caesar salad)是服务员在宾客面前制作，装入色拉木碗，然后端给宾客。

法式服务由两名服务人员，即一名服务员和一名服务员助手为一桌宾客服务。服务员的任务是：接受宾客点菜点酒，上酒水；在宾客面前即兴烹制表演，以烘托餐厅气氛；递送账单，为宾客结账。服务员助手的任务是：送点菜单入厨房；将厨房准备好的菜盘放在推车上送入餐厅；将服务员已装好盘的菜肴端送给宾客；负责收拾餐具，听从服务员的安排。

在法式服务中，除面包、黄油、色拉和其他必须放在客位左边的食品从宾客的左手边上桌外，其他食品、饮料一律用右手在客位的右边送上餐桌。

法式服务是一种非常豪华的服务，最能吸引宾客的注意力，为宾客提供的个人照顾较多。但是，法式服务要使用许多的贵重餐具，需用餐车、旁桌，故餐厅的空间利用率很低，同时还需要较多的经过培训的专业服务人员。

(二)俄式服务

俄式服务起源于俄国的沙皇时代。同法式服务相似，俄式服务也是一种讲究礼节的豪华服务。虽然采用大量的银制餐具，但服务员的表演较少。它注重实效，讲究优美文雅的风度。

俄式服务由一名服务员完成整套服务程序。服务员从厨房里取出由厨师烹制并加以装饰后放入银制菜盘的餐品和热的空盘，将菜盘置于西餐厅服务边桌之上，用右手将热的空盘按顺时针方向从客位的右侧依次分派给顾客，然后将盛菜银盘端上桌子供顾客观赏，再用左手垫餐巾托着银盘，右手持服务叉勺，从客位的左侧按逆时针方向绕台为顾客派菜。

派菜时，根据顾客的需求量分派，避免浪费和分派不足，每派一道菜都要换用一副清洁的服务叉勺。汤类餐品可盛放在大银碗中，用勺舀入顾客的汤盘里，也可以盛在银杯中，再从杯中倒入汤盘。

俄式服务较法式服务节省人力，服务速度也较快，餐厅的空间利用率高，又能显示其讲究、优雅的特点，使顾客感受到特别的关照，派菜后，多余的食物还可以回收。但是，如果顾客同点一道菜，那么派到最后一位顾客时，所能看到的是一只并不美观的空盘子。如果每一位顾客点的菜不同，那么服务员必须端出很多银盘。可想而知，多种银器的投资很大，而使用率又相当低。因此高额的固定成本也会影响西餐厅的经济效益。

(三)英式服务

英式服务也称家庭式服务，主要适用于私人宴席。

服务员从厨房里取出烹制好的餐品，盛放在大盘里和热的空盘中一起送到主人面前，由主人亲自动手切割主料并分盘，服务员充当主人的助手，将主人分好的菜盘逐一端给顾客。

各种调料、配菜都摆放在餐桌上，由顾客根据需要互相传递自取。顾客则像参加家宴一样，取到菜后自行进餐。服务员有时帮助主人切割食物，因此，必须具有熟练的切割技术和令人满意的装盘造型技巧。

英式服务的气氛很活跃，也省人力，但节奏较慢，主要适用于家庭宴会，很少在大众化的西餐厅里使用。

(四)美式服务

美式服务又称为“盘子服务”。食物都由厨师烹制好，并分别装入菜盘里，由服务员送至西餐厅，直接从客位的右侧送给每位顾客，脏盘也从右侧撤下。

美式服务简单明了，速度快，人工成本很低，有利于用有限数量的服务人员为数量众多的顾客提供服务。常用于各类宴会，也是西餐厅中十分流行的一种服务方式。

(五)大陆式服务

大陆式服务融合了法式、俄式、英式和美式服务。西餐厅根据餐品的特点选择相应的服务方式，如第一道菜用美式服务，第二道菜用俄式服务，第三道菜用法式服务等。但不管采用何种方式，都必须遵循方便顾客用餐、方便员工操作这两个原则。

西餐零点厅多以美式服务为主，但也可根据点餐情况在顾客面前烹制扒类，配制爱尔兰咖啡，用法式服务来点缀餐品，烘托整个西餐厅的气氛。

(六)自助餐服务

自助餐是顾客支付钱款后，进入西餐厅，在预先布置好的食品台上自己任意选菜，自己取回餐桌上享用的一种近似于自我服务的用餐形式。

如今，自助餐和各种冷餐会的用餐方式日趋流行。原因之一是，食品台上的餐品丰富、装饰精美、价格便宜，人们只花少量的钱即可品尝到品种繁多又有特色的佳肴。原因之二是，就餐速度快，餐位周转率高，顾客进入西餐厅后，无须等候，适合现代社会快节奏的工作方式和生活方式。服务员只需提供简单的服务，如斟倒酒水、撤脏盘、结账等，这样西餐厅可节省开支。因此许多西餐厅的早餐、午餐多采用自助餐作为开餐形式。

案例 6-1

有一个法国旅游代表团，由于飞机误点，直到下午一点才到达上海虹桥飞机场，午饭也未来得及吃，加上旅途中的其他不愉快，全团人员就像是快要爆炸的“火药桶”，大有一触即发之势。接待他们的是一位颇有经验的服务员，他意识到此时此境的任何解释都无济于事，首要的是行动，友善的微笑自不待言。所以立即送他们去宾馆用午餐，并要求餐厅尽量把菜做得精美可口一些，因为他们来自以美食著称的法国。热情微笑的服务，美味可口的菜点，舒适、幽静的环境，使这些客人的情绪开始平静下来，脸色由“阴”转“多云”到“少云”。

(资料来源：https://www.baidu.com)

【思考题】遇到不同国家的客人，服务员如何更好地进行餐饮服务？

【分析】这个例子充分体现了微笑的魅力。微笑服务已成为餐饮服务的基本要求之一。

“微笑”一定要发自内心。因为唯有这种会心的微笑，方可使客人产生良好的心境，消除陌生感，使之感到处处有亲人，心平气顺，食则有味，宿则安宁，购物满意。

第二节　西餐宴会设计

一、西餐宴会的主题

随着人们物质消费水平的提高，越来越多的东方人愿意选择西餐作为宴会庆典的方式。西餐宴会也称为宴会活动，根据不同的场合和主题大致可分为以下类型：婚宴、鸡尾酒会、自助餐、主题宴会、特殊宴会、使馆宴会、茶歇、会议、节假日宴会。

二、西餐宴会的设计步骤

西餐宴会的设计步骤可以分为以下八步。

(1) 根据场合确定主题。

(2) 与客人协商，确定菜单和价钱。

(3) 进行食品品尝。

(4) 确定宴会订单。

(5) 采购食品原料。

(6) 确定时间表/议程。

(7) 设计宴会摆放图。

(8) 确定装饰和设备。

三、西餐宴会设计的内容

西餐宴会设计的具体内容应该包含以下方面。

(一)光线

根据光源的性质，可以将光源分为自然光源(阳光)、人工光源(电灯光源和烛光光源)和自然光源与人工光源混合的混合光源三种形式。每一种光源体现不同的宴会风格，可以达到不同的目的。

(1) 烛光。

烛光属于暖色调，是餐厅传统光源，源于西餐餐台布置，体现宴会浪漫情调。适用于朋友集会、恋人约会、节日盛会、西餐冷餐会、生日宴会等。

(2) 白炽光。

白炽光属于暖色调，是宴会厅的主要光线，能让厅房显得豪华气派，食品和人不易失真，形态自然。适用于高档餐厅的营业厅、包间、雅间、情侣座。

(3) 荧光。

荧光是宴会厅需谨慎使用的光线。这种光线经济、大方、明亮，但因蓝色和绿色居主导地位，使人的皮肤看上去更显苍白、食品呈现灰色。

(4) 彩光。

在大型宴会厅中合理地使用吊在天花板上的舞台彩色射灯光线，按不同的时机来经常改变光线颜色，能起到烘托气氛的作用。

(5) 自然光。

客人喜欢通透性较好、采光较好的餐厅。透明度高，可信度才高。客人能一目了然地看到餐厅的菜品、环境并感受到气氛和服务状况。

(二)色彩

色彩是餐饮气氛里不可忽视的重要因素，它是设计人员用来创设客人各种用餐心情的工具。不同的色彩对人的心理和行为产生不同的影响。

暖色系：由太阳颜色衍生出来的颜色，红色、黄色能给人以温暖柔和的感觉，包括红紫、红、红橙、橙、黄橙。

冷色系：蓝色、绿色、紫色都属于冷色系(寒冷、沉静、寂寞)。

中间色：黑、白、灰，适用于任何色系。

西餐宴会设计要求整个台面的颜色相协调，突出主题；台席中心美化新颖、主题灵活，部件颜色协调、美观，整体设计显得高雅、华贵。

西餐餐厅各部分的色彩调配如表 6-1 所示。

表 6-1　西餐餐厅各部分的色彩调配

餐厅部位	色　彩	营造氛围
墙壁、门、窗帘、地毯、家具、门厅	白色系列、浅黄色系列、浅黄色、浅红色及明亮色、浅红色系列、金色等明亮色	迎客、温暖
大堂、休息厅	白色、极浅灰色、淡雅蓝色、淡雅绿色、淡雅红色系列、蓝绿色、雅红色	创造高雅、华贵的环境气氛
中餐厅	正餐厅宜使用橙色、水红色为主调，辅以其他色彩	温暖热情、欢乐喜庆、热烈兴奋
西餐厅	西餐厅宜使用深绿色、咖啡色等偏暗色彩	显得柔和、幽静、安逸、雅致
舞厅	红色系列、紫色系列 浅紫色系列、宝石蓝、绿色、玫瑰红色、玫瑰紫色	兴奋、热烈
豪华宴会厅	金黄和红黄，宜使用较暖或明亮的颜色，光线明亮、柔和	增加宴会热闹气氛
多功能厅	极浅灰色、银色、浅蓝灰色、灰色系列、蓝色系列、中性色调	能满足各种活动之需要

(三)空气

1. 温度

顾客因职业、性别、年龄的不同而对餐厅的温度有不同的要求。通常，女性喜欢的环境温度略高于男性，孩子所喜欢的环境温度低于成人，从事活跃职业的人喜欢较低的环境温度。

2. 湿度

餐饮场所的湿度过大或过小都会影响顾客的心情。湿度过小，过于干燥，会使顾客心绪烦躁；湿度过大，会让客人感到潮湿胸闷。相对湿度控制在 60%左右能增加宴会厅的舒适程度，减缓顾客的流动。

餐厅室内外温湿度对照表如表 6-2 所示。

表 6-2　餐厅室内外温湿度对照表

室外温度	建议室内温度	建议室内相对湿度
25℃	23℃	65%
26℃	24℃	65%
28℃	24℃	65%
30℃	25℃	60%
32℃	26℃	60%
35℃或以上	28～29℃	60%

3. 气味

气味也是餐厅气氛中的重要组成因素。气味通常能够给顾客留下极为深刻的印象，顾客对气味的记忆要比对视觉和听觉的记忆更加深刻。

4. 声音

(1) 杜绝噪声。

员工服务要做到“三轻”——走路轻、说话轻、操作轻。“三轻”服务不仅能减少噪声，而且能使客人产生文雅感、亲切感，同时还可以暗示那些爱大声说笑的客人自我克制。一般宴会厅的音量不超过 50dB。

(2) 增加音乐。

音乐佐餐是餐厅的神韵所在。播放优美、优雅的背景音乐可以提升餐厅的格调，调节用餐的气氛，愉悦客人的心情。

第三节　西餐宴会摆台

在欧洲的西餐宴会中，一般采用长方形的餐桌，较少用圆的餐桌。餐桌的摆设非常讲究，详细流程如下。

1. 工作台准备

摆台前，先把所有用餐器具准备好，放在工作台上，保证所有餐具、玻璃器皿等清洁卫生，工作台整洁，物品摆放整齐、规范、安全。

2. 铺台布

台布中凸线向上，两块台布中凸线对齐，台布四边下垂均等，两块台布在中央重叠，重叠部分为 5cm，主人位方向台布交叠在副主人位方向的台布上。台布铺设方法正确，最多四次整理成型。

3. 餐椅定位

从主人位开始按顺时针方向进行，从餐椅正后方进行操作，餐椅之间距离均等，相对餐椅的椅背中心对准，餐椅边缘与下垂台布距离为 1cm。

4. 摆放装饰盘

手持盘沿右侧操作，从主人位开始摆设，盘边离桌边距离 1cm，与餐具尾部成一线，装饰盘中心与餐椅中心对准，盘与盘之间距离均等(见图 6-1)。

5. 摆放刀、勺、叉

刀、勺、叉由内向外摆放，与桌边距离符合标准，刀、勺、叉之间距离符合标准(见图 6-1)。

单位：cm

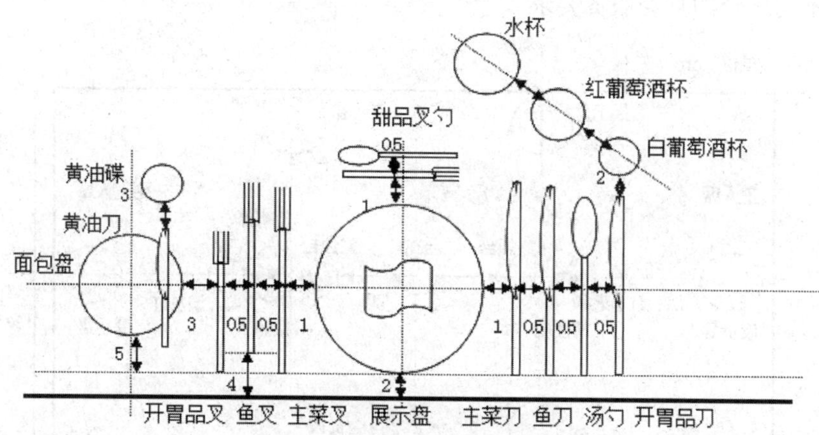

图 6-1　西餐宴会摆台图示

6. 摆放面包盘、黄油刀、黄油碟

面包盘盘边距开胃品叉 3cm，面包盘中心与装饰盘中心对齐，黄油刀置于面包盘内右侧 1/3 处，黄油碟摆放在黄油刀尖正上方，间距为 3cm。

7. 摆放酒杯

摆放顺序：白葡萄酒杯、红葡萄酒杯、水杯(白葡萄酒杯摆在开胃品刀的正上方，杯底距开胃品刀尖 2cm)，三杯向右与水平线成 45°角，各杯肚之间间距为 1cm。

8. 摆放中心装饰物

中心装饰物置于餐桌中央和台布中线上；为了不妨碍宾客之间的交流和不遮挡宾客视野，一般中心装饰物主体高度不超过 30cm。中心装饰物的选择应与主题符合，颜色协调，美观大方。

9. 摆放烛台

烛台与中心装饰物的间距均等，烛台底座中心压台布中凸线，两个烛台方向一致。

10. 摆放牙签盅、椒盐瓶

牙签盅与烛台底边间距为 10cm，牙签盅中心压在台布中凸线上，椒盐瓶与牙签盅距离为 2cm，左椒右盐，椒盐瓶与台布中凸线间距为 1cm(见图 6-2)。

11. 折叠餐巾盘花

在平盘上操作，折叠方法正确、卫生，在餐盘中摆放一致，正面朝向客人，造型美观、大小一致，突出主人位。

在西餐宴会服务的摆台过程中，要求服务人员基本功扎实，动作规范、娴熟、敏捷、声轻；托盘方法正确，餐具拿捏方法正确，卫生、安全，动作规范、熟练、轻巧，自然、不做作；举止大方、姿态优美、注重礼貌、保持微笑；仪容仪态、着装等符合行业规范和要求，能体现岗位气质。因此，西餐宴会服务人员必须具备专业的知识，经过系统的训练，才能应对不同场合的宴会服务要求。

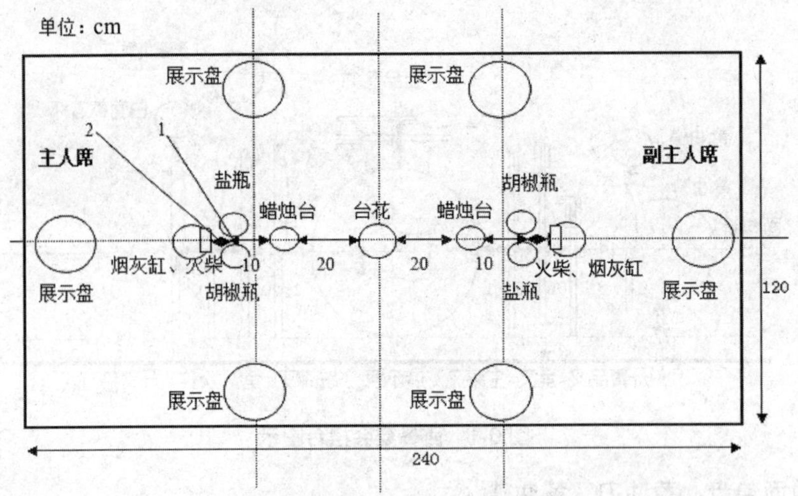

图 6-2　西餐餐台台面摆放图示

第四节　西餐宴会服务

西餐宴会服务起源于西欧的宫廷贵族，历史悠久，讲究服务程序、礼仪；宴会注重规格、排场和气派。因此，从事西餐宴会服务需要服务员经过专业的培训，熟悉西餐宴会服务技能和流程，还应该具备一定的西餐宴会文化知识，才能够胜任。下面先简单介绍西餐宴会服务的一般流程。

一、准备工作

(1) 了解情况。了解外宾的国籍、身份、宗教信仰、生活习惯等。

(2) 熟悉菜单。根据宴会菜单备齐各种餐具及其他物品。

(3) 铺台、摆台。根据宴会的性质、参加宴会的人数、餐厅面积及设备情况设计台形，可摆成一字形、T 字形、山字形、方框形、马蹄形等。铺台、摆台程序见前文铺台及西餐宴会摆台操作。

二、迎接客人

(1) 客人到达前 5min，迎宾员在宴会厅门口迎候客人。

(2) 客人到达后，应主动向客人问好，并统计入场人数。

(3) 请客人进宴会厅，并在客人右前方 50cm 处引领客人，步速要同客人的行走速度一致。

三、上餐前饮品

(1) 客人到来，服务员向客人问好，为客人拉椅让座，客人坐下后，从右侧为客人铺上餐巾。

(2) 询问客人需要何种餐前饮品，按客人要求送上餐前饮品，并报出饮品名称。

四、上餐食

宴会正式开始后，服务员根据西餐的用餐顺序为客人上餐。

(1) 上头盘，按照先宾后主、女士优先的原则，从客人右侧上餐。

(2) 当客人全部放下刀叉后，询问客人是否可以撤盘，得到客人的允许后，从客人的右侧将盘和刀叉一同撤下。

(3) 上汤：将汤碗放在汤碟上面，从客人的右侧送上；待多数客人不再饮用时，询问客人是否可以撤汤，得到客人的允许后，要从客人的右侧将汤碗、汤碟和汤勺一同撤下。

(4) 上葡萄酒时先请主人试酒，然后为客人斟酒；应询问客人是否接着用白酒，若不用，将白酒杯撤下。

(5) 上主菜(操作同上头盘)。

(6) 清台：用托盘将面包盘、面包刀、黄油碟、面包篮、椒盐瓶全部撤下，并用服务叉、勺将台面残留物收走。

(7) 上甜食：先将甜食叉、勺打开，左叉、右勺，然后从客人右侧为客人送上甜食，待客人全部放下叉、勺后，询问客人是否可以撤盘，得到客人的允许后，从客人的右侧将盘和甜、食、叉勺一同撤下。

(8) 上水果：先为客人送上水果、刀、叉、洗手盅，然后送上准备好的水果盘。

(9) 上咖啡：先在每位客人右手边摆上一套咖啡用具(咖啡杯、垫盘，盘上右侧放一把咖啡勺)，然后用托盘送上淡奶壶、糖罐，站在客人右侧一一斟上。

(10) 客人用餐期间，服务员应随时观察，主动为客人添加酒水；当烟灰缸内烟蒂超过2个的时候，应及时更换烟灰缸。

五、结账

西餐宴会讲究优雅、礼仪，这一点同样也会体现在结账环节上。因此在西餐结账流程上，除了要遵从结账专业流程和规范外，还需要注意以下细节。

1. 低声细语

在西餐宴会厅里，无论是客人还是服务员，都应该注意小声交谈，切忌大声喧哗，影响其他客人。所以在结账的时候，客人应该招手示意服务员，也可以等服务员经过身边的时候小声提出结账要求；服务员把账单拿过来时也应该小声地告知客人，并引领客人完成结账程序。

2. 男士结账

西餐文化的发源地主要是英国，英国自古讲究绅士风度，女士优先，体现对女性的尊重和爱护。所以西餐结账一般是男士的专利。如果餐饮是女士请客，或男女平均分摊消费，这时女士应将钱交给男士，由男士请服务人员结账。这个习惯是餐饮的基本规则，不可随意逾越。

3. 座位结账

一般来说，除非餐厅有特殊规定，否则，在西餐厅里，客人均在座位上完成结账。如果客人跑去柜台结账，会有失礼仪。

六、送别客人

(1) 客人离开时，服务员主动上前拉椅，礼貌地送别客人，并提醒客人勿遗忘物品。

(2) 陪同客人到宴会厅门口，与迎宾员一起向客人道别。

(3) 客人离开后，检查台面有无烟头等易燃物品，发现遗留物品及时送还给客人，并清理台面。

案例 6-2

马格丽特是亚特兰大某饭店咖啡厅的领位员。咖啡厅最近比较繁忙。这天午饭期间，马格丽特刚带几位客人入座回来，就见一位先生走了进来。

“中午好，先生。请问您贵姓？” 马格丽特微笑着问道。

“你好，小姐。你不必知道我的名字，我就住在你们饭店。”这位先生漫不经心地回答。

“欢迎您光顾这里。您是愿意坐在吸烟区还是非吸烟区？” 马格丽特礼貌地问道。

“我不吸烟。不知你们这里的头盘和大盆菜有些什么？”先生问道。

“我们的头盘有一些沙律、肉碟、熏鱼等，大盆菜有猪排、牛扒、鸡、鸭、海鲜等。您如果感兴趣的话，可以坐下看看菜单。您现在是否准备入座了？如果准备好了，请跟我去找一个餐位。”马格丽特说道。

这位先生看着马格丽特的倩影和整洁、漂亮的衣饰，欣然同意，跟随她走向餐桌。

“不，不，我不想坐在这里。我想坐在靠窗的座位，这样可以欣赏街景。”先生指着窗口的座位对马格丽特说。

“请您先在这里坐一下。等窗口有空位了，我再请您过去，好吗？” 马格丽特在征求他的意见。

在征得这位先生的同意后，马格丽特又问他要不要些开胃品。这位先生点头表示赞同。马格丽特对一位服务员交代了几句，便离开了这里。

当马格丽特再次出现在先生面前告诉他窗口有空位时，先生正与同桌的一位年轻女士聊得热火朝天，并示意不换座位，要赶紧点菜。马格丽特微笑着走开了。

【思考题】请从此案例领位员服务的过程中，分析领位服务应具体做到哪些工作？

【分析】迎宾和领位程序由主动接触客人、引客入座两部分组成。两者相辅相成，相互呼应。这种服务需要良好的职业道德作为其运行的基础。这种职业思想反映在程序中的具体规范就是礼貌服务、友好服务、超值服务等。

知识拓展

西餐中需要给小费吗？如果需要，给多少合适呢？

在很多国家，享受了服务，是应该付给服务员小费的，这既是一种礼貌的表现，也是对服务员服务质量的肯定。如果小费给得不够，会被认为没礼貌，甚至是一种侮辱，尤其对那些终生从事服务工作的人来说。那么，小费具体应该给多少呢？

这个问题不能一概而论，因为在不同的国家，有着不同的历史和文化，给小费的规则也不一样。有一些国家，小费是额外增加的收入，不是工资的组成部分，如果你对服务不满意，就可以不支付小费。因此我们来了解一下某些国家的小费文化。

1. 英国

在餐厅，尤其是高端场所，账单中已经包含了12.5%的服务费，小费比例通常是在10%到15%之间。酒吧可以不付小费，但是鸡尾酒酒吧通常每桌还是要付12.5%的小费。

对于发型师，可以用现金给5%到10%的小费。乘坐伦敦的出租车，通常标准是以英镑为单位给个整数，最多给10%。对酒店的客房清洁服务和行李搬运服务，给两三英镑就行。

2. 美国

在美国，雇主把小费看成工资的构成部分，所以小费对服务人员来说是极其重要的。总体上讲，给小费是美国的一个大问题，尤其在旅游旺季，几乎每个服务人员都会得到小费，包括私人健身教练、干洗工，甚至教师。

在餐厅，要支付15%到20%的小费，这比大多数地方都要高，但这里更可能直接给到了服务员。按此标准，在酒吧和俱乐部，15%左右的小费就可以，但每次至少给1美元。在纽约乘坐出租车，最后的小票金额上要加10%到15%的小费，倘若司机选错了道路，你有权利不给小费，因为没有人理所应当地为司机的错误而埋单。对于酒店员工，两三美元的小费就可以了。

3. 法国

法国没有确切的小费标准。当法国人觉得服务很周到时，才会给小费。在餐厅，小费往往包含在了账单里，如果服务得很好，还是应该额外用现金给5%的小费。

通常情况下，不会给出租车司机小费，但为了方便些，零头往往不要了。

对于酒店员工，完全取决于客人的意愿，通常几欧元就可以了。

4. 意大利

意大利通常是不用付小费的。在餐厅，小费通常附加到账单里，而且意大利人习惯对面包收取额外的费用，这两项被认为是变相收取小费。然而，如果你觉得服务很周到，那么5%～10%的额外小费还是应该给的。

给出租车司机小费，这不是强制的，但给到整数不要零头，还是懂礼仪的表现。对于酒店员工，几欧元就够了。

本 章 小 结

本章简略地介绍了西餐产生和发展的历史，阐明了西餐服务的概念、西餐宴会类型、西餐宴会设计、西餐摆台、西餐服务流程等知识和技能；西餐宴会服务、西餐摆台是本章学习中应重点掌握的内容。

习 题

一、单项选择题

1. 东方人通常所说的西餐不包括(　　)国家的饮食菜肴。

A. 东欧各国　　B. 地中海沿岸　　C. 日本　　D. 墨西哥

2. 西餐宴会服务起源于(　　)的贵族家庭。

A. 非洲　　B. 欧洲　　C. 亚洲　　D. 拉丁美洲

3. 传统的西餐宴会服务方式中，(　　)服务是一种非常豪华的服务，最能吸引宾客的注意力，给宾客的个人照顾较多。

A. 法式服务　　B. 美式服务　　C. 英式服务　　D. 俄式服务

4. 餐饮场所的湿度过大或过小都会影响顾客的心情，相对湿度控制在(　　)左右能增加宴会厅的舒适程度，减缓顾客的流动。

A. 40%　　B. 50%　　C. 55%　　D. 60%

5. 豪华宴会厅多采用(　　)色彩，以营造热烈的气氛。

A. 橙　　B. 金黄　　C. 墨绿　　D. 天蓝

二、多项选择题

1. 东方人通常所说的西餐包括(　　)国家的饮食菜肴。

A. 东欧各国　　B. 地中海沿岸　　C. 日本　　D. 墨西哥

2. 在法式服务中，除(　　)和其他必须放在客位左边的食品从宾客的左侧上桌外，其他食品饮料一律用右手在客位的右侧送上餐桌。

A. 面包　　B. 黄油　　C. 色拉　　D. 扩散作用

3. 自助餐和各种冷餐会的用餐方式日趋流行，原因是食品台上的(　　)等特点。

A. 就餐时间长　　B. 装饰精美

C. 餐品丰富　　D. 就餐速度快

4. 暖色系是由太阳颜色衍生出来的颜色，给人以温暖柔和的感觉，包括(　　)等颜色。

A. 红　　B. 橙　　C. 绿　　D. 紫

5. 西餐根据宴会的性质、参加宴会的人数、餐厅面积及设备情况设计台形，可摆成(　　)方框形、马蹄形等。

A. 一字形　　B. T字形　　C. 山字形　　D. 圆形

三、简答题

1. 西餐的特点是什么？
2. 英式服务与俄式服务的区别是什么？
3. 请简述西餐宴会服务的流程。

四、论述题

结合实际，谈谈西餐宴会服务员应该具备哪些素质？

五、案例分析题

某餐厅晚间开餐生意火爆，小王忙得手脚不停，直到闭餐时间，才稍有空闲。这时，小王看到一先生与女士正聊天，盘子里的菜已没有多少了，小王以为客人不吃了，便想撤去盘子，为客人提供更好的谈话环境。于是小王说："如果您不吃了，我可以把盘子拿掉吗？"谁知客人一听非常生气，以为是赶他们走。小王连声道歉，客人才消气，不久离开了餐厅。

(资料来源：https://zhidao.baidu.com/question/112705740.html?)

问题：

(1) 案例中服务员小王的处理方式有问题吗？

(2) 如果是你，如何表达会更恰当？

扫一扫，习题答案

第七章

菜单设计技能

【学习目标】

通过本章的学习，了解菜单的作用与菜单的种类；了解中餐菜单设计特点与西餐菜单设计特点。

【关键词】

菜单的作用　中餐菜单设计　西餐菜单设计

引导案例

如 此 菜 单

王先生与朋友聚餐，选定了C市的一家餐厅，在点菜时选了“红烧黄河鲤鱼”这道菜，过了一会儿，餐厅领班匆匆忙忙地走过来说：“先生，由于我们近期没有采购到鲤鱼，所以无法为您提供这道菜。”于是王先生重新选了“藤椒鱼”这道菜，但是过了很久都没有上。于是他向服务员询问，服务员回答说：“我们唯一会做这道菜的川菜厨师上个月辞职了，其他厨师不会做。要不，您再重新点一个菜。”

于是王先生又在菜单上重新点了两个菜，结果不是说厨房没有备料，就是说当天准备的分量比较少，已经卖完了。王先生生气地说道：“你们餐厅的菜单是摆设吗？这个菜也没有，那个菜也没有。下次再也不来了！”

其实，菜单与餐饮经营者的目标市场和经营宗旨密切相关。在确定目标市场和经营宗旨后，餐厅就必须确定生产哪些产品、提供哪些服务来满足目标顾客群的需求，菜单正是为客人展现产品和服务的重要工具。

因此，在菜单设计上，必须与餐厅的类型、服务方式、客户消费水平等多个方面相符合，才能更好地发挥出菜单的作用。

第一节　菜单的含义和作用

一、菜单的含义

菜单是餐饮经营者为满足客人对餐饮产品的日常消费需要及体现餐厅的经营特色，而制定的用于展示其生产经营的各类餐饮产品的纸质或电子资料的总称。菜单不仅是餐厅提供给客人的商品目录，更是餐厅菜肴、食品及酒水名称和价格的一览表。

菜单分为广义菜单和狭义菜单：广义的菜单指餐厅中一切与该餐饮企业产品、价格和服务有关的信息资料，包括各种文字图片、声音影像、实物模型、宣传资料和点菜设备等；狭义的菜单指餐饮企业为方便顾客点菜或订餐而准备的介绍该餐厅菜品、酒水、服务、价格及其他相关信息的纸质印刷品或电子资料。

有的餐饮企业会把菜单和菜谱混为一谈，但实际上，菜单与菜谱是不同的。菜单通常以书面的形式将餐厅的餐饮产品，尤其是特色产品，经过科学的排列组合、精美的装帧印刷，呈现给客人进行欣赏与选择。通常的菜谱是描述某一具体菜肴的制作方法和制作过程。在餐厅中为客人提供的通常是菜单，而不是菜谱。

二、菜单的作用

菜单作为一种点菜工具，是餐饮企业与客人之间开展信息沟通的重要手段，它对餐饮企业的管理发挥着重要的作用。随着餐饮业的进步与发展，消费者对餐饮需求的多样化程度不断加深，新的餐饮经营模式的不断创新，菜单在餐饮企业经营管理中起到的作用更为重要。主要体现在以下几个方面。

(一)菜单体现了餐厅的经营管理方针

菜单中所销售食物和酒水的产品类型、特色、风味和价格等内容决定了菜单对餐饮综合资源的紧密依靠程度。菜单在一定程度上影响着以下的餐饮管理内容。

1. 菜单影响着餐饮企业技术人员、服务人员、后勤人员及管理人员的选拔

菜单的内容体现了餐饮机构独有的菜肴特色和服务水平。这种特色和水平，必须通过厨师的烹饪加工、餐厅的管理与现场服务方能实现。因此，餐饮企业在配备管理、厨师、服务及后勤人员时，应根据菜式制作和服务要求，招聘具有相应技术水平的人员。如果招收的人员没有相应的技术水平，餐饮企业就必须以菜单内容为标准对员工进行培训，使他们尽快达到技术水平的要求。服务人员必须根据菜单上菜肴的内容与种类，提供各类标准的服务程序，让就餐者得到视觉、味觉、嗅觉上的满足。

2. 菜单影响着食品原料的采购内容与储存方式

食品原料的采购与储存是餐饮企业业务活动中的必要环节，受到菜单内容与菜单类型的影响与支配。例如，一家专门做粤菜海鲜的餐厅，它的食品原料大部分是海鲜类产品，在储存方式上必须设置专门的海鲜池去储存原料。

3. 菜单影响着就餐区域、生产区域和酒吧区域的设计与布局

菜单也会影响餐厅的设计与布局。菜单中有很多现场烹饪与服务菜式的西餐厅，它的座位布局必定是宽敞的，餐桌之间必须留有足够空间，才能让服务员现场操作。同样，菜单中有着很多酒水的休闲餐吧，酒吧区域也肯定会比普通餐厅的大。

4. 菜单影响着设施设备、各类器具的采购和管理

餐厅各种设备、器具的采购和管理，也应以适合菜单上菜肴的加工制作需要为准。中餐厨房与西餐厨房的设施设备与布局要求大相径庭，快餐厨房和正餐厨房的设备安排也相差甚大。

5. 菜单影响着餐饮的成本与利润

菜单上菜品的价格决定了餐饮企业成本的高低，原料价格昂贵的菜式过多，会产生较高的食品原料成本，而精雕细琢的菜式过多，又会相应增加企业的劳动力成本。餐饮企业必须确定各菜式成本及不同菜式成本的品种比例，以达到原料成本与劳动力成本平衡。

6. 菜单体现着餐厅的档次和风格

首先，不同档次的饭店，其菜单提供的产品是不一样的。豪华餐厅的菜单，其餐点多为做工繁复的、高档的、高价位的；而普通大众餐厅，则是制作简单的、普通的、大众化

的。因此，对应不同餐厅的服务规格和要求，也具有较大差别。

其次，不同风格的餐饮产品，与餐厅的风格密切相关。例如，粤菜餐厅与川菜餐厅，在餐厅装修与服务风格上应该存有明显的差别。

(二)菜单是沟通餐饮企业与消费者之间的桥梁

菜单是载有餐饮企业销售、生产、服务等信息的媒介，餐饮企业通过菜单向消费者介绍自己的特色产品、推销餐饮服务、传递餐饮企业的经营意图。消费者则通过菜单了解餐厅的类别、特色、产品及其价格，选择自己需要的产品和服务。

(三)菜单是餐饮销售的重要工具

1. 菜单是餐厅经营者分析菜肴销售状况的基础

餐厅经营者定期对菜单上每款菜肴的销售状况、顾客喜爱程度、消费者对菜肴价格的敏感程度进行分析和调查，从而发现在生产计划、菜肴烹调技术、菜肴定价以及菜肴选择方面的问题，餐饮经营者根据问题更换菜肴品种，改进生产计划和烹调技术，改善菜肴的促销方案和定价方法。

2. 菜单是餐饮促销的重要载体

餐饮经营者通过对菜单的艺术化设计衬托餐厅的形象。一份艺术化的菜单，既有菜名与价格，又有文字描述。同时，重点促销的菜品，往往还配有食品和菜肴的图片，能给人以视觉上的冲击力和对味觉的刺激，能引起消费者品尝的欲望。另外，菜单上内容的合理编排，能促进重点菜肴的销售。

菜单还能制作成各种漂亮精致的宣传单张，既可以在街头向过路的客人散发，也可以刊登在报纸杂志或直接邮寄给潜在客户，以进行各种有效的推销。

案例 7-1

电子菜单对于现代的人们来说还算是一种新兴的事物，在最近几年的时间里，电子科技的进步大家是有目共睹的，也正是因为如此，应运而生出更加时尚、更加前沿的点餐方式——电子点餐。把传统的菜单变成时尚的电子设备，给消费者带来的惊喜却是无限的，很多消费者都想体验一下电子菜单点餐的感觉。其实除了时尚和新颖之外，电子菜单最大的特点就是足够卫生。传统的菜单看上去是比较干净的，但是实际上并不卫生，而电子菜单点餐的方式则可以杜绝这样的问题，做到真正的卫生方便。自有菜单绝对是众多电子菜单中最有人气的一种选择了，很多饭店也都希望通过自有菜单的点菜方式来扩大自己的知名度。

电子点餐不同于传统的纸质点菜单，电子菜单上的内容可以随时更换。在电子菜单上，顾客不仅可以看到图片，还可以了解到菜品的更多信息，而传统的菜单单一，在只有菜名及菜价。

(资料来源：http://www.fanpusoft.com/free/cygl/65628.html)

【思考题】电子菜单对比传统菜单有何优势？

【分析】电子菜单的发展无疑为餐饮业带来了重大的革新。以往的纸质菜单如果被使用的次数过多，不能及时更新的话，就会显得脏乱，使客人产生餐厅卫生条件差的印象，进而影响餐饮企业的经济效益。电子菜单能让大量的菜品信息瞬间展示在客人面前，客人想吃什么，只要店家拥有的，都能及时地呈现在客人的面前。

第二节　菜单的种类

在餐厅实际运营中，菜单一般分为固定菜单、循环菜单、当日菜单和限定菜单。其中固定菜单的设计，是餐饮经营活动中的重要内容，也是餐饮零点业务的中心。餐饮经营者及高层管理者应学会如何设计菜单，让菜单更能发挥吸引客户的重要作用。

一、固定菜单的概念

固定菜单是指餐厅每天都能为客户提供相同菜品的菜单。

固定菜单适用于就餐客户众多、流动量大的商业型餐厅，如星级旅游酒店、社会餐厅等餐饮企业。由于此类型餐厅的顾客几乎每天在变化，客户不会因餐厅每天提供相同的菜单而感到单调。

固定菜单的设计、计划和装帧需要特别细致的准备工作，由于这种菜单相对稳定，餐厅的固定菜单至少可以使用一个季度以上，一般一年一换甚至多年一换。

二、固定菜单的优点与缺点

(一)固定菜单的优点

1. 固定菜单有利于餐厅控制成本

由于餐厅每天使用相同的菜单，供应相同的菜品，即使菜品原料当天已经准备好而未能销售出去，仍然可以在做好保鲜工作的前提下，第二天继续使用。如果餐厅不使用固定菜单，当天的剩余原料要等到有相应菜品制作时才能使用，这就使原料失去了新鲜性。对于西餐厅来说，这一点更为重要，因为西餐的原料用途比较单一，每种原料只能对应几个菜。不像中餐原料那样，一块肉可以用来制作几十种甚至上百种不同的菜品。

2. 固定菜单有利于控制原料采购与储存

由于餐厅每天供应的菜品都相同，这样，餐厅所需的食品原料的种类也是固定不变的，而且采购数量也相对稳定，方便餐厅开展采购与储存管理工作。

3. 有利于餐厅设备的选购与使用

由于菜单固定不变，餐饮企业能正确地选择、确定所需的设备用具，而且能使设备用具的种类和数量降至最低限度，防止因盲目购置设备和设备闲置所造成的浪费。

4. 有利于劳动力的安排和设备的充分利用

由于每天供应的菜品相同，劳动力和设备的合理调配与核算控制相应地变得容易，从而使餐厅能更合理、更有效地使用人力和物力。

(二)固定菜单的缺点

1. 餐厅在经营上缺乏灵活性

采用固定菜单的餐厅由于菜式固定不变，餐厅必须无条件地采购这些菜品所必需的食品原料并制作菜单上的菜品。即使食品原料价格上涨，餐厅也不得不继续采购，并以相同的菜单价格销售，这样就使餐厅的利润降低。同样，餐厅也不会因为临时购到廉价的原料而随意更换菜单。

2. 菜式缺乏创新，易使人产生厌倦

使用固定菜单的餐厅容易使服务员和厨师的工作变得单调。由于在工作中缺乏创新和挑战，容易使他们产生厌倦情绪，从而降低劳动生产率。

三、固定菜单的种类

根据不同标准，固定菜单可以划分为多种类别、产生多种表现形式，了解和掌握固定菜单的不同类别和形式，有助于餐饮企业从业者更加全面、完整地了解菜单，认知现代餐饮企业的经营情况。

(一)根据企业经营阶段划分

1. 开业构思阶段

在开业构思阶段，餐厅经营者要设计一个试验性的固定菜单草案，它可以帮助经营者决定餐厅经营的类别。试验性菜单是一个非常重要的工具，它可以确定餐厅的形象，以及能吸引计划内的目标客户。试验性的菜单应该包括以下内容。

(1) 餐厅针对的目标群体。在试验性菜单中要标明设计针对哪些顾客群体。

(2) 餐厅需要购买的设施与设备。试验性菜单需要反映出每一道菜品应该购置什么设施与设备。

(3) 餐厅应雇用什么员工。菜单要反映出制作这道菜是需要有经验的员工，还是需要只是经过简单开业培训的员工。例如，白斩鸡这道菜应该由有粤菜经验的员工制作，才能制作得鸡皮爽脆、鸡肉嫩滑。

(4) 菜单能反映对餐厅装潢的要求。菜单提供的菜必须与餐厅的装潢相协调。例如，餐厅装修是具有创意风格的装修，菜单提供的则应该多为创新菜。

2. 正常经营阶段

一家经营成功的餐厅除了制作的菜品出色、服务优秀以外，菜式也必须与饮食潮流和

客户用餐习惯相一致。餐厅在开业时多会选择一些当时流行的菜式，但随着企业经营时间的变长，部分菜式已经无法适应目标客户的需求。餐饮企业需要及时分析菜单上各类品种项目的销售情况，对饮食潮流也要快速做出清晰的判断，随时加入提升销售额和利润的菜品，剔除销售业绩差、盈利低的菜品。

3. 企业衰退阶段

如果餐厅的生意出现衰退迹象，餐厅的销售额和利润额不断下降，就要留意对菜单的分析，对菜品的价格重新评估，对菜品做必要的更换。在企业衰退阶段，可每日提供特色、特价菜来吸引客人，也要着重推销利润率高，受顾客欢迎的品类。

(二)根据餐厅提供餐别划分

1. 中餐菜单

中餐菜单指主要在中餐餐馆供应的菜单，菜单的设计和菜品的内容、原料、烹饪方法、服务程序等均能体现中国饮食习惯和特色。菜品种类多以中国八大菜系为代表。

2. 西餐菜单

西餐菜单指以经营西餐为主的餐厅、自助餐厅、咖啡厅和酒吧供应的菜单，它反映的是西方人的饮食口味和风俗习惯。菜单的菜肴品种、原料、烹饪方法以及服务方式均符合西方人的饮食特点与饮食要求。

3. 风味菜单

风味菜单指除上述中西餐菜单外，其他所有国家和地区菜单的总称，目前多见的菜式为日本菜、韩国菜、印尼菜、越南菜、泰国菜、印度菜等，也出现了综合提供以上风味菜式的“无国界料理”餐厅。

(三)根据就餐时间划分

1. 早餐菜单

早餐菜单分为套餐菜单和零点菜单。套餐菜单仅提供相对有限的菜肴品种。例如，某涉外旅游酒店的餐厅为住店客人提供的早餐套餐菜单为西式早餐(煎鸡蛋、培根、香肠、火腿、肉松饼、薯饼、果汁、咖啡)或中式早餐(粥、包子、炒面、豆浆、茶)二选一。更多的涉外酒店餐厅采用自助餐的形式为住客提供早餐。

早餐零点菜单在广东地区比较常见，餐厅为客人提供茶水，客人在早餐零点菜单上勾选点心，餐厅及时为客人制作并提供其他服务。广东地区称之为“喝早茶”。

2. 正餐菜单

正餐菜单也称为午、晚餐菜单，作为餐厅最主要的菜单，正餐菜单所含餐饮品种比较齐全，如中餐正餐菜单包括凉菜、汤、海鲜、热炒、主食、甜品等。西餐正餐菜单则应包括头盘、汤、副菜、主菜、甜品等。

3. 宵夜菜单

宵夜菜单多出现在营业时间比较长的餐厅，多见于粤港澳地区，主要为习惯夜生活的客人设计，一般在正餐结束后使用(21:00 后，直至凌晨)。

(四)根据餐饮产品的品种划分

1. 菜单

菜单是餐厅向就餐客人提供的，用于记录菜肴名称、价格以及图片等信息的，供就餐者挑选菜肴品种的清单，主要反映餐饮企业的主体产品——菜肴。

2. 饮料单

饮料单是餐厅、酒吧或其他娱乐场所向宾客提供的记录有各类饮料的书面清单。饮料单应具备酒水名称、价格等信息内容。

3. 葡萄酒单

葡萄酒单主要在西餐厅，特别是在高档西餐厅中使用，西餐讲究餐酒搭配，葡萄酒单是促进餐厅酒水销售的重要工具。葡萄酒单中记录有餐厅销售的各类葡萄酒名称、生产国家与产区、年份、价格等信息，以方便就餐者挑选佐餐葡萄酒。

(五)根据餐饮服务的地点划分

1. 餐厅菜单

餐厅菜单主要适用于各类中西餐零点餐厅，不同餐厅的菜单，其菜品口味、价格、档次多样，可以适应不同层次客人的需要，也能体现出餐厅烹饪水平与服务档次的高低。

2. 酒吧菜单

酒吧菜单多用于酒吧、咖啡厅等场所，主要以饮料为主，其中还辅以各类简餐与小食，如意大利面、三明治、炸薯条、花生米等。

3. 客房送餐单

客房送餐单是指放置于酒店客房内，供住店客人在房间内用餐所配备的一份清单，客房送餐单上列有餐食品种、数量、价格以及送餐时间等信息。

四、循环菜单、当日菜单与限定菜单

(一)循环菜单

1. 循环菜单的定义

循环菜单是指按一定的周期循环使用的菜单。餐厅必须按照预定的周期制定一整套菜单，每天使用其中的一套。当这套菜单全部使用完毕后，就结束了一个周期，然后周而复始，重新使用这套菜单。一般以一个星期为一个周期，设计七套菜单，从星期一到星期日每天使用一套，各不相同，第二个星期又重新循环。

循环菜单适用于企事业单位餐厅、长住型饭店的餐厅。因为这些地方的就餐顾客基本上是同一批顾客，尤其是学校、工厂、医院的餐厅，因而需要使用循环菜单。

2. 循环菜单的优点与缺点

与固定菜单相比，循环菜单的优点与缺点相当明显，具体如下。

(1) 菜品每日翻新，丰富多样，顾客不会感到单调。

(2) 每天的变化也会给员工带来新鲜感，避免厌烦情绪。

(3) 剩余食物不便利用(西餐)。

(4) 采购麻烦，库存品种增加。

(5) 使用设备多，但使用率低(西餐)。

(二)当日菜单

1. 当日菜单的定义

当日菜单指仅供当日使用的菜单，它既不固定模式，也无循环周期，必须天天更换。当日菜单一般以附页的形式夹在固定菜单中供客人挑选，部分私房菜餐厅也仅设有当日菜单，另外，餐厅举办宴会时的宴会菜单也属于当日菜单的范围。

2. 当日菜单的优点与缺点

当日菜单的灵活性相当强，可以充分利用库存原料，尽快消耗剩余食品；同时也可以发挥员工潜力和创造性。

当日菜单的缺点也相当明显，使用当日菜单的餐厅难以进行标准化管理，品种较少，客人可以选择的余地也比较小。

(三)限定菜单

1. 限定菜单的定义

限定菜单指菜式品种相当有限的菜单，一般用于快餐店、小吃店等菜式品种较少的餐厅或为某个季节、某类营销活动定制的菜单。

2. 限定菜单的优点与缺点

限定菜单的优点是，由于可以选择的菜式品种不多，菜品管理较简单，原料成本控制效果较好，但缺点是客人可选择的余地不大。

案例 7-2

如何巧妙利用季节性菜单

A 餐厅通过市场调研，发现多数人在春天喜欢吃清淡菜，夏天的饮食要清凉爽口，秋天的饮食要浓郁，冬天的饮食偏爱重口味，有些地方还要麻辣咸香菜式。于是，A 餐厅在不同季节推出不同的菜单，除了满足人们尝鲜的愿望外，重要的是，人们认为季节菜营养价值高且美味。

春季的菜单仍然沿袭冬天的“春寒料峭”，蔬菜以青蒜、茼蒿、大白菜、圆白菜、芹菜、豌豆、白萝卜等为应时鲜品，原料佳、价格便宜。

入夏后的菜单就有更多选择：小白菜、青江菜、箭笋、绿笋、豌豆、空心菜、西兰花等。对顾客来说，夏天胃口欠佳，喜欢吃凉拌的生鱼片、苦瓜、鲜笋、茭白笋以及白切类的鹅肉、墨鱼、咸蚬等清淡菜。加上应时海鲜、蔬菜，自然觉得这家餐厅的菜味美、应时。

秋季的菜单上有秋葵、茭白笋、茄子、豆苗、莴苣、芹菜等。

入冬之后乌鱼仔、乌鱼肫、蛤蜊和泥鳅等特别肥美，从菜单中剔掉某些夏天的海鲜菜，改为以海鲜为主料的应时菜，以让顾客能吃到应时鲜品为原则。

在对菜单进行调整后，A 餐厅的生意继续红火，客人也称赞餐厅的菜做得有特色。

(资料来源：http://baijiahao.baidu.com/s?id=1596337769699854302&wfr=spider&for=pc)

【思考题】A 餐厅的季节菜单为什么会如此成功？

【分析】因为 A 餐厅针对客户做了分析，对不同季节的时令食材也做了详细的分类，菜单贴近时令、贴近需求，自然会成功。但是建议改菜单前要先消化库存的材料。季节交替之际，将宣传海报张贴在墙上，循序渐进地变化菜单，或采取每日一款特价菜来做促销，待库存消化完，再全力主攻当季的菜单。

第三节　中餐菜单设计

一、设计中餐固定菜单的分析与调研

中餐固定菜单的设计是餐饮企业的一项重要工作，需要在分析自身技术条件及调研外部经营环境后再开展设计工作。

(一)餐饮企业自身技术的分析

通过对餐饮企业自身技术的分析与调研，明确餐饮企业目前的技术人员、设施设备与装修风格，制作什么风格和档次的菜肴最为合适，服务人员有没有能力提供与之匹配的服务。

1. 对人员技术水平的分析

对人员技术水平的分析包括对餐饮产品制作人员的分析与对餐饮服务人员的分析两个方面。

(1) 对餐饮产品制作人员的分析。

餐饮产品制作人员包括各个岗位的厨师、面点师、调酒师等。应合理考虑厨师的技术水平、菜系专长、从事本岗位的工作经历、受教育程度、技术等级、性别等。如一家餐厅聘请的主厨的工作经历以制作大众化湘菜为主，对于其他菜系菜品及高档菜没有相关的经

验。那么，在实际菜单设计中，就要以相对大众化的湘菜为主。

(2) 对餐饮服务人员的分析。

餐饮服务人员主要是在餐厅对客人服务的人员，重点应放在年龄、性别、外貌、工作态度和服务技能等方面。例如，高档餐厅对服务人员的外貌要求较高，对工作态度和服务技能的要求也会比中低档餐厅要高。

2. 对餐饮设施设备的分析

现代餐饮企业对于先进技术设备的依赖程度越来越高，餐饮设备的适用性也是在菜单设计中必须考虑的因素。如果一家餐厅的菜品要选择粤菜，那么在餐饮设施设备中用得最多的厨具设备应该是蒸柜，粤菜中常见的清蒸鱼、清蒸排骨、蒸海鲜都会使用蒸柜这一设备。如果企业没有配备它，就无法做好粤菜菜品。

3. 对餐厅装修风格的分析

餐厅装修风格也会影响餐厅菜单的选择，如果选择了豪华的装修风格，一般而言，就应该选择精美的、档次较高的菜品。反之，选择普通的装修风格，也就应该选择大众化的、档次偏低的菜品。近年来出现了“快时尚”餐厅，如外婆家、57 度湘等，“快时尚”餐厅装修风格别致，菜品别具特色，且人均消费价格不高，餐厅以追求翻台率为目标。

(二)外部经营环境的调研

1. 餐饮市场客户需求形势的调研

菜单设计者需要阅读各类发布餐饮信息的专业爆款，了解餐饮业流行趋势；定期暗访各餐饮同行企业，特别是品尝与自身档次、餐别相近的餐厅的菜品，通过亲自品尝，了解经营品种、烹饪特色和销售、服务情况。

2. 食品原料供应市场形势的调研

食品原料供应很大程度上制约着菜单设计，要对食品原料供应做态势分析，在菜单即将使用的周期里，提价、降价的原料各有哪些，对利润率的影响有多大，是否存在短缺的可能，等等，把这一系列的问题调研好，对菜单的设计很有帮助。例如，餐厅原有的菜单中有冬虫夏草炖水鸭这道菜，但当时冬虫夏草的价格已经由原来的 120 元/克涨到了 180 元/克，未来还有继续涨价的趋势，如果继续按原有售价售卖，就会无利可图。管理人员要做出提价或取消这道菜的决定。

3. 餐饮历史销售统计数据的分析

密切注意相关菜肴的销售情况，了解目标客户的偏好、哪些菜品受客户欢迎、哪些菜品销售不佳。建议把销售不佳、利润率低的菜从菜单中剔除。

二、中餐固定菜单的菜品选择

入选固定菜单的菜品，既要凸显餐饮企业的特色与水平，又要让目标客户喜欢及重复光顾，更重要的是，让企业获得利润。

(一)菜品初步选择

餐饮企业固定菜单中的菜品应该选择以下品类。

1. 凸显餐饮企业特色的主打特色菜

如北京全聚德的烤鸭，广州酒家的文昌鸡，福州聚春园的佛跳墙等。

2. 能吸引客户的爆款引流菜

这类菜式要求出菜速度快，5min 之内可以上台；能够长时间保持味道和口感；有足够的独特性；味道能够被大多数人所接受；在当地商圈受欢迎；价格要能吸引消费者。例如，某客家菜馆选择 15 元清炖猪肉汤作为爆款引流菜，这款菜品是预先炖好的，能保证几个小时内味道不变。它也是客家菜的主要菜品，风味独特，客人接受度高，而且 15 元的价格非常吸引消费者。

3. 销量最大的菜肴派系

除非是专门做特色菜的餐馆，否则应在餐厅所在地销量最大的菜肴派系中选择菜品。如在长沙开设面对本地用餐客户为主的中餐馆，就应该在湘菜中初步选择菜品。餐厅应在前期调研中的目标客户喜爱的菜款中选择菜肴品种。如在调研中发现目标客户对麻婆豆腐这一菜品喜爱度与点选度都比较高，可以考虑在菜品中加上这道菜。

(二)菜肴销售状况的定量分析

菜肴销售状况的定量分析是选择菜肴过程中的一项重要工作。餐厅通过对菜单上所列出的各类菜肴销售情况的调查，分析哪些菜肴顾客欢迎度指数较高、哪些菜肴销售额指数最高。

1. 菜品归类分析

对菜单中的菜品开展分类工作，同类的菜品之间由于存在相互竞争的关系，属于可替代商品。例如，客人在点选“白切鸡”后，就不会再点选“豉油鸡”这道菜，“白切鸡”与“豉油鸡”就属于同类菜品。不同类的商品之间不存在竞争关系，如顾客点了“白切鸡”，接下来可能会点选“蚝油扒菜胆”，这两道菜就属于可互补商品。

2. 菜品受欢迎度指数分析

菜品受欢迎度指数分析，代表菜品在同类菜品中是否受客人欢迎，首先用菜品销售百分比可以算出某种菜品的选取比例，计算公式为：

菜品销售百分比=某种菜品实际销售份数/同类菜品销售总份数×100%

在计算出一个时段(如一个月)内全部同类菜品销售量百分比后，将某个菜品的百分比与全部菜品平均销售量的百分比相除，计算出菜品受欢迎度。

菜品受欢迎度指数=某菜品销售量百分比/全部菜品销售量百分比

受欢迎度指数大于 1 的菜品属于客人点选率最高的菜品，小于 1 的菜品则为客人较少点选的菜品，等于 1 的菜品为平均点选率菜品。

例：餐厅某月白切鸡的销售份数为 200 份，同类菜品销售份数为 600 份，全部同类菜品销售百分比为 20%，做出白切鸡的受欢迎度指数分析。

200 份/600 份×100%=33.33%

33.33%/20%=1.67

白切鸡受欢迎度指数为 1.67，白切鸡属于受欢迎的畅销菜品。

3. 利润率指数分析

利润率表示某种菜品获得利润的程度，即这种菜的盈利能力，利润率指数的计算是将某种菜品的利润率除以同类菜品的平均利润率。

利润率指数=某种菜品利润率/同类菜品平均利润率

利润率指数大于 1 的菜品属于客人点选率较高的菜品，小于 1 的菜品则为客人较少点选的菜品，等于 1 的菜品为平均点选率菜品。

例：餐厅某月白切鸡的利润为 25%，同类菜品平均利润率为 22%，做出白切鸡的利润率指数分析。

白切鸡利润率指数=25%/20%=1.25

白切鸡利润率指数为 1.25，属于高利润菜品。

4. 综合分析

把受欢迎度指数和利润率指数两者综合，就可以得出四个象限，分别为受欢迎高利润、受欢迎低利润、不受欢迎高利润、不受欢迎低利润。餐厅可以针对这些菜品做出相应的选择。

受欢迎低利润(爆款引流菜)	受欢迎高利润(招牌菜)
不受欢迎低利润(淘汰菜品)	不受欢迎高利润(名贵菜)

(1) 受欢迎高利润(招牌菜)：招牌菜是餐厅的招牌菜品，很多客人会点选，利润率高，是餐厅的主要盈利来源，在菜单中应予以保留。

(2) 受欢迎低利润(爆款引流菜)：爆款引流菜是以低价吸引客人进店用餐的，菜品利润低，甚至有可能是补贴成本，因此这类菜在菜单中不宜过多，太多了则餐厅无法盈利。

(3) 不受欢迎高利润(名贵菜)：名贵菜，一般客人不会点选，由于其档次高、利润高，少量客人会点选，会给餐厅带来较多的利润，所以在菜单中也要保留一定比例的名贵菜。

(4) 不受欢迎低利润(淘汰菜品)：这类菜品，由于点选的人数较少，利润率又低，就要考虑从菜单中剔除，以减轻餐厅的库存。

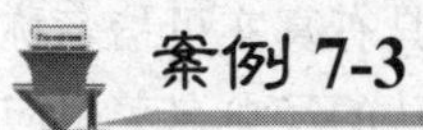

案例 7-3

“郭家大院”餐厅的菜单改革

郭家大院餐厅在第一次菜单改革时，发现菜单中的菜有 205 道，很多菜几乎没有被客人点过，于是把几十道点单率非常低的菜从菜单中剔除了，将菜单减到 120 道菜。这时候客人对减少的菜几乎没有感觉，因为减掉的这些菜，很多顾客平时也“看不见”。郭家大院的生意照样红火，库存压力也少了很多。

餐厅看到减菜单有效果，不久之后，就开始了第二次减菜单，这次菜单中只选毛利高、操作简单的菜留下，对于一些毛利不高、制作比较复杂的菜，即使点菜率不错、顾客喜欢，也减掉了。没多久，餐厅就有客人来点牛蛙这道菜，由于菜单中这个品类减去了，客人最终拍桌而起，拂袖而去。同时，网上对郭家大院餐厅的负面评价也开始多了起来，价格又贵、服务又差的评论开始多了起来，生意也没有以前好了。

(资料来源：http://www.sohu.com/a/141378934_333048)

【思考题】为什么郭家大院餐厅第一次减菜很成功，第二次减菜却不成功呢？

【分析】因为从消费者的角度来说，菜品越多，选择起来就越困难，用餐时间就越长，翻台率就越低，体验感就会越差，就越难记住此餐厅，二次消费的概率就越低。一份“做减法”后的好菜单，可以引导更多顾客尝试不同的消费，通过味道、图片的吸引，能够让其中一部分客人成为回头客，从而增加客单价，以更快速地让餐厅形成品牌效应。但在做任何减菜单和菜品优化、定位的时候，千万不能忘掉以客户为中心。在减菜单的情况下，品类越全越好。不能让顾客在点菜时，发现自己想点的品类根本没有，顾客会觉得这家餐厅的菜少、没什么可吃的。

三、中餐固定菜单的设计与制作

菜单是连接餐厅与消费者的纽带和桥梁，菜单设计与制作得好坏，直接影响着餐厅向消费者传递的信息是否到位，从而影响到点单速度和翻台率等重要因素，所以任何一家餐厅都应当重视菜单的设计和制作。

(一)中餐固定菜单的内容

一份完整的中餐固定菜单应包括菜品名称与价格、菜品介绍和其他信息三部分内容。

1. 菜品名称与价格

客户在餐厅中消费，对于未食用过的菜品，他们往往通过菜品名称与价格综合考虑后来决定是否购买。客户对某一餐厅是否满意，在很大程度上取决于阅读菜单后对产品产生的期望值。

(1) 菜品名称应真实可信。

一个好的菜名，应该真实可信。客户对一些具有离奇菜名的菜、不熟悉或名不符实的菜的接受程度较低，不会轻易尝试。一般来讲，可以看出用料和做法，具有真实可信名称的菜式，如芥蓝炒牛肉、茶树菇炖鸡等，客户较愿意尝试。一些世代流传的经典名菜也应当继续沿用，如闽菜中的“佛跳墙”、徽菜中的“李鸿章杂烩”、粤菜中的“发财好事”等，但需要在菜单中配有辅助说明。

(2) 菜品质量应符合标准。

菜品质量与规格要与菜单一致，如菜单中写“白灼九节虾”，就不可以用基围虾这一品种代替；菜单上写的是例汤适合 3～4 人饮用，就不能 3 个人一人一碗都不够。菜品必须按质按量符合菜单标准。

(3) 菜品收费应明码标价。

菜单上应明码标价，如有变动，要在菜单上立即做出相应处理。另外，部分餐厅加收服务费等费用的，也应该在菜单中明确标明。

(4) 外文名称应准确无误。

涉外餐厅和高档餐厅的菜单应该配有中英文名称，英文名称必须准确无误，如“四喜丸子”绝不能按字面意思翻译为“Four happiness balls”，这会让外国人摸不着头脑，也会让餐厅形象大打折扣，“四喜丸子”应该翻译为“Braised pork balls in gravy”。

2. 菜品介绍

菜单应该对菜品有文字描述，文字描述可以帮助顾客熟悉菜品、减少点菜时间，更好地促销菜品。菜品介绍的内容包括以下方面。

(1) 菜品配料。

有些菜品配料需要在菜品中注明，如北京烤鸭中需要注明配料甜面酱、大葱丝、黄瓜丝、饼。另外，一些传统特色菜名，应说明其主料、辅料的确切名称。

(2) 菜品烹调与服务方法。

对于采用特别的烹调方法与服务方法的菜品应该特别说明。

(3) 菜品的分量。

中餐菜品的分量为例牌、中牌(例牌的 1.5 倍)和大牌(例牌的 2 倍)不同规格，或标明重量，如桂花鱼(1kg/条)、牛仔骨(250g)等。

(4) 菜品烹调等候时间。

部分菜品的烹调时间较长，需要在菜品中标明等候时间，以免等待时间过长，引起客户投诉。

(5) 重点促销的菜品。

在菜单的关键位置重点促销招牌菜、名贵菜，以及原料不能久存、必须立即推销的菜。

3. 其他信息

菜单的其他信息应该包括餐厅的名字、风味特色、地址电话及商标、餐厅的营业时间、其他加收的费用及历史沿革等。

(二)中餐固定菜单的排版

菜单的排版在菜品排列上要荤素搭配、冷热分开，间隔排序。例如，菜单上一页设计三个菜的话，第一个是炒菜，其余两个可以是炖菜或者冷菜，这样可以加快客户点菜速度。菜单需要突出利润高、售价低的单品，在拉低客单价的同时保证高利润。

另外，虽然还是按传统把冷菜安排在前面，但不是将传统的冷、热菜分开，而是把各品类插花排版。有数据表明，在菜单里面添加照片能提高30%的销售额。照片越生动形象，颜色越逼真，就越能刺激人的感官。当然，图片太多也会降低顾客对图片的感知度，所以要注意把控菜品图片的量。

以下是一些菜单排版的原则。

1. 重视黄金地带

招牌菜、出品快的菜和爆款引流菜，放在黄金地带进行重点促销。这些菜结合在一起，能提升客户流量、保证口碑。爆款引流菜让顾客觉得用餐划算，出品快的能提高翻台率，招牌菜能提高店面的利润率。

单页菜单的黄金地带为菜单中线上半部分；双页菜单(对折式菜单)的黄金地带为菜单展开后上面和右面 3/4 部分构成的三角形区域；三页菜单(三折式菜单)的黄金地带为菜单正中部分。人们翻开三页式菜单，首先会注意其正中间位置，然后移到右上角，接着移向左上角，再到左下角，之后又回到正中，接着到右下角，最后回到正中和中上方；多页菜单的第一页和最后一页是重点促销区域。

2. 辅助标志清晰

在菜单的布局中，纯文字菜单在部分菜品名的后面标有红色的大拇指(受欢迎菜)、星星(特色菜)、辣椒(辣度)等显眼的标记。这样一来，无形中引导了顾客的消费，也可以减少消费者选菜的时间，间接地提升了餐厅的运转效率，还能向消费者推销餐厅里利润较高的特色菜。

3. 弱化价格标志

菜单上的价格不要过于显眼，尽量避免出现货币符号，价格的字号大小不要超过菜品名称的字号，避免喧宾夺主；表现价格时尽量不用太跳跃、太显眼的色系；价格尽量不以“高——低”或者 “低——高”的顺序排列，太有秩序的排列，容易让部分食客只挑选便宜的菜品，尽量将价格打散排列。

4. 菜品描述清晰

一篇好的菜品描述文字，能很好地替服务员节省解释菜品的时间，还能增加客人点单的乐趣。菜单文案的撰写既要简明扼要，又要符合餐厅基调，还能生动有趣地让客人对菜品有基本的了解。

(三)中餐固定菜单的具体制作

1. 制作材料的选择

根据菜单形式和使用方式的不同，制作菜单的材料也应该有所不同。目前许多餐厅里使用的一次性菜单，可以选择克数比较低和便宜的纸张，但印刷必须精良。中高档餐厅里需要长期使用的菜单，应当优先选择克数高、质地上乘的厚实纸张，同时需要考虑是否在长期使用中耐污渍、耐磨及防破损。

2. 规格和篇幅的确定

菜单的规格要与餐厅面积、餐桌大小相协调，同时菜单需要方便客人使用，尺寸以30cm×40cm为宜。菜单在印刷中应适当留有空白区域，方便客人阅读。

3. 封面与封底的设计

菜单封面与封底可以采用与菜单内部环境相协调的颜色，还可以有选择性地刊载餐厅名字、地址、电话以及优惠活动等相关信息。

4. 字体与字形的选择

菜单的字体与字形应与餐厅整体匹配，要与餐巾纸、餐垫、餐桌广告等字体一致，更要让客人容易识别。一般使用仿宋体、黑体等字体，为了方便客人阅读，采用二号或三号字体。

5. 菜品照片的运用

菜品照片形象逼真，能加快客户点菜速度，是推销菜肴的有效工具。餐厅应将部分招牌菜、爆款引流菜及名贵菜的照片印刷在菜单的黄金地带。

案例 7-4

杨记兴臭鳜鱼的菜单调整

杨记兴臭鳜鱼的第一家店一共有 200 多道菜，但生意一直不见起色，客户表示菜品太多了，经常挑花了眼，不知道吃什么好。

在进行了大量的用户调查后，杨记兴臭鳜鱼总共经历了五次菜单调整，减到现在的 38 道。为此，他们还总结了一个菜单和销售额的比例，菜单金额总和与餐厅日流水总额的比例为 1∶20～1∶30。

经过五次菜单调整，杨记兴的整个菜单围绕三大特色(三种臭鳜鱼的做法)、四大招牌、十二大必点组成了一个清晰的产品序列，即使第一次光临的顾客也不会因为点什么而发愁。

杨记兴在菜单上做了第五次减法之后，营收上涨了 15%左右，毛利润也提升到了 70%，因为这样做能够把不方便标准化、不方便保存、不方便对接供应链的产品剔除，减轻了产品线和厨房的负担(采购、物流、存储、备料、人工等成本)，增加出品速度。

此外，食材更新鲜，菜品的稳定性更强，顾客点菜的目的更明确，体验感变强。

(资料来源：https://www.sohu.com/a/270191353_100237741)

【思考题】杨记兴臭鳜鱼为什么要进行菜单调整？

【分析】菜单调整对餐饮企业来说，毛利和单店营业额得以提升。对顾客来说，可挑选菜品的余地减小也刚好贴合了消费升级时代下人们的心理诉求。

四、中餐变动菜单筹划

变动菜单是餐饮企业为满足社会团体、企事业单位或个人消费者的特殊需求，如会议接待、节日活动或宴会等，为其制定的、菜单内容与价格根据业务变化而调整的菜单。餐饮企业在筹划菜单时，需要按以下步骤执行。

(一)计算餐饮产品的销售单价

餐饮企业根据客人选择的变动菜单上的菜品计算销售价格，理论上，包场时因餐位周转率较低，同等菜价应该高于正常零点菜单。但实际操作中，由于大型活动的变动菜单中可以向客人推销高利润菜品及滞销菜品，餐饮企业反而可以向客人打一定的折扣。

(二)确定消费者人数

活动前需要客人先确认预订人数，以及做好实际预订数的保底。如就餐人数少于实际预订保底数，仍需要按实际预订保底数结算；如就餐人数略多于预订数，仍按预订时实际人数收费；就餐人数超额太多时，超额部分正常收费。例如，客人预订 20 桌(200 人)会议宴会，保底 18 桌(180 人)。如客人当天仅到达 170 人，仍需要按保底 18 桌(180 人)结算；如客人当天到达 210 人，仍按原定 20 桌结算；如客人当天到达 250 人，超出的 50 人需要另行收费。

(三)确定人均消费额

需要与客人确定一次餐饮消费中，每位参加活动的就餐者平均消费多少数量的食品和饮品，以免食物分量不足或造成浪费。

(四)确定场地租赁费用

一般而言，到餐厅就餐已经包括了场地租赁费用。如客人有其他需求，要租用其他活动场地及器材的，需要另附场地租赁费用。

(五)确定其他费用

其他费用包括餐具损耗、运输费用、其他不可预测的费用等。

最后，通过以上几个步骤，综合计算出中餐变动菜单价格费用。

案例 7-5

菜单排版的“秘密”

小李生日那天，请人聚餐。朋友们都坐定之后，服务员拿出菜单开始点餐。按照惯例，在座的几个人互相谦让了一番，最后还是由他本人决定点哪些菜。

小李打开菜单，看到第一页，差点没把眼珠子吓得掉在地上：一只至尊龙虾 999 元、一盘清蒸生蚝就要 600 多元钱。

小李心里一阵慌张，但是仍旧非常淡定地翻到第二页。看到第二页，他才算真正淡定了，后面的菜虽然也不便宜，但是合理多了，均价为100～200元。

于是小李喜笑颜开地从第二页开始点，并且很大方地说：大家随便点，别嫌贵，随便点。

(资料来源：https://mp.weixin.qq.com)

【思考题】为什么菜单上第一页的菜价会这么贵？

【分析】中国人说的“先入为主”，人们做一个决定时，大脑会对第一个进入的信息特别重视，这个第一信息就像船的锚一样，把我们的思维固定在某处。

比如小李请客吃饭时，第一页的高价菜就是固定的“锚”，将他的心理价格固定在那个价位水平，那么当他翻到第二页时看到不是那么贵的菜，顿时会感觉“便宜”，从而更加爽快地点菜。这也是菜单定价时常用的一种营销手段：定一组“天价”菜式，然后提供一组“便宜”菜式或者给出大的折扣，将会大大促进销量。

第四节 西餐菜单设计

一、西餐菜单设计需考虑的因素

在西餐菜单设计中，筹划的原则和部分设计方法与中餐菜单设计是一样的，但西餐菜单设计还需要考虑下列内容。

(一)餐厅类型

在西餐菜单设计中，首先要考虑的是餐厅的类型，不同的餐厅类型提供的菜单的品种有很大的不同，下面列出了常见的几种不同的餐厅类型。

1. 休闲快餐厅

休闲快餐厅的定位介于快餐厅与休闲餐饮餐厅之间，并不为客人提供全部桌边服务。它的食物质量比普通快餐厅要好，性价比较高。以昔客堡餐厅为例，菜单中的品种不太多，只包含经典的汉堡、热狗、经典扭纹薯条、手工啤酒、葡萄酒等。

2. 休闲西餐厅

休闲西餐厅是为客人在休闲氛围中提供中低档价格餐饮产品的西餐厅，除了自助餐厅以外，休闲西餐厅为就餐客人提供桌边服务。它通常为客人提供一个独立的小酒吧，内有各式各样的啤酒以及几款葡萄酒。以提供意大利菜的萨莉亚餐厅为例，它提供多款焗饭、意大利面、海鲜、扒类、甜品，并有多款的啤酒、饮料及几款葡萄酒。

3. 正餐西餐厅

正餐西餐厅是一家全服务餐厅，有着多种多样的高质量美食、丰富的葡萄酒及优质服务。一般而言，正餐餐厅需要预约，有一定的着装需求，全套的正餐菜单包括开胃小吃(Amuse

Bouche)、开胃菜(Starter)、汤(Soup)、鱼(Fish Course)、雪葩(Sorbet)、主菜(Main Course)、芝士(Cheese Course)、甜品(Dessert)以及小蛋糕(Petit Four)等。正餐西餐厅里会有零点菜单、主厨推荐套餐、工作日午餐套餐及可以尝试多款特色菜的试菜菜单(Tasting Menu)。另外，正餐西餐厅在点选菜单后，可以加一定价格为每一款菜式配搭一款葡萄酒或无酒精饮料，也可以请餐厅中的侍酒师(Sommelier)在酒单中推荐合适的酒水。

(二)食品与营养

营养膳食是现代人提倡的一大要点，欧美发达国家以肉类物质为主要能量来源，其特点是能量密集，富有油脂和糖类，缺少碳水化合物。健康饮食讲究蛋白质、维生素、碳水化合物、膳食纤维和水等营养素保持一个均衡的比例。营养素供给不足，会导致营养不良，出现多种营养缺乏症；营养素摄入过多，则会引起营养摄入过剩，这不仅加重了消化器官的负担，引起胃部疾病，同时也是肥胖病、心血管病与糖尿病的根源，不利于身体健康。

在西餐菜单的设计上，餐饮企业应当考虑增加低脂牛奶、坚果、新鲜蔬菜、新鲜水果、全麦面包等食材制作的菜品。在套餐搭配上，各类营养元素也应当有一个均衡的配比。

(三)餐饮企业的自身条件

1. 可获得的原料

西餐制作需要用到蔬菜、香料/调料、乳制品、肉制品、家畜肉、家禽肉、水产品、烹调用酒、意大利面条及水果等。如果餐饮企业较难获得新鲜水产品，则建议减少该类菜品数量。

2. 原料的特性和组合

西餐菜品的某些材料需要以组合形态出现。例如，在烹制奶油意大利面时，多数会用帕尔玛奶酪(Parmesan Cheese)这种意大利原产的硬质奶酪，如本地供应商并没有这款奶酪的供应，则奶油意大利面这一菜品，可以考虑不纳入菜单中。

3. 人力资源与设施设备

西餐菜品的制作需要人力资源与设施设备的支持，比起仅需要资金采购即可的设施与设备，人力资源的培训更是西餐企业的重中之重。如果厨师没有好的厨艺，就无法制作上等的菜品，更无法创新厨艺。以米其林星级餐厅为例，要成为独当一面的米其林主厨，必须从学徒开始，通过几年甚至十几年的不断学习和练习，才能有所成就。餐厅前台服务也是如此，一家法式西餐厅要为客人提供法式龙虾汤，但并没有招聘到能现场进行最后烹调的服务员，也就无法将这道菜肴完美地呈现给客人。另外，餐酒搭配服务也是一个重要的方面，一名好的侍酒师，可以为西餐厅提高 30%左右的利润，更能为客人点选的菜式锦上添花。

4. 食品预算

餐饮企业在购买食材上所花的成本，会严重影响菜品的品种及售卖价格。以牛排为例，一家采购新鲜牛扒的西餐企业和另一家有足够预算采购 28 天干式熟成牛扒的西餐企业，其菜品的品种及价格不可能相同。

二、西餐菜单设计的内容

(一)西餐零点菜单设计

西餐零点菜单是指所有餐厅可以提供的列出菜品，方便客人进行选择的菜单。在零点菜单的设计上，应从主菜开始设计，再设计汤和头盘，蔬菜和淀粉类，沙拉、甜品、面包及早餐品种。如果一家餐厅以果木炭烤扒类为招牌菜，就需要先设计主菜，如果木炭烤菲力牛扒、果木炭烤 T 骨牛扒、果木炭烤鸡扒等菜式，再根据营养均衡、菜式色彩配搭等方式设计其他菜式。

(二)西餐套餐菜单设计

西餐套餐菜单是指以固定价格提供固定几道菜的套餐菜单。工作日套餐一般设计成三道菜(头盘、主菜、甜品)配咖啡/茶的方式，价格应具有吸引力，除工作日套餐外，西餐厅还可以以循环套餐的模式设置周一到周日的每日套餐。

正餐餐厅的主厨推荐套餐会有 4～6 道菜不等的几个套餐，另外还有价格更高的多达 8～12 道菜的试菜菜单。

在西餐套餐菜单的设计中，应当注意食品项目不应该在套餐中重复出现。例如，主菜选择了鳕鱼扒，开胃菜就不应该选择烟熏三文鱼，可以选择鹅肝、蜗牛、生蚝之类的菜作为头盘。在套餐菜单的设计中，蔬菜、水果、肉类搭配合理，蛋白质、维生素、碳水化合物、膳食纤维等几大营养元素比例均衡。

文化：体现西餐文化，也能结合当地人文文化。

套餐中冷热菜要平衡，最好能一道冷菜一道热菜交替着上。套餐的价格要按照中等偏低消费水平设计，套餐内容要比单点便宜，以个人套餐为主，兼顾情侣及家庭需求。

(三)西餐酒单设计

西餐酒单因餐厅分类的不同而有很大的不同，普通快餐厅一般仅提供汽水、咖啡及茶等软饮料，较少提供含酒精饮料。而休闲快餐厅和休闲餐厅除了软饮料外，还提供啤酒及几款葡萄酒，菜单末尾会有 1～2 页酒水介绍。也有以酒水为主要销售内容的休闲快餐厅会制作酒水单，酒水单以各个国家的啤酒为主，也有烈酒和葡萄酒部分，如图 7-1 所示。

图 7-1　西餐酒单设计

正餐餐厅讲究餐酒搭配，客人先点菜，再点选酒水。在正餐餐厅中，餐酒单也称为葡萄酒单，它与菜单是分开的，餐酒单一般按白葡萄酒、桃红葡萄酒、红葡萄酒、加强葡萄酒、烈酒、软饮料等进行排列。每一款酒水必须写清楚品名、生产国家、产区、年份、品种、容量及价格等信息，如表 7-1 所示。

表 7-1　酒水信息

品　名	生产国家	产　区	年　份	品　种	容　量	价格(元)
拉菲城堡干红	法国	波尔多波亚克	2009	赤霞珠/梅洛	750mL	16800

三、西餐菜单设计的参考资料和评估

(一)西餐菜单设计参考资料

在西餐菜单设计中，需要用到以下参考资料。

1. 旧的菜单

西餐厅的菜单需要不断推陈出新，但新菜单需要参考旧的菜单的内容，删除不适合的菜式，增加流行的和创新的菜式。

2. 标准菜谱

菜单中的菜品需要参考标准菜谱，以核定每道菜品的成本。如炭烤 T 骨牛排或 T 骨牛排 300g，盐 4g，黑胡椒 8g，黄油 50g，橄榄油 30g，百里香 10g。

3. 烹饪书

菜单设计需要参考烹饪书，以确定每道菜的正确做法和用料。

4. 食品照片

漂亮的食品照片会促进食品销售。

5. 市场定位

了解餐厅的市场定位，才能确定目标市场的消费能力和菜式品种。

6. 消费者意见

菜单设计不能闭门造车，需要重视消费者意见，设计的菜式在市场上才能更有竞争力。

(二)西餐菜单评估

在制作出新的西餐菜单后，首先要在餐饮企业内部评估，针对新增加的菜式，要进行员工试制试吃，提出菜品的优点与缺点及餐酒搭配建议。其次要邀请熟客上门试吃，请他们给出相关意见，根据客户意见，做出菜品销售或调整的决策。

案例 7-6

餐厅桌椅不舒服，换菜单

A 餐厅试运营，请了第一批客户来试吃，之后收集反馈信息，客户的评价中规中矩。相比之下，椅子坐着不舒服的负面评价就显得很显眼，这让老板很苦恼，因为这些椅子是用原木材定做的，老板个人很是喜欢，难道要把这些椅子全部换掉？

老板回到家，想了整整一夜。第二天，他叫来了厨师长，把菜单换了，厨师长很不解。没有客户说菜不好吃呀，为什么不把椅子换掉，而要换菜单？但厨师长还是照做了，老板要求新菜单里的菜式，必须是其他店里没有的。厨师长绞尽脑汁，终于拿出了新创意，比如“石板人参虾”，滚烫的石板摆在客户面前，上面摆着红色的大虾，人参高汤浇下去，人参的香味与滚烫石板的“滋滋”声混合在一起，色香味各感官的一次集体盛宴。之后再收集反馈，再也没有客户抱怨椅子不好坐了。

(资料来源：https://mp.weixin.qq.com)

【思考题】为什么客户抱怨椅子坐着不舒服，老板反而要换菜单呢？

【分析】作为一家餐厅，核心问题是菜品是否美味，是否符合客户要求。在菜品美味的小店里，即使客人们是坐着塑料小凳子用餐，也没有人抱怨椅子不舒服。所以老板换了新的菜单后，椅子坐着不舒服的事也就没有人抱怨了。

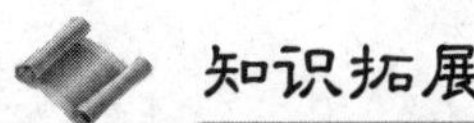

知识拓展

怎样设计一张好的西餐葡萄酒单

1. 合理的加价

餐厅里的酒卖得比零售的贵，多数人都是可以理解的，然而加价到零售价的三五倍以上，那就另当别论了。若是将酒的价格定得太高，同时又无法提供相称的优良服务或者舒适的饮酒体验来使顾客觉得这钱花得值，客人最后有可能干脆放弃点酒。

如果客人了解酒单上的酒，并且知道它大概的价格，便能通过价格比较来判断出这家餐厅究竟有没有诚意让你愉快地喝酒。如果能看到餐厅的诚意，客人都会乐意选择一款稍贵的好酒，或是尝试一下从未饮用过的餐厅特色酒。

2. 提供按杯售卖的葡萄酒

喝葡萄酒的人有的是和客户谈生意的、和家人朋友聚会的、和男女朋友约会的……还有吗？当然是有的，有的单身贵族说：“我就是想静静地喝杯酒，我希望在安静而整洁的环境里享用精致的菜肴，小酌一杯好酒，美美地离去。”

3. 餐酒相配才是硬道理

罗列着各种名酒的酒单可以使餐厅显得高大上，但不一定会得到客人的赞赏。葡萄酒只有与恰当的美食相配，才能体现其在餐厅的价值。常见的例子如烧烤店里可以提供风味浓郁、单宁强劲且充满香料气息的加州(California)赤霞珠(Cabernet Sauvignon)，泰式小吃餐厅可以着重推荐几款气泡充沛、酸甜宜人的阿斯蒂(Asti)，精致的海鲜餐厅则不能少了夏布利(Chablis)的霞多丽(Chardonnay)。反之，在主打新鲜与自然的高级日式餐厅里，酒单若是清一色的年份波特(Vintage Port)，即使这些酒的价格非常贴合餐厅的档次，大部分客人也不会选择喝酒，而是选择喝茶。

除此之外，当地菜配当地酒也不失为稳妥之策。各地的人在生活中摸索出来的搭配方式虽然不一定符合每个人的口味，但总归不会产生不和谐的感觉。

4. 丰富的选择

单一产区的单一酒款喝多了总是无趣的，菜品风格多样的餐厅可以尽量丰富酒款的种类，而即使是食物种类单一的餐厅，也能够通过提供可替代的酒款来增加酒的多样性。熟悉的感觉中带着些许新鲜感，常常会使乐意去追求新花样的人们感觉到一丝欣喜。

5. 提供配餐建议

即使是对葡萄酒行家来说，酒单上的配餐建议也是非常实用的，在菜品和酒款种类丰富的餐厅尤为如此。侍酒师精心设计的搭配可以为客人省去许多时间，还能使客人感受到餐厅在葡萄酒方面的专业性，从而更加放心地挑选好酒。

总体来说，餐厅的酒单不一定要有名酒加持，不一定要紧跟潮流。让葡萄酒与餐厅的美食相配，让葡萄酒升华餐厅的气氛，让客人体验到饮酒的快乐，这或许才是理想的酒单应达到的效果。

(资料来源：http://www.wine-world.com/culture/gb/20171102150840988)

本章小结

本章简略地介绍了中西餐菜单及其固定菜单、变动菜单的设计方法，阐明了菜单的概念、作用和特点。其中，中餐固定菜单及西餐固定菜单的设计方法是本章学习中应重点掌握的内容。

习　题

一、单项选择题

1. 西餐工作日套餐一般设计成(　　)配咖啡/茶的方式。

A. 2 道菜　　B. 3 道菜　　C. 4 道菜　　D. 5 道菜

2. 菜单是沟通餐饮企业与(　　)的桥梁。

A. 供货商　　B. 消费者　　C. 员工　　D. 其他餐饮企业

3. 一家餐厅聘请的主厨的工作经历以制作低档粤菜为主，对于其他菜系的菜品及高档菜没有相关的经验。那么，在实际菜单设计中，就要以(　　)为主。

A. 高档粤菜　　B. 高档鲁菜　　C. 低档粤菜　　D. 低档湘菜

4. (　　)一般会提供菜单及餐酒单点菜。

A. 休闲快餐厅　　B. 休闲西餐厅　　C. 正餐西餐厅　　D. 快餐厅

二、多项选择题

1. 固定菜单的作用是，有利于(　　)。
   A. 餐厅控制成本　　B. 控制原料采购与储存
   C. 餐厅设备的选购与使用　　D. 劳动力的安排和设备的充分利用
2. 西餐菜单设计中需要用到以下的参考资料，包括(　　)。
   A. 中餐菜单　　B. 旧的菜单　　C. 标准菜谱　　D. 烹饪书
3. 豪华餐厅的餐点多为(　　)。
   A. 做工简单的　　B. 做工繁复的
   C. 低价位的　　D. 高价位的
4. 把受欢迎度指数和利润率指数两者综合，就可以得出四个象限，分别为(　　)。
   A. 受欢迎　高利润　　B. 受欢迎　低利润
   C. 不受欢迎　高利润　　D. 不受欢迎　低利润

三、简答题

1. 菜肴销售状况的定量分析包括哪几方面的内容？
2. 菜单排版有什么原则？

四、论述题

结合实际，谈谈应该如何设计中餐固定菜单。

五、案例分析题

35 岁的小黄曾是一家连锁酒店的厨师，去年 5 月份，他在重庆某商业街开了属于自己的第一家烤肉店。因为对菜单一窍不通，完全是凭着自己的想象进行菜单的设计，所以菜单的分类比较混乱，加之没有图片，导致用户体验不佳，烤肉店的营业额也一直提不上去。餐厅开了一年多，菜单虽然调整了好多遍，但是营业额还是不见涨。

(资料来源：https://mp.weixin.qq.com)

问题：

(1)　为什么小黄的餐厅营业额上不去？

(2)　他应该如何设计餐厅菜单？

扫一扫，习题答案

创新拓展篇

第八章

餐饮业的发展趋势

【学习目标】

通过本章的学习，了解餐饮消费者的类型以及发展趋势，从而可以了解餐饮行业的发展趋势。

【关键词】

餐饮消费者的类型以及发展趋势　餐饮业的发展趋势

引导案例

对不同餐厅的选择引发的思考

2019年12月31日晚，小丽与几位好友相约外出游玩，但是当到了吃晚餐的时候，几个人因各自想去的餐厅不同而出现了小分歧。小丽性子较急，平时不爱去那些需要大排长龙的网红店凑热闹，觉得浪费时间，更不用说跨年这个时间段了，生怕耽误了后面的行程。"要不我们就去前面那家煲仔饭吧，我去过好几次了，上菜速度快，饭菜也好吃。"但是同行的红红和其他两位朋友是拍照打卡的狂热爱好者，无论去哪里，环境与菜品的外观都要足够吸引人，"可是今天是跨年呀，我们是不是应该找家漂亮的餐厅才比较有意义呢？"她们提出了反对的声音。"我们还是去海底捞吧，那里的服务好、菜品又不错，毕竟名气摆在那儿。"本来在一旁默不作声的小兰说道。

从这个案例中可以看出，上述的每个人都是独立的消费个体，每个人对于餐厅的选择都有自己不同的观点。对于餐厅来说，有3种完全不同的消费者类型。从本章节中可以对不同的消费者类型进行了解。

第一节　餐饮消费者的类型

一、餐饮消费者的消费动机

每个人都是餐饮消费者，对于不同的餐厅都会有自己不同的选择，而这种选择往往是受一定的动机所支配的。如单位同事聚餐，打算去吃火锅，可能有一部分人会选择评价优秀、名气较大的海底捞、小龙坎等，而也会有一部分人会选择在单位附近的普通火锅店，因为比较实惠。引起消费者不同的消费选择的原因是餐饮消费者的消费动机不同。

动机是指引起和维持个体活动，使其活动朝向某一目标的心理过程或内部动力。消费动机是指直接引发、维持个体消费行为，并将行为导向消费目标的心理动力。餐饮消费者的消费动机主要包括满足基本需要的消费动机和满足精神愉悦的消费动机两大类型。

(一)满足基本需要的餐饮消费动机

满足基本需要的餐饮消费动机，也称为基于生理性的消费动机。衣、食、住、行是我们的原始欲望，也可以说是我们的生理需要。按照马斯洛需求层次理论，生理需求处在最底层，在生理性消费动机支配下的餐饮消费行为往往比较稳定，具有重复性、经常性等特点。例如，上班族在工作日一般会选择自己熟悉，性价比高的饭店、食堂或外卖去用午餐。

满足基本需要的餐饮消费动机往往与消费者的收入水平及消费结构有直接的关系。在收入水平较低时，消费者在餐饮的选择上注重食品和服务的实际效果。当消费水平逐渐提高时，在餐饮选择上则会更注重卫生条件、服务态度、内部设施与菜点质量。由此可见，生理性消费动机只是餐饮消费动机体系中的一部分。

(二)满足精神愉悦的餐饮消费动机

满足精神愉悦的餐饮消费动机，也称为心理性消费动机，是指由消费者的各种复杂的心理活动所带来的动机。现在让人头疼的事之一就是“早上吃啥？中午吃啥？晚上又吃啥？”这种心理活动的结果，往往会成为决定顾客消费什么、在哪里消费、什么时候消费等重要因素。

随着社会经济的发展，人们群众生活水平的日益提高，与满足基本需要的餐饮消费动机相比，心理性消费动机在餐饮消费中所起的作用有逐渐占据主导地位的趋势。这种心理动机又分为以下几种类型。

1. 感情消费动机

感情消费动机是指由餐饮消费者的情绪和情感变化引起的心理性消费动机，包括情绪动机和情感动机。由餐饮消费者的喜、怒、哀、乐、惧、奇等情绪触发的动机是情绪动机。情感上的消费动机是由餐饮消费者的道德感、理智感和美感等人类高级情感触发的心理性消费动机。如为远道而来的朋友接风洗尘设宴，为家人庆贺生日、举行婚礼或弥月设宴，为新年合家团聚设宴等。

由情绪动机引起的消费行为往往带有冲动性，即不稳定性。它会随着餐饮消费者情绪的变化而变化，多表现在青年消费者身上。

餐饮消费者的喜、怒、哀、乐等情绪往往影响着他们的消费行为。特别是在消费环境的刺激下，餐饮消费者可以在一瞬间就做出消费某菜点或放弃某菜点的决定。掌握了餐饮消费者的情绪动机，能为服务员充分施展自己的推销才能提供用武之地。如在餐厅服务中，看到客人聚餐正在兴头上，服务员就应体会到顾客“他乡遇故知”或“酒逢知己千杯少”的欣喜之情，适时主动地询问是否还须添酒加菜。这样，既可以触发顾客的情绪动机，又可以使顾客产生受到服务员关照的良好心理感受。同样，在餐厅服务中，当发现客人情绪低落、胃口不好时，服务员就应体会到“莫劝忧人多进食”的道理，主动为其提供一些易消化的方便软食，并多加以关心和安慰。

由情感动机引起的消费行为，则具有相对的稳定性和深刻性，它往往反映出餐饮消费者的精神面貌。

2. 理智消费动机

理智消费动机建立在餐饮消费者对饭店服务工作的客观认识的基础之上，经过分析、比较之后而产生的一种消费动机。在这种动机支配下的消费行为具有客观性、周密性和控制性的特点。理智消费动机和感情消费动机的区别在于，前者往往是由物质因素引起的，后者是由精神因素引起的。

这种动机影响下的餐饮消费者在这方面往往比较理智，一般比较注重菜点或服务的实际效用，即需要什么就消费什么，不易受到外界因素的影响而临时扩大自己的餐饮消费支出。他们要求饭店的服务收费标准适宜，服务态度热情周到，消费环境洁净优雅。通常性格稳重、具有一定文化修养、深谋远虑的消费者，多具有此类消费动机。如果顾客是想来吃海鲜的，那么他就会特别注意饭店所提供的海鲜质量、品种以及加工服务。当然，消费也不能超出顾客的预算之内。

3. 信任消费动机

信任消费动机是餐饮消费者在以往消费经验的基础上，对某一饭店或某一菜品产生了特殊的信赖和偏好心理，从而习惯性地去重复消费的一种消费动机。如果餐饮企业具备良好的信誉、优质的服务、公平的价格和便利的地理位置等因素，餐饮消费者就会在以往消费经验的基础上，对这一企业形成一种信任感，从而引发信任动机，成为企业的忠实顾客。如著名的海底捞火锅企业之所以能获得这么多好评，靠的就是好的地理环境、非常优质的服务来赢得消费者的信任，从而越做越大。

具有这种动机的餐饮消费者是饭店可靠的支持者。他们不仅自己经常去消费，而且会在其他顾客中起宣传、影响作用。即使企业在服务工作中一时出现某些失误，他们也能给予充分谅解。所以，作为餐饮企业，能否在消费者中广泛激起信任动机，是经营成败的关键。为此，每个饭店在服务过程中，都应十分重视研究本企业在市场中的地位和经营上的努力方向，不断创造自己的服务特色，以保存区别于其他企业的独到之处。

二、餐饮消费者的需求类型

对于餐饮商家来说，如果判断出顾客的需求类型并且提供相对应的服务，那么商家就离成功不远了。

(一)追求速度型消费者

追求速度型的消费者，大都时间观念强，比较害怕排队或者反感餐厅不讲效率。因此，服务员要处处以方便顾客为宗旨，为其提供便利、快捷、高效的服务，这类型的客户多以上班族白领为主。

在生活节奏越来越快的今天，很多工作繁忙的人在用工作午餐、晚餐的时候，希望在接受服务时能方便、迅速、快捷，而且饭菜的质量上也不能太差。所以，对于追求速度型的消费者来说，外卖快餐厅和快时尚餐厅是个很好的选择。

为了更好地服务于这类型的消费者，要求餐厅在网点建设、服务方式上，更好地遵循便利顾客的原则。同时，餐厅对于这种类型的消费者而言更是一种很好的社交场所。这类型的消费者除了要求营养均衡外，也会更多地选择肉类或海鲜，有些追求速度同时要求健康的女性消费者也会选择沙拉类的素食。

(二)注重优惠型消费者

注重优惠型消费者一般具有“精打细算”的节俭心理。这种类型的客户的消费理念为精打细算、量入为出、追求最佳性价比，一般为家庭主妇及退休人员。他们比较注重菜肴和服务收费的价格，对质量不过分苛求，达到物有所值的效果即可。虽然这种类型的消费者不愿意多在食物上花钱，但不代表着他们不喜欢外出就餐。注重优惠型的消费者会花更

多精力来寻找有优惠的餐厅，一般以光顾社区中餐厅为主。

注重优惠型的消费者相当重视食品性价比，不太注重分享或新品尝试。在选择菜品时价格是第一位的，菜品分量少一些也不太计较。如果餐饮企业需要吸引这类消费者到店消费，可以使用优惠卡(如凭卡免茶水费、主食五折、菜品八折等)、多次套票(如自助餐原价188 元，10 次套票 999 元)及消费满一定限额就以赠送消费券等方式来吸引客户。

(三)重视享受型消费者

重视享受型消费者较为注重餐厅的环境及服务档次，而对价格不太关心。这种类型的顾客一般具有一定的社会地位或经济实力，对社交体验兴趣浓厚，他们往往追求品质先行，注重个性体验和卓越服务，愿意花钱享受，此类型消费者以餐饮爱好者和富裕的社交达人为主。他们是高星级酒店、著名食府和米其林星级餐厅的主要消费群体。

重视享受型消费者通过消费以显示自己的地位或经济实力，为满足享受型消费者的需求，餐厅不仅要提供高水平的设备和高质量的菜肴，还要提供全面优质的服务。如米其林餐厅在中国几大城市分别评定出多家星级米其林餐厅，一时间这些餐厅门庭若市，众多重视享受型消费者纷纷到店用餐。

(四)追求新鲜型消费者

追求新鲜型消费者对新鲜事物非常感兴趣，这一群体以二十多岁的年轻人为主，虽然他们的收入不算太高，但关注时尚潮流，注重餐饮菜品或服务的新颖、刺激，往往对于价格的高低并不特别在乎。所谓新鲜感，意思是创造的东西与消费者的认知和期望之间的差值。这个差值越大，意味着给消费者带去的新鲜感越强。例如，近两年流行的喜茶所打造的茶饮创新产品，与原来人们心目中对茶的认知的差值，就是一杯喜茶能带给消费者的新鲜感。又如，在网络上火起来的“泡面小食堂”或者是“摔碗酒”等新鲜型餐饮消费，与原有消费者的认知有一定的差值。虽然年轻人是新鲜型消费者的主要人群，但实际上追求新鲜感是中国消费者的共同现象。

对于这种类型的顾客，新奇的餐厅菜点、标新立异的餐厅服务、与众不同的菜品等都是吸引他们的因素。对于餐厅而言，要吸引追求新鲜型的消费者，需要迎合他们的求变、求新、求奇的消费心理，菜品上追求创新，在服务上力求与众不同，在装修风格和门店标志上也要求有所变化。

(五)注重健康型消费者

如今很多中国人吃得到、也买得起的种类极丰富的食品，但随之而来的是，中国近 30%的成年人超重，约 6%的成年人肥胖。于是，出现了一批注重健康型的餐饮消费者，他们希望通过食物的营养达到食疗保健的目的，对于菜品的口味及服务不太在意。中国消费者对健康生活的理解与西方人的观点有很大不同。西方人强调高强度健身，辅以高蛋白、低碳水化合物、低脂肪的饮食，而中国人历来注重身心兼修的和谐平衡。食物的价值体现在其特定属性上，如“热性”或“凉性”。

这类消费者热爱自然，偏爱天然产品，非常关心食品安全问题，他们尽可能购买天然和有机食品。在日常餐饮选择上，往往会选择市面上标榜健康无污染的绿色食品；如果他们在甜品包装上看到低糖字眼，他们就不会选择有甜味剂的食品。他们“几乎从不”吃不健康的食物。

为了满足这类消费者的需求，餐厅应当适当开发一些营养搭配均衡的菜品，在服务上加大营养保健知识的普及力度，使健康服务从里做到外。

(六)追求名气型消费者

追求名气型消费者在消费时，非常注重企业信誉，会选择名气较大的餐厅，以求得良好的心理感受。他们要求商家能提供优质的服务以及风味独特的菜品，希望有一个清洁、完善、舒适、欢快的环境，以获得身心愉悦的感受。

案例 8-1

主打健康饮食的小型土菜馆，能杀出一片新天地吗

随着食品安全的曝光，越来越多的餐厅黑幕浮出水面，地沟油事件、苏丹红事件等，大部分消费者面对食品安全变得更加忧虑。一家小型的土菜馆如何能吸引消费者呢?

1. 健康菜品主打

农家土菜馆，主打的就是纯天然和健康。餐厅用油可以选择天然的植物菜籽油，新鲜蔬菜方面，可以联系当地的农户直接配送。鸡、鸭、鱼肉也可以从当地的农户手中收购，最主要的是，这些油和用料都可以让顾客看到。让顾客相信所有原材料是纯天然无公害的。菜品方面，可以只做农家菜和土菜，不用精美的盘子和摆盘，但是分量要足。对菜品进行前期宣传，菜品的定价可以比一般的餐厅贵，但是要给消费者这种印象：进店消费是物超所值的。

2. 小而美为理念

对于土菜馆而言，遵循“小而美”的原则。根据农家院的装修风格，把小餐厅变成农家院，可以挂上干辣椒和各种农产品，还可以让消费者自己体验择菜或者选食材的过程，让消费者也参与其中。

3. 微信营销

餐厅已经打造了健康和绿色的理念。那么可以借势进行宣传，在这个全民皆言健康的时代，这种餐厅更加有吸引力。在微信上联系几个营销号，在餐厅拍一下健康食材的视频，发布到微信上，让大众评论和转发。有了越来越高的曝光度和知名度后，到餐厅的消费者自然就会越来越多了。对于微信营销，一定要把握好舆论的方向，让大众认可你的营销理念，自然而然就有粉丝了。

4. 活动营销

土菜馆可以突出一个土字。商家联系周边的菜农，租一块地，邀请餐厅会员一起种菜、体验生活。大部分的 80 后和 90 后基本都没有实际种过菜，对于他们而言也是一种体验。

(资料来源：https://www.sohu.com/a/107518745_409230)

【思考题】主打绿色健康的土菜馆为什么可以发展得很好？

【分析】目前餐饮业客户中，出现了一批注重健康型的消费者，主打健康饮食的土菜馆正好符合这一消费群体的要求，因此可以获得较好的发展。

三、餐饮消费者的不同投诉动机

餐饮商家要仔细研究和揣摩消费者的消费欲望、消费动机和消费需求，才能更好地服务于顾客，为餐饮企业的经营打下良好基础。与此同时，如何及时处理餐饮消费者的投诉也非常重要，下面对不同餐饮消费者的投诉动机进行分析。

(一)希望求得尊重

俗话说“顾客就是上帝”，而餐饮消费者总会认为自己的意见是绝对正确的。当他对餐饮企业进行投诉活动时，往往是带着求尊重的心理，希望能够得到餐饮部门的重视，能够尊重他的意见并且向他表示歉意，并在第一时间内做出有效的处理措施。

求尊重是人的正常心理需要。在餐饮服务的过程中，消费者求尊重的心理一直十分明显，而在进行投诉活动时这种心理更加强烈。其总认为自己的意见是正确的，希望受到有关部门应有的重视，要求别人尊重他的意见，向他表示歉意，并立即采取行动，恰当地处理投诉。

(二)纯粹为了发泄

有些餐饮消费者可能在生活中遇到了一些不愉快的事情，心中的怒火无处消散，为了求得心理平衡，可能会因为餐厅某个细小错误而大发雷霆，以疯狂投诉来作为一种发泄的途径。但是，餐饮企业也不能因此作为借口而不好好处理，应该克服自身管理和服务上的缺陷，及时解决这类顾客的投诉。

(三)追求心理平衡

对于餐饮消费者来说，这种“求平衡”心理表现在两个方面：一方面，他们要通过来餐厅消费、放松，以舒缓日常生活中的压力(包括社会机制心理压力和日常工作压力)。另一方面，在餐饮消费中，他们也需要保持必要的心理平衡，借此获得社会的尊重，并体现自我的尊严或自己的社会地位。在日常生活中，大多数人感觉压力太大，而轻松的机会太少。因此，餐饮消费者一般希望能在餐饮消费过程中，能获得轻松、愉快的享受，借此来舒缓日常生活中的强大压力。

如今，大多数饭店提出了“宾至如归”的口号，但餐饮消费者不仅需要吃到美味悉的食品，更重要的是，他们在与饭店工作人员的交往中，希望真正获得一种“就像回到了自己家里”的感觉。

所以，餐饮商家要了解客人的心理，就要尽可能地弄清楚客人来餐厅消费，想得到的是什么，“怕”的又是什么。客人来到餐厅消费，就是希望摆脱日常生活中的精神紧张，并能从中获得在日常生活中所缺少的亲切感、自豪感和新鲜感。但是，客人往往又怕在付出代价之后，却不能如愿以偿，甚至在这种“日常生活之外的生活”中，又遇到新的麻烦，使自己遭受新的伤害。因此，饭店要赢得客人的满意，就要让他们在这里获得轻松愉快的经历，特别是要让他们在消费过程中经历轻松愉快的人际交往。

案例 8-2

少上了一道菜的婚宴

陈女士的儿子在某酒店举办婚宴，所以陈女士提前一星期向酒店方预订了 31 桌酒席，并预付了 2 万元的订金。但是在举办婚宴的当天，酒店方却少上了一道菜。破坏了美好的寓意，陈女士找到经理发起火来：“你们是怎么回事？为什么上的菜是单数啊？多不吉利呀!”满堂的欢笑声瞬间被打断，使人们的视线转移到满桌的菜肴上。该经理却称，由于酒店人手不够，一时疏忽才漏掉了一道菜。经理表示，现在补上这道菜已经来不及了，而且菜的原材料也没有，但会按照酒店规定将这道菜的价款全额退还给陈女士生。为了不影响喜宴的欢快氛围，陈女士就没有再纠缠。

在随后的结账过程中，陈女士认为酒店的做法不仅违反了双方的约定，而且严重破坏了她对菜单安排的美好寓意。于是，她要求酒店方不仅要退还所缺的菜款，还要退还 2 万元用餐费作为补偿。酒店方表示不能接受。陈女士很生气，便将酒店投诉到了当地的消费者协会。最终在消协的调解下，该酒店退还了陈女士所缺菜款 930 元，并按照该菜款的 3 倍补偿陈女士 2790 元，以及对陈女士造成的其他损失补偿 3500 元，共计 6290 元。

(资料来源：https://www.meadin.com/102370.html)

【思考题】婚宴属于什么类型的消费动机？这位餐厅经理一开始的处理方法有什么不妥？如果换作是你，会怎么做？

【分析】婚宴属于享受型的消费动机。这位餐厅经理应该一开始就做好工作安排，确保菜式上齐，如原料不齐，可以在征求客户意见后，为客户改换菜式。由于此次工作疏忽造成纰漏，可以根据相关规定对客户进行补偿。

第二节　餐饮消费者需求的发展趋势

一、我国不同时期餐饮消费的发展情况

1978—2018 年，改革开放的 40 年让我国的餐饮业发生了翻天覆地的变化。餐饮行业的全年销售收入从改革开放初期的 54.8 亿元上升到 4 万亿元，餐饮业服务网点从改革开放初期的不足 12 万户发展到 465.4 万户。经过 40 年改革开放的市场洗礼，中国餐饮业从基础薄弱行业逐步发展成为当前在扩内需、促消费、稳增长、惠民生等方面具有举足轻重作用的重要产业，并保持着旺盛的发展势头，对刺激消费需求、推动经济增长发挥了重要作用。

民以食为天，餐饮消费带来的变化是最显而易见的。从不同时代的收入情况中可以看出餐饮消费者类型的变化，可以看出发展趋势和规律。从物资匮乏到现如今美食外卖随时可送到手，从只求吃饱到现在的哪家餐厅特别吃哪家，从手持“粮票”排队就餐到手机支

付走天下。下面简单介绍我国不同时期餐饮消费的发展情况。

(一)改革开放前的餐饮消费情况

改革开放之前，我国物资相对比较匮乏，广大人民群众温饱问题尚未解决，有相当一部分人还处在半温饱的状态。在食材上，南方的大城市以籼米为主，每人每月能领到的量都是限定的，农村以红薯、红米为主。北方的大城市则以高粱、玉米为主，白面只有过节才能吃上。

在这个阶段，消费者心理是解决温饱，心理特征是节俭。人们主要在家里吃饭，除非有什么喜庆的日子和特别的事情，一般不会到饭店去吃饭，一般人一年难得下一次馆子。

(二)改革开放第一个十年餐饮消费情况

改革开放的第一个十年，我国基本解决了粮食短缺的问题，个体饭店、快餐业开始有所发展，人们的饮食结构发生变化，一日三餐日益丰盛。

1979 年邓小平同志指出："要搞多赚钱的东西，允许个体户开饭店、小卖部。"这大大刺激了餐饮业的发展。1980 年 9 月 30 日，改革开放后中国第一家个体饭馆——悦宾饭馆应运而生，饭馆开业当天，挤满了看热闹的街坊四邻。更有国外媒体报道了这个消息，慕名而来的使馆人员包桌预订，居然排到了第 68 天。

在改革开放的第一个十年，有些人开始"下馆子"了，虽然在改革开放初期，全国各地城乡主副食品都是凭票供应，加上酒楼、饭店大都归属公有饮食服务公司，多为国营单位，存在普遍的"吃饭难"现象。但随着经济体制改革的全面展开，国家把包括餐饮在内的服务业纳入国家经济发展战略，更于 1985 年取消了长达 30 多年的农产品统购派购制度，极大地激发了农民的生产积极性，丰富了城市居民的"米袋子""菜篮子"。城市居民的饮食结构也发生了变化，一日三餐，副食增多，主食减少，因此，这时基本家家户户的粮票都有节余。改革开放的第一个十年结束之际，第一家外资快餐厅肯德基在北京前门开业(1987 年)。

(三)改革开放第二个十年餐饮消费情况

改革开放的第二个十年，洋快餐快速进入中国，国内传统品牌完成改革升级。经过 20 年的发展，餐饮业的营业额比 1978 年增长了 50 倍。

1990 年 10 月 8 日，第一家麦当劳餐厅在深圳开业。自此，洋快餐加快了进入中国市场的步伐，这不仅带给我们饮食口味上的不同，还有饮食文化、管理模式、用餐观念等的改变。在洋快餐与各国美食进驻中国后，个体饭馆和一些老字号饭店都受到了不同程度的冲击。中国老字号餐馆不得不改良转型，在经营方式和管理模式上不断创新，才能恢复往日的风采，重新占据饮食业的一席之地。如明朝永乐十四年创业的便宜坊烤鸭店正是在这种冲击下完成了传统工艺的创新与连锁经营模式的转变，凭借着 600 年积淀的文化底蕴，将金字招牌推向一个全新水平。

(三)改革开放第三个十年餐饮消费情况

改革开放的第三个十年，随着对外开放的扩大、本土企业的加盟，促使餐饮产业竞争日益升级，竞争手段由价格转向品牌、竞争规模由单店转向集团、竞争范围由区域转向全国、竞争对象由国内转向国际。市场竞争的加剧、消费结构的变化，使人们的消费需求逐渐变化，主题餐厅、休闲餐厅等新型业态不断涌现，餐饮市场更加丰富多彩。

连锁经营已经成为餐饮产业扩展最快的经营模式。中国烹饪协会的统计显示，2004 年营业额在 1000 万元以上的连锁餐饮企业有 147 家，营业额达到 622.1 亿元，占餐饮业营业总额的 8.31%。另外，据 2004 年的餐饮百强数据显示，95%以上的企业都采用连锁经营的方式来获取规模效益和品牌影响力，其中 78 家企业达到国际公认的连锁企业的赢利店规模(连锁门店在 14 家以上)，连锁餐饮的活力日益凸显。

随着人们生活水平的提高，肥胖等困扰的产生，人们开始寻求健康饮食。粗粮谷物、水果、蔬菜代替鸡、鸭、鱼肉，成为人们追捧的健康美味。人们的饮食习惯，由原来的饱餐型向营养型、新鲜型、简便型转变。人们开始重新认识传统膳食。不仅有食物的丰富多样化，人们对就餐环境的要求也越来越高，花园式餐饮、园林式餐饮、野外餐饮以及露天餐饮都非常受欢迎。

(四)改革开放第四个十年餐饮消费情况

进入改革开放的第四个十年，餐饮消费者从我国餐饮业的发展中获得了基本需要满足和虚荣心满足，消费者逐渐进入理性消费阶段，更注重消费过程的愉悦感，吃的不仅要好，还要吃得舒心，消费逐渐回归理性。

人工智能将改变传统餐饮产业的生产方式，各类餐饮消费模式百花齐放。各个餐饮企业也逐渐在人工智能餐厅这条路上打开市场。例如在 2018 年，五芳斋、周黑鸭、庆丰包子铺等多家餐饮品牌推出了精心打造的智慧门店，德克士更是宣布未来将布局 2300 家“无人自助式餐厅”。如今外卖已经成为许多人生活中必不可少的一部分，从大学生到办公室白领，从正餐到宵夜、下午茶和年夜饭，以美团为代表的互联网+餐饮平台给餐饮业带来的活力，使我国餐饮业正式进入新餐饮时代。

案例 8-3

悦宾饭馆的变与不变

在北京喧闹的王府井大街北口，藏着一条不起眼的胡同，名为翠花胡同，这里藏着一家在中国具有标志性意义的饭店，饭店门楣上方立有牌匾——“悦宾中国个体第一家”。1980 年，创业者郭培基和刘桂仙夫妇在北京翠花胡同的自己家中开了一间只有四张桌子的饭馆，试业的第一天，郭培基去单位请假，刘桂仙拿着手里仅剩的 36 元钱，去菜市场买了四只当时唯一不要票的“肉菜”——鸭子。回来做成香酥鸭、麻辣鸭、八宝鸭，卖一元钱一份。当郭培基从单位回来时，发现胡同里的人多得都挤不进去，以为出了什么事，到家门口才发现，屋里满座，街道上都是看热闹的人。第一天，饭馆的营业额大约是 50 元钱，而郭培基在北京内燃机厂一个月的工资是54元钱。

38年来，同样的位置，同样的门脸，同样的店名，未曾更改，不过打理生意的人换成悦宾饭馆的第三代人。有研究数据显示，在不同价位的餐厅中，人均50元以下的餐厅关店率远高于其他价位的餐厅。可是悦宾饭馆似乎不在这个“市场规律”之列。虽然几经扩建，悦宾饭馆到现在也只有11张桌子，即使满座，一次也只能接待50位左右的客人。翻开悦宾饭馆的菜单，第一页自创菜有18个，招牌菜蒜泥肘子58元，最贵的干烧鲑鱼168元，最便宜的面筋扒白菜25元，而后面几页的家常菜里，更是少有50元以上的菜。这样的价格，在北京，只能算是平价。这家开在胡同里的平价饭馆，除了门脸比38年前更显眼些，桌子又多了几张之外，仍旧像是从20世纪80年代走来的模样。

“外卖现在这么火，要不要做？”第三代掌门人郭华说，“外卖确实能提高销量，但有些家里的菜不适合，稍微凉了，那口味就完全不一样了”。郭华觉得，北京的变化越是快，人们对传统的东西就越是珍惜。曾经有位“老顾客”对她说，自己从在娘胎里就吃“悦宾”。也有新顾客慕名而来，尝尝北京胡同里的风味。如今她的使命，就是要守住“悦宾”，守住这份胡同里的文化。她说，“这不变比变难多了”。

(资料来源：https://baijiahao.baidu.com/s?id=1613712994960878317&wfr=spider&for=pc)

【思考题】为什么郭华说“不变比变难多了”？

【分析】因为随着消费者需求的改变，不同消费者对菜式、餐厅的环境、装修、档次的需求也提升了，如何既保证饭馆的原有味道不变，又能符合目标客户的口味需求，是经营中的一个难点。

二、餐饮消费者需求未来发展趋势预测

随着科技的发展及餐饮模式的创新，餐饮消费者的需求会受到科技、舆论等很多方面的影响，下面对餐饮消费者需求的未来发展趋势做一些预测。

(一)餐饮消费者追求参与感

1. 观看菜式制作

越来越多的餐厅开始厨房透明化，餐饮消费者可以通过餐厅里的电视监控或者餐厅的透明玻璃窗很清楚地看到厨房内的操作流程。而传统的餐饮服务中的消费者只会体验到最终成品，不像这种“透明厨房”一样，某些食品会让顾客直接现场观看制作过程。

2. 参与菜式制作

更多的消费者不满足于观看菜式制作，他们喜欢在专业人士指导下亲自制作菜式。例如，曾经火过一段时间的“自制奶茶”店，顾客根据自己的喜好挑选材料搭配成一杯饮品，这种方式不仅可以大大提高顾客的兴趣，还能够带动顾客的感官体验。也有一些餐饮店针对餐饮消费者的需求，开设诸如厨艺、点心类课程，更能增加消费者的消费黏性。

3. 菜肴制作或用餐直播

随着现在网络媒体的发展，抖音、快手之类的软件蹿红，每个人都能成为内容的生产者或者传播者。通过直播菜肴制作和用餐介绍，可以为餐厅提供非常有效的营销渠道，同时，也会给餐饮消费者打开一个全新的世界。

案例 8-4

透明厨房的竞争

有网络媒体统计，各个省份都已出台推广透明后厨的措施。各地实施效果如何，透明后厨能否成为餐饮业标配并让大家能吃得放心？北京标准号称“全国最严”，北京出台指导意见周年之际，为了解答以上问题，媒体走访了北京市食药监局以及推行透明后厨的主要餐厅。

从媒体走访情况来看，只能说部分试点餐厅采取了这一模式，但“透明厨房”推广到所有饭店，尤其是散落在大街小巷的小饭店，显然在理想与现实之间还有很长的一段路要走。因为“透明厨房”本身的改造成本很高，对于微利经营的小饭店来说，这笔钱未必能承担得起。而且，“透明厨房”所带来的成本增加是一种联动效应，不仅要安装显示器、摄像头、透明玻璃等大件，在锅碗瓢盆等看似不起眼的小件上也要同步优化，否则就容易让顾客产生华而不实的感觉。

(资料来源：http://news.sina.com.cn/c/zg/2016-04-12/doc-ifxrcizs7355811.shtm)

【思考题】若你是一家餐厅的老板，你的对手已经先将透明厨房做了出来，并且因为这个噱头抢走了原本属于你的客户，你会如何让流失的顾客回来并且吸引新的客户？

【分析】如果对手已经将透明厨房做了出来，作为餐厅老板，可以跟进改造厨房为透明厨房。也可以开设客户体验活动，用客户体验厨艺的方法把流失的客户重新吸引回来。

(二)餐饮消费者追求绿色饮食

如今的餐饮消费者，不再关心吃得饱不饱，而是关心吃得好不好。在各种食品安全问题的曝光信息满天飞的时代，绿色健康成为餐饮消费者选择食物的关键因素。现代餐饮企业想要获得消费者的青睐，需要主打健康牌，摒弃以往高盐、高油、高脂肪的做法。在大中城市中，消费者健康生活的心态逐渐形成，对菜品的选择也更为谨慎。有条件的餐厅除了保证卫生与质量外，还要保持绿色食品原料供应。如果希望吸引更多注重健康的客户前来就餐，可以采用有机原材料来制作菜品。

消费者追求绿色饮食的生活方式，是一个渐进的过程。餐饮企业要把握这个过程，逐渐吸引自己的潜在顾客，让他们以健康为向导，以自己的绿色美食作为吸引点，来吸引顾客。

案例 8-5

虚假绿色产品的警示

T地区某畜禽有限公司通过市场调查发现，许多消费者信赖标有绿色食品标志的商品。为打开产品销路，该公司抓住了消费者认为绿色食品更健康的心理，未经绿色食品证明商

标注册人许可，擅自在其生产包装的鸡蛋等商品上使用绿色食品标志。T地区工商局接到消费者投诉，立即指派执法人员展开调查。

经查，这家畜禽有限公司于2012年3月自行设计包装内容，委托一家印刷厂印制礼盒包装4000个，包括营养土鸡蛋、枸杞鸡蛋、乌鸡蛋3个包装品种。上述礼盒包装左上角均加贴绿色食品标志，并印有“经中国绿色食品发展中心许可使用”字样，且加注注册标记。该公司还在绿色食品标志周围加上了太阳、叶片等设计元素，包装盒中央印有“健康来自绿色，品质源于××”的宣传语。至案发时，当事人已将2000个装有产品的精品礼盒投入市场，销往T地区各大超市、批发点，经营额达4.5万元。

(资料来源：http://www.cicn.com.cn/zggsb/2015-01/22/cms65897article.s)

【思考题】对于绿色食品的这款风潮，我们应该怎么看待？

【分析】对绿色食品的风潮应该理性看待，有一定经济能力的人可以食用具有正规标签和资质的绿色食品，但也无须盲目跟风，以防上当受骗。

(三)餐饮消费者更多地依赖于网络

互联网的创新，改变了消费者的习惯，网上购物，手机下单，微信支付，整个交易流程变得简单化。这种线上线下随需应变的商业模式在大城市的餐饮业中快速发展，各种需求，只要消费者持有手机就可满足。

餐饮业更不会例外，这场互联网改变餐饮业的盛会被视作餐饮行业转型的契机，而传统实体店面临的挑战逐渐增多，餐饮业不再仅是同行竞争，还会有消费者的抛弃。针对消费者对互联网的重度依赖，餐饮人也更要顺势而改变。

餐饮消费主力已经变更为80后、90后，他们离不开网络，喜欢参与新奇，对新鲜事物也有更高质量的要求。餐饮人不仅要抓住这一群体的胃，更要抓住他们的心。顺应市场需求才能在餐饮竞争中长久生存。

案例 8-6

网红餐厅让人大失所望

林阿姨是在饮食方面要求比较高的一个人，她从来都不在大众点评、美团之类的平台上寻找美食，全靠自己多年的经验，每去一家餐厅都不会踩雷。她年纪大了，也觉那些软件用起来麻烦。

有一天，她和家里人外出旅游，儿子非要拉着她去网上点赞最多的网红餐厅吃饭，开启大众点评、跟着导航二话不说就跑了过去，结果那家餐厅却让人大失所望。林阿姨说道：“我都告诉你了，这种东西可能是商家为了生意找托去点好评的，能好吃吗？”

【思考题】林阿姨对于美食点评软件的态度，你认同吗？餐饮企业应该如何看待这些软件？

【分析】美食点评软件的确在一定程度上帮助消费者找到了好餐厅，但也会有一些虚假信息的存在。餐饮企业应努力做好自己的菜式出品和餐饮服务，而不是被这些平台所左右。

第三节　餐饮业的发展趋势

未来餐饮业的发展趋势必将对人们的日常生活带来巨大改变，餐饮企业应紧跟未来发展趋势，通过经营理念、管理理念和餐饮模式的变化，在未来市场上继续求生存与求发展。

一、餐饮企业经营理念变化

(一)从产品主义过渡到客户主义

餐饮企业想要做到这一点，必须学会主动地去分析营业数据，从营业数据中可以看出消费者的需求和行为，并对其进行分析，这是一个非常重要的技能。例如，从菜品的销售额与毛利率中就可以分析出这道菜在餐厅中是否受欢迎。通过分析营业数据，才能让消费者有更好的体验，也可以从中找到消费者的喜好，努力做出调整，让自己的经营模式能够领先时代。

(二)基于消费心理变化看未来门店结构

消费者心理变化并非无迹可寻，餐饮从业者要学会多站在消费者的角度看问题，去思考满足消费者的方法，但并不是说利用当下最流行的设计或者最新的技术去欺骗消费者。

未来的实体门店网络重在打造体验场所，形成心理感知；未来的虚拟服务网络重在打造增值服务和持续营销渠道。实体和虚拟相结合，形成的是立体式餐饮经营体系。未来餐馆需要站在消费者的角度去考虑构建多层次结构。优秀的企业和消费者之间的状态永远是保持互相愉悦，要对消费者的转变有着充分的认识和准备，而不是被动地去做出转变却无法形成规模化发展。

二、餐饮企业管理理念变化

由于餐饮行业目前的工资不高，很难留住基层员工，由此形成了员工不断流失、员工越来越难满足日常服务需要的恶性循环。为了走出这个恶性循环的怪圈，餐饮企业应实施人性化管理。它是未来餐饮社会发展的需要，也是企业真正向健康轨道发展的需要。餐饮企业要实施人性化管理，必须做到从人自身出发，然后进行更深刻的探索。

第一，餐饮连锁企业要重视对员工的培训。企业对员工的培训，不仅仅只是对员工的职位技能的培训，也包括业务技能、知识、思想教育等各个方面的培训。适当的培训能够使员工之间进行有效的沟通，这对员工之间、员工与管理层之间相互的了解，很有帮助。

第二，餐饮连锁企业要进行必不可少的情感投资。除了在企业中关心员工之外，也要对员工的家庭情况、住房情况、社会关系等有所了解，还可以建立员工基金等，为员工谋福利，真正做到员工是企业的员工，企业也是员工的企业，只有融为一体，才能够同舟共济，共谋发展。

第三，餐饮连锁企业要注重奖惩措施。奖惩不仅仅是一种形式，更是一个相互良性竞争的起源，在企业内部形成这种良性竞争是相当有必要的。奖惩应该注意的是多鼓励，少批评，多奖励，少惩罚，要特别注意提高员工的工作积极性。

第四，餐饮连锁企业要把人性化管理的理念真正树立起来。在餐饮连锁企业中，首先要有这样的思想，然后才能让员工来体验这种思想，这需要公司所有人员的共同努力。

第五，餐饮连锁企业应该建立以人为本的文化底蕴。人是企业运行的主导者，企业的发展需要人的劳动来实现，所以，一个企业的文化，必定要体现出对人的足够尊重，这样才能做到人必为我所用。人性化的管理，是餐饮连锁企业发展的重要因素。

三、餐饮业的发展趋势

(一)智能化服务将取代传统人工服务成为餐饮业主体

人工智能产业的快速发展，应用场景不断拓展，“无人便利店”“无人餐厅”“无人售货机”层出不穷。从美食团购、外卖配送，再到用高科技代替人工，包括智能系统代替点餐员、收银员，迎宾机器人、服务机器人、智能炒菜机、刷脸支付，乃至无人餐厅，科技创新正在引领餐饮行业发展。近两年来，马云的无人餐厅、京东的未来餐厅、海底捞的智慧餐厅等相继营业，饿了么外卖机器人也投入运行，智能科技正在进一步优化顾客的消费体验。

由于没有服务员、收银员等人工成本，无人餐厅的成本支出大约只有传统餐厅的四分之一。还有一种“店铺+互联网”的模式，比如，一家餐厅在原本的基础经营上，利用智能餐饮软件点餐，让点餐、支付、管理更加智能、高效、简单，此餐厅通过饿了么、美团等平台为餐厅带来了更多的外卖订单。

(二)外卖行业服务更加完善

外卖市场随着互联网的加速发展及支付方式的普及，现已经基本渗透到人们的日常生活中。目前，在线餐饮外卖市场竞争逐渐趋于平稳，企业的信用成为平台竞争的重点。此外，在线餐饮外卖平台发展需要注重对用户存量的挖掘，而外卖平台对用户关怀的重要性在对存量用户挖掘的过程中日益凸显。能否为用户提供食品安全保证，为用户保障外卖食品温度，为用户提供关怀性服务将成为平台追求和竞争的另一个重点。外卖市场也将进一步细分，逐渐舍弃“低品质、低价格”的竞争，进入优胜劣汰的洗牌新阶段。用户对外卖的认知度将比以往更强，相对于普通餐饮外卖，用户更倾向于选择品牌性的餐饮外卖。

(三)短视频营销成为餐饮业营销热点

抖音通过短视频捧红了不少餐厅。海底捞番茄牛肉饭、网红油面筋、CoCo 奶茶、答案茶等，一夜间通过短视频红遍大江南北。当前的消费主体是 80 后、90 后、00 后，他们不仅个性强，而且喜欢互动，喜欢分享，短视频恰恰能满足他们的这一需要。抖音曾宣布其国内的日活用户突破 1.5 亿，月活用户超过 3 亿。这种庞大的流量，再加上自带的传播属性，已经得到餐饮店铺的极大关注，一时之间，抖音套餐成为新一代网红店的标配，成为餐饮业营销热点。

(四)越来越看重企业品牌

从大环境来看，餐饮行业逐渐朝着专业化、精细化的方向发展。未来的餐饮市场只会更为残酷，夫妻店，一定“干不过”品牌店。对于餐饮人来说，想要在竞争激烈的餐饮行业中立足，只有通过马太效应，做大做强，才能获得更多的资源与优势。

案例 8-7

体验消费是一种有效的营销策略。尤其是餐饮企业推出新的菜品或服务时，让顾客进行体验消费不失为一种好方法。体验营销利用顾客贪便宜的心理，更容易与顾客沟通，让顾客认可和接受，同时，好的经营环境、服务、产品更能获得消费者的口碑传播和消费推荐。

粤港海鲜酒家刚在A市开业的时候，当时是A市最高档的海鲜餐厅。由于对A市的消费情况不了解，对经营策略无法进行定位和推广。加上最高端的顾客群需要一定的时间来培育，不可能通过大规模的常规广告来达到宣传效果。因此在粤港海鲜酒家正式开业之前，需要进行一个阶段的体验消费。粤港海鲜酒家试营业前三个月向各高端消费阶层赠送招牌菜票1000份，价值20万元，培育了一大批消费“领袖”。从而很快使粤港海鲜酒家在A市场高端餐饮渠道传播开来，迅速占领了市场。

天官翅鲍鱼、世锦酒店等许多高端饭店在推广燕翅鲍等特色菜品上也都大量采用了体验消费的营销手段。通过顾客体验消费带动口碑效应的传播。增加品牌的可信度和影响力，是最有效的营销方式之一。

【思考题】看了上面这个体验消费的案例后，你有什么想法？

【分析】对于一些陌生市场的开拓，采用试吃的体验消费方式可以迅速打开市场，但成本也比较高，要有一定实力的餐饮企业才可以尝试。

知识拓展

提袋率与拎杯率

提袋率，原本是指走进商场的总人数和实际购买人数的比例，用来反映卖场的客流量和实际有效的客户。随着电商越来越多地取代线下商品，百货店或者购物中心的提袋率也愈发不能体现其原本的意义。如果仅仅单纯用提袋率的下降来表示某个商场生意的不景气，其实也不尽然，毕竟越来越多的餐饮企业入驻了商场，也就有越来越多的体验式服务入驻了商场。商场应该不再只是单纯提供以货币购物的场所，社区商场也将越来越侧重于社区属性，居住在周围的居民会在闲暇或者需要聚会的名义下，在商场会合。作为不同于家的场地或空间，商场将为周围居民提供在公共场所聚会的好地方。居民在商场聚会的同时，可能并不会购买衣服或者杂物，但会有孩童们在商场的玩耍、游乐，会有家人、朋友团聚的餐饮，而这些消费，也都不能再以提袋率来体现消费者的实际消费情况。

像奶茶这种轻餐饮类型的店，现在越来越多地被引入了商场底层，作为吸客利器。尤其是网红店，带来的不仅仅是人流，还有更高的商场曝光率。以上海人民广场的来福士为例，多年来排除餐饮进入其宝贵的一楼门面，而今却反其道而行之，在2017年年初引入了热门茶饮品牌喜茶，引爆了客流。轻餐饮大致分为饮品、烧烤类、甜点类和烘焙类。绝大多数的轻餐饮都是现场制作，色泽、香味以及品尝时的口感都能给消费者以满足和愉悦，整个餐饮过程通常在短短的十分钟内就可以结束。由于轻餐饮商品是一边走一边就可以消费完毕的，更倾向于用“拎杯率”这个特殊指标来描述。

消费者对于轻餐饮的热衷和追捧，再加之其本身的高毛利营收，轻餐饮往往可以创造出比服饰类零售店更高的销售额，如此一来，可以实现商场、轻餐饮零售商和消费者共赢的局面。

作为衡量轻餐饮消费水平的“拎杯率”，可以体现某个区域消费者对于生活品质上的提升水准。这意味着逛商场的消费者不再仅仅只是为了购买生活必需品，也不仅仅只是购买可以穿得更为体面的服饰类商品，而更多的是为了吃到使心情愉悦的小食点。每天每次30元不等的消费，一个月近千元的支出，这对于如今很多生活在一二线城市的、家庭收入在万元以上的单身贵族或者家庭而言，都是可以接受的消费水平。

本章小结

本章简略地介绍了餐饮业的发展历史以及餐饮消费者的类型，阐明了餐饮的概念、地位以及餐饮消费者对于餐饮业的重要作用；展望未来餐饮业和餐饮消费者的发展趋势。其中，餐饮消费者的类型、对未来餐饮业的展望和餐饮消费者的发展趋势是本章学习中应重点掌握的内容。

习　　题

一、单项选择题

1. 改革开放后第一家个体餐厅——悦宾饭馆是在(　　)年创立的。

A. 1979　　B. 1989　　C. 1995　　D. 1980

2. 营业数据可以反映以下哪种内容？(　　)

A. 消费者需求　　B. 餐厅菜品的味道

C. 消费者的投诉　　D. 餐厅的菜单设计好不好

3. (　　)年，第一家肯德基在北京前门开业。

A. 1987　　B. 1988　　C. 1996　　D. 1984

二、多项选择题

1. 餐饮消费者的投诉动机包括(　　)。

A. 觉得好玩　B. 想得到尊重　C. 为了发泄　D. 想获得好处

2. 餐饮消费者的消费动机包括(　　)。

A. 感情消费动机　B. 生理消费动机

C. 理智消费动机　D. 随机消费动机

3. 餐饮消费者未来发展趋势有哪些？(　　)

A. 追求参与感　B. 更依赖网络　C. 追求有面子　D. 追求绿色食物

三、简答题

1. 餐饮消费者的类型有哪些？他们的特点是什么？
2. 简述餐饮消费类型的发展史。
3. 简述餐饮业的发展趋势。

四、论述题

结合实际，谈谈餐饮企业如何应对餐饮行业的发展趋势。

五、案例分析题

下面是两家不同态度的餐饮店所带来的两种不同的结果。

1. 某大学附近的一家凉皮店，当附近其他餐饮店的生意都火爆时，它只能保持着单天卖出 50 份的微弱盈利。有人建议把店面装修一下，并添加一些新的产品，这样更符合大学生的需求。但老板却坚决不肯，他担心装修了以后，生意没有起色，还赔进去不少装修费。他宁愿现在少赚点，也不愿意冒风险。

2. 杨国福在品牌高速发展的时期，为了让品牌形象更深入人心，狠心砍掉了上百家选址不优、不修边幅的加盟店。这一举动会导致各地区的店面数量急剧下降，企业也要因为赔偿而亏损，但却能统一杨国福的形象，是一场绝对的冒险。但正是因为这次冒险，杨国福现今在全国开出了 5000 家门店，成为麻辣烫界中屈指可数的品牌。

问题：

(1) 导致这两个商家最终走向不同结局的原因是什么？请简要分析。

(2) 凉皮店的老板怎么做才能摆脱目前的状况？请你列出一份详细的计划书。

扫一扫，习题答案

第九章

餐饮业的创新之路

【学习目标】

通过本章的学习，主要了解餐饮业如何与时代特色联系；了解我国餐饮业的发展趋势及创新之路；理解创新的含义并能够践行。

【关键词】

餐饮业的创新　理念创新　营销创新　服务创新

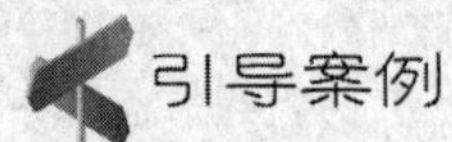

引导案例

餐饮业的未来

2018 年年底，回顾这一年的餐饮行业，不难发现，餐饮的品类维度在不断拓展，餐饮的品牌愈发多元化，餐饮业的经营模式也在不断发生明显的改变。

说起 2018 年，很多餐饮人都会面露难色、摇着头说："很难。"一部分餐饮人在这种"困难"中"倒下"，但更多的餐饮人选择创新，以求进一步发展或绝处逢生。

菜品创新、餐具创新、服务创新、主题创新、经营品种创新、成本降低创新、管理费用创新……多样的"创新"模式，展现出了餐饮人"求变"和"竞争"的迫切。

到底该如何创新？创新的"程度"和"速度"又该如何把控？有一些餐饮人迷失在重重迷雾之中。然而，面对餐饮的野蛮式生长，也有一些餐饮品牌在创新这条道路上走得稳健，甚至健步如飞。

如果要评出中国餐饮的"最具创新力 100 强"，在你心中，会有哪些品牌入选？

(资料来源："2018 中国餐饮创新力 100"榜单揭晓，你爱的餐饮品牌有几个？豫菜品牌圈)

新餐饮，已经从传统的追求"吃好、吃饱、味道好"的产品物质需求层面，上升为"颜值、品质、体验好"的精神、物质双重层面。新餐饮是"品质+美学体验"的升级。品质是满足刚需的物理属性，美学体验是满足精神的情感属性，两者必须同时升级，才能满足消费者日益变化的需求。新餐饮的服务是生动"表演式"的，未来的餐饮业更重视故事性和场景，人们开始追求只能在某一家店才能获得的独特体验。因此，除了餐饮店的内外装修，菜品和服务以外，还要有能让顾客感动的场景，以及让顾客沉醉的策略，并且这些必须做得不留痕迹。新餐饮追求刺激和活跃，迎合年轻一代的精神和物质需求。餐饮店除了果腹，还能为顾客做什么？还能满足顾客哪些愿望？一定要这样去思考，餐饮店才会做出特色，做出味道，也能做出前景。

第一节　餐饮理念创新

一、餐饮理念的概念

"理念"实际上就是人们对某种事物的观点、看法和信念。在很多情况下，理念和观念都是可以互用的。上升到理性高度的观念叫"理念"。

餐饮理念主要是指从事餐饮业的工作人员对于餐饮业的观点、看法和信念。餐饮企业的经营者要根据国际国内环境的变化不断更新自己的理念，转变认识，做出正确的判断并付诸实践，创造出良好的经济效益。

二、餐饮理念的创新之路

在消费者的追求日益多样化的今天，餐饮企业的新观念，应该要不断地更新、打破常规。那么该如何更新才能跟上时代的步伐呢？

(一)文化性

当今时代，餐饮的文化性已渗透到经营的方方面面，从餐厅的设计布局、装饰到菜品的色、香、味、形、器，无一不是文化的结合体。在餐饮创新过程中，应始终把提升文化特色作为经营的主要方向，去营造一种良好的、健康的文化主旋律，为餐饮经营开辟新的思路。餐饮理念要始终围绕文化这个主旋律，它才会深得人心，吸引广大消费者。

(二)时代性

从古到今，随着时代的发展，人的审美趣味和需求发生了很大的变化。只有将时代特色牢牢地渗透在餐饮的方方面面，不断跟紧时代步伐，引领餐饮潮流，才会有更好的出路。例如，国际饮食的“五轻”趋势——轻油、轻糖、轻盐、轻脂肪、轻调味品，那么餐饮菜点的选择和制作就应该跟随时代的变化，注重营养和健康。在体现时代特色的同时，要结合文化的时尚性，做到雅俗共赏，耐人寻味。

(三)体验性

现如今，外出就餐不仅仅是吃一顿饭，更是一种娱乐休闲方式。客人需要一个值得留恋的就餐感受。因此，餐饮的设计感就要比较强，包括餐厅环境、菜单设计、员工服饰等都要有吸引客人眼球的元素。当然，不同的餐饮产品适合不同的消费群体。随着市场细分的深化，餐饮的体验性要针对自己的细分市场。如各种主题餐厅类似红楼餐厅、沙滩餐厅、女士餐厅、运动餐厅，就会有极强的针对性和体验性。

(四)经营性

餐厅的设计千变万化，人们的需求日新月异。但是开设餐厅最主要还是为了获得利润，因此无论如何创新，仍不能忘记一个原则——经营性。创新的方式要易于推广且成本可控。

案例 9-1

餐饮理念的创新——泡面小食堂

我们的梦想就是吃遍世界各地的泡面，汇集所有爱吃泡面的江湖人士，在这里相互交换彼此的梦想。于是“泡面小食堂”的品牌应运而生，它是以泡面为主题的文艺餐厅。门面的一大特色是一整面墙的泡面，均是创始人从世界各地精选而来；另一特色是小而美，精选泡面+独家配方+每日新鲜熬制汤底+自选泡面伴侣，健康又美味。同时，商家希望将泡面做得越发精致以及创造简约时尚的用餐空间，诠释了小资人群对生活品质的追求。泡面小食堂的走红，是因为一种情怀，在短短的时间内就火爆了整个互联网，那些对泡面钟情的消费者源源不断地从四面八方赶来，都是为了品尝这杯小泡面，如此有实力的一个品牌，我们卖的既是美食，又是情怀和创意。

干捞面

(资料来源：http://www.paomiaoxst.com/)

【思考题】餐饮工作人员能从该案例中得到什么启示？

【分析】餐饮理念创新不是一般的简单创新，没有自身独特的想法、经历，餐饮工作者就难以找到合适的经营产品。当然，能够找到合适的产品并进行成功地经营并不是一件容易的事情。

课堂练习

如果有一个合适的机会让你去开一家餐饮小店，你有什么好的想法？

第二节　餐饮菜点创新

一、餐饮菜点的概念

餐饮菜点即餐厅与顾客之间的桥梁，也是顾客认知餐饮企业的最直接的渠道。从广泛意义上来说，餐饮菜点包括菜点、菜点名称、菜点的传递媒介等。但通常意义上说，菜点就是餐饮企业提供给顾客的食物。既然顾客最直接接触的产品就是菜点，那么如何使菜点更有吸引力呢？

二、餐饮菜点的创新之路

(一)菜点原料广泛

从顾客方面来说，顾客往往偏好于选择新菜品，有求新、求异、求变的心理。对于烹饪工作者来说，他们也常常会运用自己的专业技能和想象力，发挥自身潜能，开发出新的菜品去适应消费者的需求。餐饮菜点的创新就在于原材料的选择以及烹饪工作者对原材料的加工再创造。

不同的地理、气候条件，使得原料特色各异，这为菜品制作与创新奠定了物质基础。一种动植物原料，可以制成多种多样的菜品，同一种原料也可以根据不同的部位制成各不相同的菜品。也正因为一物多用才出现了以某一原料为主的全席宴，如全鸭宴、全羊宴、豆腐席等。近几年来，被纳入厨房的原材料非常丰富，如仙人掌、南瓜花、臭豆腐、猪大肠、鳝鱼骨、鱼鳞等。它们不但登上了大雅之堂，还成了人们喜爱之物。因此，对于原料的利用，重在发现、认识和开拓。如粤菜向来以用料广泛享誉餐饮市场，主要表现在用蟒蛇、蝉蛹、蝗虫等异物入馔，另外就是大量使用海鲜，开发海洋原材料资源，如南京的野蔬芦、淮安的蒲菜、天目湖的鱼头、云南的野生菌、胶东的海产等。

(二)烹饪技法糅合

一般来说，不同地方的菜系，在烹制工艺上必定有着不同的个性特点，如想要有些新意，如今的厨师，既要熟悉某一菜系的烹制技法，还要不断地吸收和借鉴其他菜系甚至是西餐的一些做法，将传统烹饪方法为己所用，将西餐工艺洋为中用，使得一些新的烹饪工艺不断涌现。如川菜厨师学习粤菜的调味、淮扬菜的刀工、晋菜的面食同制以及鲁菜的吊汤等来改进菜点的口味。比如某酒楼推出的川菜“干锅带皮牛肉”就借鉴了滇菜“汽锅”的烹饪工艺，使得该菜在保证原汁原味的基础上，大大地提高了牛肉的品质，也使得该菜以形整不烂的特点深受消费者的好评。如此一来，菜品就有了更广阔的创新天地。

(三)调味搭配百变

菜肴口味类型很多，客人是否喜爱关键在于如何搭配。所以，厨师必须掌握各种调味品的有关知识，并善于适度把握五味调和，才能创制出美味可口的佳肴。假如在原有菜品中味型和调味品的变化方面深入思考，更换个别味料，或者变换一下味型，就会产生一种与众不同的风格菜品。只要厨师敢于变化，大胆设想，就能制作出新、奇、特的风味特色菜品。

随着我国市场经济的不断发展，新的调料不断研制出来。国外调料不断引入，许多调料的使用已不受地域的限制了。上乘的调料，巧妙的配制，可为调制新味型奠定好的基础。现如今，川菜把各种不同的调料灵活运用，进行多重复制，制作出新型口味的菜肴。粤菜在调料上大量采用舶来品，采用鱼子酱、沙拉酱、虾酱、鱼露、奶汁、侯柱、梅膏等从国外引进的调味品。这是菜肴变新的一种方法，也是以味取胜，吸引宾客的一种较好的途径，同时还能使得餐饮企业在激烈的市场竞争中立于不败之地。另外，调味品的复合化、规模化、高档化也是调味品发展的必然趋势，这也将成为厨师菜品创新的源泉。

(四)菜品取名多样

菜品是否拥有一个美丽而动听的名字是客人是否选择的一个直接原因。习惯上菜点的取名方法如下。

(1) 使用传统菜名，如东坡肘子、东坡豆腐、东坡扣肉。

(2) 以主料命名+调味方法，如泡椒牛蛙、葱香虾、椒盐虾。

(3) 主辅料配合命名，如铁棍山药扒鲍鱼、黑松露建湖虾仁、老上海年糕菜泡饭。

(4) 西式+中式命名，如软炸面包棍+原汁现磨淡奶浓汤，其实就是豆浆+油条；精制小麦面饼包裹浓汁肉末，其实就是灌汤包；西西里风情细面裹鸡蛋香韭卷，其实就是韭菜盒子。

(5) 为普通常见菜名增加一些修饰词，如王家骨汤手打酸辣粉，突出了“手打”二字；手工红糖枣香粽，突出了“手工”二字；经典四川凉粉，突出了“经典”二字；秘制酸梅汤，突出了“秘制”二字。

综上所述，要吸引住客人的眼球，给菜品安取一个意味深长的名字必不可少。

案例 9-2

食神蔡澜和他心中最完美的一碗越南粉

熬足整晚的牛骨汤、售完即止，牛骨汤、蔬菜遵循黄金比例、全国首家河粉每日新鲜制作汤清味浓，营养均衡。

“好吃的越南牛肉粉，用汤匙舀一口汤，喝进口，从此上瘾，每天都想追求此种味道”，食神蔡澜先生这样评价他心中最完美的越南粉，并直言“天下美食，少不了一碗越南人做的牛肉河粉”。原来，年轻时的蔡澜曾去越南旅行过，在那里品尝过越南的特色美食——越南牛肉河粉。当时越南的风土人情，仿佛融入了一日三餐的河粉中，让蔡澜毕生难忘，对他而言，那似乎不是一碗牛肉河粉，而是一种恋爱般的味道。为什么？蔡澜说道：“越南河的汤，要是煮得好的话，喝上一口就上瘾，汤清澈但味道浓厚，又有不同的层次，第一口甚至都不加，第二口撒些香草，像罗勒、薄荷叶和鹅蒂下去，浸它一浸，又有完全不同的味道。后来越南遭遇战乱，正宗的越南粉在国内没有得到很好的传承，去越南想要重温旧梦的蔡澜，吃遍整个越南，就是没有吃到和之前一样的味道了。他知道，战乱的越南人，有很多已移民到法国或澳洲。于是他就到一个个国家，一个个餐厅去寻找。而这一找，就是几十年。最终在澳洲墨尔本的“勇记”越南粉店，他找寻完美的越南粉历程，到达了终点。

蔡澜希望让食客们都能品尝到这碗让他一生难忘的越南粉，精诚所至，他得到“勇记”越南粉传人的支持，将传承多年的秘方独家传授给了他。

制作越南粉也不是按图索骥这么简单，水土、食材、调料、配比、火候等稍有不同，都会影响最终的味道。为追求最完美的一碗越南粉，蔡澜和他的团队根据“勇记”秘方一次次地制作、调试，每天至少要用一百五十斤以上的骨头和肉以及香料长时间熬制牛骨汤，不满意就一次次倒掉。从牛骨到汤，再到香料的配合，必须遵循的“黄金比例”，直到还原出记忆中最极致完美的味道。除了工艺上的考究，在食材上也有严格的要求。 80%的主食材，来自世界最佳原产地，例如熬汤用的牛棒骨来自澳洲，牛肉精选世界公认品质的良种牛肉等。

全国独有河粉机，店内每日新鲜制作。

一般的越南河粉店用的是进口货，即使来源再好，在运输过程中总有味道和韧度的流失。传统河粉机属于大型设备，蔡澜团队经过 22 个月的研发和改良，缩小尺寸后才能将机器陈列于餐厅，让顾客见证新鲜河粉生产制作的全过程：大米浸泡至软，石磨磨成米浆，再蒸熟、切割成河粉，用心打造出一碗新鲜美味的河粉。

除了河粉，消费者一进门，就可以看到以“太空蔬菜”的形式种植的水培蔬菜，既保留新鲜也保证干净卫生，顾客生吃也无妨，让消费者“所见即所吃”。

(资料来源：http://www.sohu.com/a/246316370_124404)

【思考题】如此一碗意味深长的粉，对你有什么启发？

【分析】中国特色餐饮的发展，餐饮企业对垂直餐饮不断深挖，对异域餐饮进行开拓，让“老饕”们不必走遍世界，在家门口就能品尝到世界各地的菜色。

第三节　餐饮服务创新

一、餐饮服务的概念

餐饮服务是餐饮部工作人员为就餐客人提供餐饮产品的一系列行为的总和。优质的餐饮服务离不开一流的餐饮管理，而餐饮服务是餐饮管理体系的重要组成部分，它是搞好餐饮管理的重要内容。对其控制和监督可以为宾客提供优质满意的服务，创造良好的经济效益。服务创新是餐厅的命脉，也是企业的命脉，服务质量的优质，对餐厅经营有极其重要的意义。

现在的餐饮服务中，机器人服务员不再鲜见，线上点单、线上排队成为主流消费方式……新型服务正在迅速改变人们的消费习惯。并且，最终吸引消费者或餐厅持续使用的一定不是它们的“新鲜感”，而是新型服务本身所带来的便捷体验。那么什么样的服务才是新型服务呢？

二、餐饮服务的创新之路

一般以往的服务从其服务形式上可分为两种，第一种是沉默式服务，简单地说，就是服务人员只是照葫芦画瓢，听从指挥，不论是客人的要求，还是领导的命令，一律照办不误。客人点什么，服务员就写什么，厨师做什么就上什么，从不提任何意见，俨然一个传话筒。第二种是问答式服务，这种服务要比第一种进步一些，工作人员有一些销售意识，在服务过程中，会适当发表自己的意见。同时具备基本的餐饮服务技能和业务常识，能根据一些菜品的做法、口味等问题给客人一个较满意的答复，工作比较主动。但是在现代餐饮服务中，这两种服务形式都不能满足时代的需要，那么该如何创新呢？

(一)规范服务

餐饮服务中有“三轻、四勤、五声、六微笑、十服务”。在标准化特征愈发明显的今天，很多餐饮品牌把服务的“标准化”也提上了日程。从微笑时嘴角上扬的弧度到迎来送往时鞠躬的角度，从标准的服务用语到餐品介绍的语气等都有“制式”规定。然而，缺乏应变能力的流水线服务虽然缺少了一些人性的温度，但在真实场景中，专业的礼仪依然重要，且是服务创新的基点。

(二)差异服务

餐饮服务的对象是顾客，而顾客的需求又是各不相同的，因此，餐饮服务在规范的基础上体现差异才能满足各位顾客的需求。

关于一个人吃火锅，网上刷出的“海底捞式”服务有两个版本，一个是小哥哥全程陪聊，口才极佳的服务员在顾客用餐期间不停切换各种有趣话题，但是，顾客说，这样也会有点尴尬；另一个版本是小熊陪坐，服务员将小熊人偶放到顾客对面，顾客觉得，这样真的蛮贴心。让顾客真正享受用餐过程的服务，一定是自然、亲切、流畅的。

所以，再好的服务也不一定适合于所有的顾客，一定要区别对待。

(三)特色服务

多场景、多平台切换，实现人与服务的链接。线上点餐的盛行，外卖市场的火爆，让我们看到了顾客对于多元化、个性化餐饮的迫切需求。线上、线下；外卖、堂食；第三方平台、自主 App……多渠道运营，多场景消费，多平台整合……未来的餐厅，传统的线下消费只占据营收的一部分，将会有越来越多的渠道链接起顾客与餐厅。

我们所实施的创新服务可以齐头并进，是服务的最高境界——引导式特色服务，服务人员具有非常强的业务技能和专业知识，他们不仅注重仪表仪容，而且头脑灵活，反应敏捷，姿态优美，有较强的销售意识，能配合厨房搞好销售工作。

服务不断的创新，也应加入人性化的内涵，甚至适当的超前性，以满足顾客的多元化需求，这一点是永无止境的。

(四)隐性服务

当“宅文化”成为现代社会的一种元素时，现代人越来越注重“私密”空间，反映在餐厅服务中，将会有越来越多的顾客排斥以服务为名频繁被打扰。真正优质的餐厅服务一定是隐性的，不显山露水的。所以，相对于服务员站在餐桌旁随时准备布菜、斟酒，顾客更喜欢服务人员在不影响“随叫随到”的情况下与他们保持一定的距离。在顾客不需要时悄无声息地“隐身”，需要时迅速“上线”，“隐身”与“上线”转换的契机就是服务员与顾客“确认过眼神”。如果服务员懂得在恰到好处的时间节点与氛围切入服务，那便是服务的极高境界。

(五)带心服务

服务的创新并不需要太多的经济投入，其关键在于“有心人”，一般的员工曾经接触过大小的问题，可以建立一个使信息渠道畅通的专业组织体系，时常搜集一些对服务创新有益的声音。一线员工比管理者更清楚客人在想什么，因此，工作人员的“带心”服务，最能体现服务的“新”意。

案例 9-3

海底捞，你学不会

近几年，微博上不时流传着关于海底捞的段子，一句“人类已经无法阻止海底捞了”的话让这家以“服务”见长的川味火锅彻底火了。海底捞虽然是一家火锅店，它的核心业务却不是餐饮，而是服务。

1. 颠覆传统服务观念

去过海底捞的人都知道，顾客能真正找到“上帝的感觉”，甚至会觉得“不好意思”。海底捞的服务已经征服了绝大多数的火锅爱好者，顾客会乐此不疲地将在海底捞的就餐经历和心情发布到网上，越来越多的人被吸引到海底捞，一种类似于“病毒传播”的效应就此显现。

2. 将以人为本做到极致

海底捞将“以人为本”推到了极致。员工的薪水待遇在行业中是中上等水平，在海底捞董事长张勇的经营哲学里，“员工比顾客重要”。海底捞最大的投资是在员工，公司曾经有过一个规定：做店长超过一年，不论什么原因离职，海底捞都要给 8 万元的“嫁妆”。即使是被对手挖墙脚，海底捞都会遵守它的承诺。“只要想办法让员工把公司当家，员工就会把心放在顾客身上。”

“以人为本”理念的另一体现就是张勇对员工的绝对信任，而信任的标志就是授权。在海底捞，一线普通员工有给客人先斩后奏的打折和免单权。

3. 利润之外的坚持

令人惊奇的是，这样一个年收入数十亿元的企业，却没人对营业额负责。海底捞的赚钱密码其实很简单，就是“翻台率”。

(资料来源：http://www.zhlzw.com/cy/hg/820209.html)

【思考题】搜集更多关于海底捞的优质服务的行为或者实践，深入理解海底捞可以做到如此“变态”服务的原因。

【分析】海底捞的案例再一次向人们证明了这一点：我们以前所倡导的标准化尽管规范而严谨，实际上却是冰冷而缺乏人情味的。而发自一线员工内心的个性化服务，才是能够留住人心的“最顶尖的服务”。大道至简，这一条朴素却极难真正贯彻的真理，正是海底捞的成功秘诀。

第四节　餐饮营销创新

一、餐饮营销的概念

营销无时不有，营销无处不在。它直接关系到企业的生存与发展。营销是指在创造、传播和使用产品中，为顾客、客户、合作伙伴以及整个社会带来经济价值的活动、过程和体系。餐饮营销特指餐饮营销人员针对餐饮市场开展经营活动、销售行为的过程。我国餐饮业一直保持着持续发展的势头，新的套路、玩法、渠道层出不穷，但是餐饮业的发展也面临企业自身和外部环境两方面的压力，加之餐饮业的创新意识的欠缺，内部管理和经营方式还有待于进一步改善。因此，餐饮企业如何利用营销渠道，打开市场，提升企业的核心竞争力，是一个重要的课题。

二、餐饮营销的创新之路

(一)起步期：想“方”设“法”

餐厅策划活动的关键是，要让顾客认识到不买就是损失，错过了就无法回头。因此，营销的第一个创新之路就是想方设法让客人觉得不买你的菜品，他就会有所损失。

例如，一家餐厅开业，为了招揽生意，推出了一套优惠会员卡，预充 200 元打九折，充 400 元打八折，存 1000 元打五折，本想着优惠力度挺大，但是最终买的人寥寥无几。而另一家烧烤店，在开业时是这样搞活动的：98 元买 100 瓶啤酒，喝不完还能寄存，下次回来还能继续喝。一般顾客不可能一次喝完 100 瓶，所以不到一个月下来，回头客就把烧烤店挤满了。

从上述的例子中得出，同是营销活动，并不是优惠力度大，对客人的吸引力就大。

(二)品牌期：品牌衍生零售文化

星巴克的“杯子文化”最早源于各种限定纸杯，刚开始时，杯子还并未为星巴克创造太多实质上的营收，正如现在喜茶的雨伞一般，它们更多的是为了展示品牌形象，是一种营销创意。但是如今，星巴克已经把杯子做成了继咖啡之后的又一大品牌标签。2016 年的有关数据就显示，星巴克礼品卡在全年营收中占比高达 25%，其中，杯子的收入功不可没。作为最关键的“副业”，星巴克已经形成了“杯子经济”。而将这种“杯子经济”延伸至餐饮运营中，正是当下流行的品牌餐饮衍生零售文化。

案例 9-4

星巴克的猫爪杯有什么神奇

2018 年 2 月 26 日，星巴克限定猫爪杯在全国门店限量发售。2 月 27 日，舆论大爆发。凌晨排队抢购，因抢购大打出手、价格疯长至 1000+等消息的迅速传播一路将星巴克推上了热搜榜。在猫爪杯之前，从城市限定款到季节限定款，再到联名合作款，卖咖啡的星巴克早已把杯子卖出了新高度。那么，在“一只杯子引发的热搜事件”背后，到底是什么样的力量在推波助澜呢?

按照网友的曝料，猫爪杯在仅仅出售一天后就已出现了大量的“黄牛代购”，且某些“人肉代购”的价格甚至高达 1000+，已经 6 倍于星巴克 199 元的定价。

26 日早上开始发售，当天中午即开始铺天盖地的“爆料”，除了黄牛加价外，因凌晨

3:00～4:00 排队，一人买下全部猫爪杯，因抢杯大打出手等新闻的出现，让猫爪杯的热度一波高过一波。

(资料来源：公众号 餐饮创新营)

【思考题】作为餐饮营销工作人员，你能从中得到什么启示呢？餐饮品牌在打造零售产品时，不管是纵向延伸餐品种类，还是横向拓展品牌内涵，什么样的产品才能成为品牌发展的绝佳助力呢？

【分析】中国人为之狂热的不是“猫爪杯”，而是“星巴克的猫爪杯”。对于餐饮人来说，星巴克的猫爪杯事件是炒作也好，是事件的自然发展也罢，星巴克都值得餐饮人学习，学习其营销的策略，以及其做品牌的态度。

(三)稳定期：餐饮+

2016 年是餐+饮的红火年，新茶饮市场猛然崛起，大批网红茶饮店出现；2017 年被称为新茶饮元年，新品牌层出不穷；2018 年被称为新茶饮的资本年，动辄上亿元的资本涌入让新茶饮的未来更加可期。有人预计“餐+饮”将成为 2019 年的流行新趋势。源于餐饮业对消费变化的洞察，无论是新茶饮还是“餐+饮”讲究的都是唯“新”不破，新茶饮新的是品类，“餐+饮”新的是模式，它们无一例外都是餐饮业巧妙避开同质化竞争的新出口。

除了餐+饮外，餐饮+科技，餐饮+情怀、餐饮+动漫、餐饮+电影等主题餐厅模式也受到了消费者的喜爱。这些餐厅大多通过打造主题场景的形式来突出主题特色，实现差异化运营。

案例 9-5

餐企该如何打造专属娱乐标签

海底捞在 2018 年开了一家智慧餐厅，网友评价其是一间“开了挂的餐厅”。几乎到点就需要排队，但是顾客并不烦躁，因为等位区堪比影院，阶梯式座位，每个座位上都备有小零食，蓝光效果自带科技感，并且，这里只是科技感的开始。

神秘星空、浪漫樱花……360 度投影让顾客宛若身在科技体验馆，与此同时，机械臂配菜、机器人小可爱上菜……在海底捞智慧餐厅，顾客们总是不由自主地用手机记录这些视觉盛宴，分享给更多人。

分析：当下，餐饮消费的时间愈发碎片化，用餐的高峰时间在不断拉长。兴趣开始成为消费的主导，分享也正式成为消费后的一大习惯。在这样的背景下，餐厅的运营及营销目标就可以集中在如何激发消费者的兴趣，引导消费者主动分享上，让消费者在有限的时间内享受到心仪的体验。其中，餐厅休闲、娱乐、互动性的打造就是不容忽视的一大方向。

(资料来源：https://www.toutiao.com)

案例 9-6

吊桥升起，啤酒就优惠

在美国，有一家叫“险浪冲浪烧烤酒吧”，店的位置非常不好，因为离店不远的地方就是一个吊桥，当有船经过的时候，吊桥就会升起五到七分钟，这段时间桥对面的顾客是没办法过桥去酒吧的。但是这家酒吧却发挥了吊桥的优势，推出了“吊桥升起，啤酒就优惠”活动，在吊桥升起的时候，啤酒只卖25美分。因为这个小小的活动使这家酒吧变得人流不断，获得了良好的口碑。有不少顾客觉得这个吊桥的活动实在是太酷了！

(资料来源：盘点2019年不可错过的餐饮营销技巧！ 最佳东方精选)

【思考题】作为餐饮营销工作人员，你能从中得到什么启示呢？

【分析】吊桥升起是一个随机事件，因为没人知道什么时候会有船经过，吊桥多久会吊起来。但是一旦吊起来了，啤酒就很便宜，店里的啤酒优惠就像是一个大抽奖活动一样，充满了乐趣，也让顾客满怀期待。营销中，很多玩法是利用了事件的随机性，然后在此基础上设置营销节点，制造卖点。最重要的一点是，这些玩法一定要有新意，并且不断更新，否则很快便会被消费者所厌倦。

第五节　餐饮管理创新

一、餐饮管理的概念

餐饮管理是一项集经营与管理、技术与艺术、秉承与创新于一体的工作，与其他企业的管理相比，具有不同的特点，它要求饭店在餐饮管理上应独具特色，以适应时代的要求。

“餐饮怎么管理？餐饮怎么经营？如何找到新的赢利点？我们可以发现，每个阶段引领市场的餐饮企业，它们无一不是靠两个字绝处逢生：创新。什么是创新呢？天天推出新菜品，每天都有新产品和顾客见面，是不是创新？餐饮管理创新有很多方面，菜品创新只是其中一个方面，还有餐具创新、服务流程创新、管理方式创新、成本降低方法创新等。创新，是企业从根本上有所改变，并能够从容面对市场竞争。创新，也要从市场上找出灵感，从灵感中找到发展策略。

二、餐饮管理的创新之路

(一)网络化管理

网络已经成为部分现代人生活的必需品。餐饮管理者应该使用好这项工具并在管理的各个环节体现。如产品体验网络化，商业模式网络化，产品销售网络化，采购供应产业化，市场推广产业化，等等。例如，产品销售的网络化，可以用网络引爆流量，用流量带动客人。再如，经营过程中与客户的日常互动，可以选择微信或者其他社交工具，收集客户的反馈并进行改进。

(二)绿色管理

绿色环保是行业持续发展的基石。

餐饮成本构成广泛，变化较大。从原材料成本来看，有的是鲜活商品，有的是干货，有的是半成品，有的是蔬菜瓜果。这些原材料的拣洗、宰杀、拆卸、涨发、切配方法和配置比例存有明显差异，加工过程中损耗程度各不相同，而且有些原材料的价格往往随行就市，变动幅度较大。但是饭店的菜品价格又不能经常变动。此外，还有燃料、动力费用、劳动工资、餐具等易耗品的消耗，家具、设备的折旧等，其中有些是易碎品，损耗控制难度较大。因此如何加强餐饮成本控制，降低消耗，往往是餐饮管理的一大难题。

同时餐饮业务构成复杂，既包括对外销售，也包括内部管理；既要考虑根据饭店的内部条件和外部的市场变化，选择正确的经营目标、方针和策略，又要合理组织内部的人、财、物，提高质量，降低消耗。另外，从人员构成和工作性质来看，餐饮业务既有技术工种，又有服务工种；既有操作技术，又有烹调、服务艺术，是技术和艺术的结合。这必然会给餐饮管理增加一定的难度，要求管理人员既要根据客观规律组织餐饮的经营管理活动，增强科学性；又要从实际出发，因地制宜，灵活处理，提高艺术性。

(三)智能化管理

技术已经改变了餐厅的运营方式和客户对用餐体验的要求。比如移动下单技术、3D打印技术在餐饮业的应用、智能化的机器人服务员、高智能的无人餐厅、全息影像在餐厅的运用……使得餐饮的表现形式更多样化，而移动下单技术和其他一些技术则可以为餐厅提供一些用户的数据分析，帮助餐厅商家制定智能化菜单，提高客户回头率，实现智能化管理。因此现代的餐饮管理应该加大投入，提高管理方式及内容的智能化。

知识拓展

“2018中国餐饮创新力100”榜单

2018年12月28日，第三届“中国餐饮创新大会”，在北京中国大饭店盛大举行。旨在“揭秘”餐饮“创新之道”，聚焦行业变化，探寻发展之路。据了解，举办本次评选活动，是希望可以用榜样的力量，拉动行业往更高层次快速进化。同时，这也是餐饮业唯一一个以创新为标准的权威榜单。评选采取了专业评审和网络线上投票相结合的方式。评选过程中，联合多位资深投资人、顶尖品牌营销专家、一线餐饮空间设计师、知名美食家，以及餐饮老板内参舌尖数据研究院共同组成榜单评审团，并从商业模式、品牌、管理、产品、店面运营、营销、场景设计、餐饮服务这8个维度，以创新力、成长性、可投资性、品牌影响力及消费者口碑这5个方向，对参评企业进行评选。

2018年最佳营销创新奖

德克士、饭爷、太二酸菜鱼、小龙坎老火锅、犟骨头、客串出品

2018年最佳管理创新奖

西贝莜面村、乡村基、喜家德虾仁水饺、绝味鸭脖、杨国福麻辣烫

2018年最佳商业模式创新奖

海底捞、大龙燚火锅、连咖啡Coffee Box、胡桃里音乐酒馆、凑凑火锅茶憩、至尊比萨、凤起龙游

2018 年最佳品牌创新奖

麦当劳、肯德基、海底捞、西贝莜面村、必胜客、呷哺呷哺、外婆家、味千拉面、九毛九、巴奴毛肚火锅、莆田、乐凯撒比萨、老乡鸡、小肥羊、鹿角巷、松月自慢料理、珮姐老火锅

2018 年最佳产品创新奖

阿五黄河大鲤鱼、西贝莜面村、巴奴毛肚火锅、乐凯撒比萨、捞王锅物料理、舞渔、乐乐茶禾珍珠小锅米饭、鸿茂斋、蔡澜越南粉、吃个汤、钢管厂五区小郡肝串串香、猛男的炒饭、大舌头麻辣烫、听说炭烧蛙、多嘴肉蟹煲、辣椒树、黑色经典长沙臭豆腐、温鼎火锅、白总管藤椒豆花鸡、巴色鱼捞、七爷清汤腩、亲爱的麻辣烫、笑西西·肉夹馍研究所、有拈头·成都市井火锅、王庄阿咪大排档、马路边边麻辣烫、大碗丼日式烧肉饭、芙蕾小姐、你好鸭

2018 年最佳场景设计创新奖

喜茶 HEYTEA、撒椒、宴遇、冒烟的阿凡提、西湖楼、风清扬、局气

2018 年最佳店面运营创新奖

探鱼、蛙来哒、黑白电视老长沙吃货铺、澜记香港饮品专门店、西堤牛排、集渔、春炉串串

本章小结

本章简略地介绍了餐饮创新的具体内容。阐明了餐饮创新的概念、具体方法、途径以及创新的重要性；展望未来餐饮业的发展趋势。其中，餐饮创新的方法和途径是本章学习中应重点掌握的内容。

习题

一、单项选择题

1. 泡椒牛蛙的取名方法是(　　)。

A. 以主料命名+调味方法　　B. 主辅料配合命名

C. 使用传统菜名　　D. 为普通常见菜名增加一些修饰词

2. 如(　　)向来以用料广泛享誉餐饮市场，主要表现在用蟒蛇、蝉蛹、蝗虫等异物入馔，另外就是大量使用海鲜，开发海洋原材料资源。

A. 湘菜　　B. 粤菜　　C. 川菜　　D. 闽菜

3. 有人预计(　　)将成为 2019 年的流行新趋势。

A. “餐+饮”　　B. 餐饮+科技　　C. 餐饮+娱乐　　D. 餐饮+时尚

二、多项选择题

1. 餐饮创新的内容包括(　　)。

A. 理念创新　　B. 服务创新　　C. 营销创新　　D. 管理创新

2. 管理创新应该(　　)。

A. 网络化　　B. 智能化　　C. 绿色环保化　　D. 固定化

3. 餐饮营销创新是指(　　)。

A. 起步期：想“方”设“法”　　B. 品牌期：品牌衍生零售文化

C. 稳定期：餐饮+　　D. 消退期：品牌挽救

三、简答题

1. 餐饮创新的内容是什么？
2. 餐饮营销创新的渠道有哪些？
3. 简述餐饮业的发展趋势。

四、论述题

结合实际，谈谈餐饮工作者该如何应对餐饮服务的发展要求。

五、案例分析题

据网上媒体报道：近日，重庆雅福食品股份有限公司在新浪微博上发布了一条消息：重庆雅福“要求公司全体每天玩一个小时抖音、微博”。此消息在微博上发布后，引起了热烈的反响和激烈讨论。A 微博网友说：“上班玩抖音、微博不可取，会影响公司的正常管理和运营，给企业带来不便和负面影响”，B 微博网友说：“这个公司领导的思想很开放，与时俱进，很有创新管理理念，可以施行，值得行业学习”，C 网友则回复“上班还可以玩抖音、微博啊，这个公司不错呀，感觉企业文化很好，公司很活跃，还招不招人，我也想去啊”。D 网友则回复，“上班玩抖音、微博不好吧，员工会偷懒磨洋工”。从网上的信息看到，各种评论也褒贬不一，网友的各种评论十分诙谐幽默。小编我觉得这家公司颁布的这个执行命令很有趣，这家公司不错呀！

(资料来源：http://www.canyinj.com/news/13661.html)

问题：

(1) 你怎么看待重庆雅福食品股份有限公司的这种管理方式？

(2) 企业在管理创新上该如何与时俱进呢？

扫一扫，习题答案

第十章

中外餐饮文化

【学习目标】

通过本章的学习，了解中外餐饮文化的知识，学习中国主要地区的餐饮文化和特点，掌握不同国家和地区的餐饮文化和特点，熟悉不同文化之间的宴会文化和礼仪。

【关键词】

中国餐饮文化　西方餐饮文化　中外宴会服务礼仪

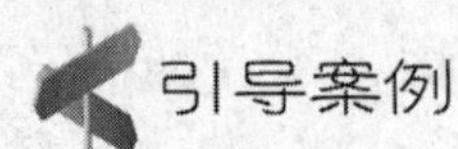

引导案例

应该继续加菜吗

陈先生的公司的生意做大后，恰逢一位美国客户与其太太来中国旅游。陈先生一家想尽一下地主之谊，便宴请他们来到一家高档的餐厅吃地道的中国菜。为了表示自己的热情好客，席间陈先生不停地用自己的筷子为美国客户与他的太太夹菜，美国客户也只好接受了。陈先生开始点了五菜一汤，席间谈笑风生，美国客户与太太也一边享受中国美食，慢慢地，席上的菜减少了，陈先生叫服务员加了一个菜，客户和太太见状也只好继续把菜吃完，陈先生一看，菜又没了，就又叫服务员夹菜……其实美国客户与太太已经吃不下了。

这个案例中出现了什么问题？如何避免类似问题？

经济的全球化发展必然引起文化的全球化交流，在国际商务交往场合中，涉外餐饮机会快速地增加。这种情况下，如果商务人士不懂得中西方餐饮文化礼仪和差异的话，很容易引起跨文化交际的冲突，甚至影响商务工作的顺利进行，导致经济损失。因此，在商务活动全球化的大背景下，酒店从业人员与相关人士都应该学习中外餐饮文化知识，熟悉不同文化之间的宴会文化和礼仪，为中外经济合作的快速发展作推力。

第一节　中国主要地区餐饮文化

一、餐饮文化的概念

“文化”其实就是人们生活习惯的总集，而餐饮文化主要是指人们吃和喝行为的方式和习惯的总称，它贯穿于人类的整个发展历程，渗透于当今企业经营和饮食活动的全过程，体现在餐饮活动的不同环节中。餐饮文化是一个广泛的概念，主要内容有菜品文化、小吃文化和宴会文化。

二、中国主要地区餐饮文化

中国有5000年的悠久历史，幅员辽阔，地大物博，各地气候、物产、风俗习惯都存在着差异。长期以来，中国的餐饮形成了以地区为明显特点的不同文化。例如主食，受到气候和地理条件的影响，中国的南方和北方种植不同的植物，所以一直以来有“南米北面”差异；不同地区的人们长期遭受不同的天气的影响，口味上也形成了“南甜、北咸、东酸、西辣”的特点。

(一)中国菜系

菜系是指在选料、切配、烹饪等技艺方面，经长期演变而自成体系，具有鲜明的地方风味特色，并为社会所公认的中国饮食的菜肴流派。

中国菜系，是指在中国特定的区域内，长期受到气候、地理、历史、物产的影响，人们形成不同的饮食风俗，这些风俗经过漫长的历史演变，形成的一整套自成体系的烹饪技艺和风味，并被全国各地所承认的地方菜肴。

根据史料记载，早在商周时期，古中国的餐饮文化已初具雏形；到了春秋战国时期，中国传统饮食文化中南北菜肴风味就表现出差异。唐朝，南食、北食各自形成体系，到了南宋时期，形成“南甜北咸”的格局。发展到清代初期时，鲁菜、粤菜、苏菜、川菜，成为当时最有影响的地方菜，被称作“四大菜系”。到清末时，浙菜、闽菜、湘菜、徽菜四大新地方菜系分化形成，共同构成中国传统饮食的“八大菜系”。其实，除了八大菜系外，中国还有一些较有影响的细分菜系，如潮州菜、辽菜、本帮菜、赣菜、楚菜、京菜、津菜、冀菜、豫菜、客家菜等。

(二)中国八大菜系及其特点

中国餐饮文化历史悠久，由于气候、地理位置、食物特产、烹饪技艺、经济等条件的影响，形成了闻名海内外的“八大菜系”，即鲁菜、川菜、粤菜、闽菜、苏菜、浙菜、湘菜、徽菜。

1. 鲁菜

自唐宋以来，鲁菜逐渐成为“北食”的代表。明、清两代，鲁菜已成宫廷御膳主体，对京、津、东北各地的影响较大。现今鲁菜是由济南和胶东两地的地方菜演化而成的，其以清香、鲜嫩、味纯而著名。十分讲究清汤和奶汤的调制，清汤色清而鲜，奶汤色白而醇。

2. 川菜

川菜在秦末汉初就初具规模。唐宋时发展迅速，明清已富有名气。现今川菜馆遍布世界。正宗川菜以四川成都、重庆两地的菜肴为代表。重视选料，讲究规格，分色配菜主次分明，鲜艳协调。其特点是酸、甜、麻、辣、香、油重、味浓，注重调味，离不开三椒(即辣椒、胡椒、花椒)和鲜姜，以辣、酸、麻脍炙人口，形成川菜的独特风味，享有“一菜一味，百菜百味”的美誉。烹调方法擅长烤、烧、干煸、蒸。

3. 粤菜

关于粤菜的记载从西汉就开始了，南宋时御厨随迁羊城，明清时发展迅速。20 世纪中国对外通商，吸取西餐的特长，粤菜也推向世界。粤菜是以广州、潮州、东江三地的菜为代表而形成的。菜的原料较广，花色繁多，形态新颖，善于变化，讲究鲜、嫩、爽、滑，一般夏秋力求清淡，冬春偏重浓醇。调味有所谓五滋(香、松、臭、肥、浓)、六味(酸、甜、苦、咸、辣、鲜)之别。其烹调擅长煎、炸、烩、炖、煸等，菜肴色彩浓重，滑而不腻。尤以烹制蛇、狸、猫、狗、猴、鼠等野生动物而负盛名，著名的菜肴品种有“三蛇龙虎凤大会”等。

4. 闽菜

闽菜起源于福建省闽侯县。它是以福州、泉州、厦门等地的菜肴为代表发展起来的。

其特点是色调美观，滋味清鲜。烹调方法擅长炒、溜、煎、煨，尤以“糟”最具特色。由于福建地处东南沿海，盛产多种海鲜，因此，多以海鲜为原料烹制各式菜肴，别具风味。

5. 苏菜

起始于南北朝时期，唐宋以后，与浙菜竞修秀，成为“南食”两大台柱之一。江苏菜是由苏州、扬州、南京、镇江四地的菜为代表而构成的。其特点是浓中带淡，鲜香酥烂，原汁原汤浓而不腻，口味平和，咸中带甜。其烹调技艺以擅长炖、焖、烧、煨、炒而著称。烹调时用料严谨，注重配色，讲究造型，四季有别。苏州菜口味偏甜，配色和谐；扬州菜清淡适口，主料突出，刀工精细，醇厚入味；南京、镇江菜口味和醇，玲珑细巧，尤以鸭制的菜肴负有盛名。

6. 浙菜

以杭州、宁波、绍兴、温州等地的菜肴为代表发展而成。其特点是清、香、脆、嫩、爽、鲜。浙江盛产鱼虾，又是著名的风景旅游胜地，湖山清秀，山光水色，淡雅宜人，故其菜如景，不少名菜，来自民间，制作精细，变化较多。烹调技法擅长炒、炸、烩、溜、蒸、烧。

7. 湘菜

以湘江流域、洞庭湖区和湘西山区的菜肴为代表发展而成。其特点是用料广泛，油重色浓，多以辣椒为原料，口味注重香鲜、酸辣、软嫩。烹调方法擅长腊、熏、煨、蒸、炖、炸、炒。

8. 徽菜

以沿江、沿淮、徽州三地区的地方菜为代表构成。其特点是选料朴实，讲究火功，重油重色，味道醇厚，保持原汁原味。徽菜以烹制山野海味而闻名，早在南宋时，“沙地马蹄鳖，雪中牛尾狐”，就是那时的著名菜肴了。其烹调方法擅长烧、焖、炖。

中国八大菜系的特点与代表菜见表 10-1。

表 10-1　中国八大菜系的特点与代表菜

菜　系	特　点	代表菜
鲁菜	宫廷第一大菜系，清香、鲜嫩、味纯	糖醋鲤鱼、九转大肠、德州扒鸡、蟹黄海参
川菜	民间最大菜系，麻、辣	鱼香肉丝、宫保鸡丁、夫妻肺片、麻婆豆腐、东坡肘子
湘菜	酸辣、香辣、口味重	腊味合蒸、剁椒鱼、东安子鸡、冰糖湘莲
粤菜	鲜、淡、嫩、滑，滋补炖汤、早茶	烤乳猪、盐焗鸡、白切鸡、叉烧、水晶虾饺、肠粉
闽菜	清淡、咸中略带酸甜	盐水虾、佛跳墙、醉排骨、扳指干贝
苏菜	以淮扬菜为代表，清鲜、咸中稍甜	霸王别姬、狮子头、盐水鸡、清炖甲鱼
浙菜	制作精细、色彩鲜艳、味道鲜美	东坡肉、干炸响铃、荷叶粉蒸肉
徽菜	又称皖菜，喜欢用火腿佐味，咸、鲜、香为主	火腿炖甲鱼、腌鲜鳜鱼、黄山炖鸡、臭鳜鱼

案例 10-1

变质的牛奶

一位客人来到餐饮店，要了一杯热牛奶和一杯柠檬汁。他在热牛奶中加进柠檬汁准备饮用时，发现牛奶结了块。他大发雷霆，责问服务员："为什么你们的牛奶是变质的牛奶？"服务员很有礼貌地将"变质"的牛奶端走，微笑着送上一杯新奶，并对客人说："热奶加柠檬汁会起反应。您最好分开涩。"客人听后面露羞色，连声道歉。

(资料来源：http://www.mofangge.com)

【思考题】餐饮工作人员能从该案例中得到什么启示？

【分析】本是自己犯了错，客人却无端指责服务员，而服务员不但宽宏大度，还用委婉的语气指出了他的错误，他自然感到羞愧。人际交往中，我们对待他人也要像这位服务员那样面带微笑，态度亲和，彼此之间要相互尊重，相互沟通，从而营造一个和谐、愉快的交往氛围。

第二节　其他国家和地区餐饮文化

一、英国餐饮文化

英国的餐饮文化指流行在英国的领土内的餐饮文化，主要包括英格兰、苏格兰、北爱尔兰和威尔士的餐饮流行习惯。

相对而言，英国人在餐饮上不是很讲究，在国际上的声誉不是很好。英国人也很少以本国的美食为自豪。然而，其历史文化、政治地位、地理位置等仍然让英国形成了独特的餐饮文化。

英国地处欧洲大陆之外的独立海岛，粮食和畜牧产品主要依靠进口。多年的殖民主义，让这个自诩为"日不落帝国"的统治曾遍布地球各大洲。因此外来的饮食习惯对英国餐饮文化的形成造成很大影响。

(一)早餐

英国人十分重视早餐(见图 10-1)，尤其是周日的早餐。英式早餐闻名世界。他们甚至还成立了英式早餐协会(The English Breakfast Society)，以维护英式早餐传统。英式早餐的发源地是苏格兰。标准的英式早餐主要包括以下几种食品：面包、煎肉肠、培根、香肠、蘑菇、番茄、炖豆子、凉牛奶、麦片、酸奶以及少量水果，有时还有炸薯条，当然咖啡或茶也是必不可少的。

图 10-1　英式早餐

(二)下午茶

英国人习惯在下午 4:00～5:00 进行 15min 左右的“茶休”(tea break)，并享用下午茶。英国的下午茶一般吃红茶、蛋糕、面包和饼干。英国人很喜欢喝茶，他们主要喝红茶或者奶茶(红茶加奶)，甚至在奶茶里加糖、鲜柠檬汁等。

(三)午晚餐

因为午休时间一般比较短，英国人午餐比较简便。晚餐是一天中的正餐，在一些颇有讲究的家庭中，人们进餐前要换上晚礼服。正规的晚餐至少包括三道菜，汤、主菜和甜品。最常见的主菜就是烤炙肉类，以及牛排、火腿、鱼等。通常是每人一大块扒(鸡肉、羊肉、猪肉、牛肉等)，一盘拌了黄油的土豆泥，一盘青菜(沙拉等)。甜品可以是蛋糕、冰激凌以及水果。佐餐酒有啤酒或葡萄酒，一些富人甚至喝烈性的蒸馏酒——威士忌。

二、法国餐饮文化

现在讲的西餐一般指的是法式西餐。法式西餐来源于法国，法国宫廷奢华风气要求法式餐饮也十分讲究。平民百姓效仿贵族的烹饪方法和餐桌礼仪，最终形成重视烹饪方法和就餐礼仪的法式餐饮文化。法国人的就餐礼仪已经成为西方宴会的经典模式。

法国各地的烹饪食材也有显著的地域特点，南方沿海多使用橄榄油，南部和西部沿海的人多食用水产品，北部和东部的人则多吃肉食，总体来说，法国人不太喜欢素食。常用的烹调方式有烤、煎、铁扒等。

(一)奶酪

法国盛产奶酪，每一种奶酪以其最先发明的村镇命名，法国各地大约出产 450 多种不同风味的奶酪。奶酪也成为烹饪时不可缺少的调料。

(二)主食

在法国，面包是人们每天必不可少的主食。最具特色的面包有牛角包和棍式面包。

(三)法式餐桌礼仪

法国人就餐非常讲究礼仪，一般用长条形餐桌，男女主人各坐餐桌两头，家中其他成员或客人在餐桌两旁按从女主人一侧向男主人一侧重要程度以递减方式排列，使用各种不同形状的餐刀、叉子和勺子，用餐盘就餐，桌面上只能存在一道菜，撤去前一道才能上第二道，但餐具根据本次用餐情况全部摆放到就餐人餐盘两侧，从外到里使用。

(四)法式西餐

一顿标准法式大餐的上菜顺序为冷盘菜、汤类、主菜和甜品。

1. 冷盘菜

一般有沙丁鱼、火腿、奶酪、鹅肝酱和沙拉等，用于开胃。

2. 汤类

汤大致分为清汤、蔬菜汤、肉汤、海鲜汤，一般要配面包一起食用。

3. 主菜

主菜包含鱼类和肉类，鱼类包括淡海水鱼、贝类以及软体动物类；肉类有牛羊肉、家禽等。先上鱼类再上肉类，牛排是最常见的主菜。

4. 甜品

法国人爱好甜食，因此法式甜品世界闻名。蛋糕、冰激凌、馅饼、酥饼、布丁等，种类丰富，口味多样。

(五)法国酒

法国盛产葡萄酒，葡萄酒的质量世界闻名。法国人几乎每餐必喝葡萄酒。法餐餐前喝利口酒，餐中水产和禽类菜配干白葡萄酒，肉类菜配干红葡萄酒。

三、美国餐饮文化

美国历史不像上述国家那样悠长，是一个移民国家，多样的人种组成了多元的生活习惯；加上美国土地辽阔，地域的气候性差别很大，这些因素导致了美国的餐饮文化也呈现出多样化的特点。

(一)简单

由于美国是新大陆，早期的移民多是流放的英国清教徒和当地拓荒者，因此传统的美国菜也比较“粗犷”“实在”：其食物主要有牛肉、鸡、鱼、猪、羊、虾，主食有面包、马铃薯、玉米、蔬菜。使用新鲜的原材料，食物保持原汁原味，烹调的过程简单，没有复杂的做工，也不太讲究火候、装饰。

(二)创新

美国人的祖先大多来自欧洲，所以美国的菜系大多数是从欧洲流传过来的。以英法为代表的欧洲菜系经过美国当地的改良，与不同的文化结合，创造出属于美国的菜系，因此相对于传统欧洲的菜系，美国的菜肴就是一种创新。

(三)多元

20 世纪末，随着美国经济的发展，科技的发达，从 1965 年开始，美国放宽了移民政策，大量的移民涌入，庞大的新移民队伍带来的多样的文化对美国的社会和文化结构产生了巨大的冲击。新移民带来的烹饪方式及特色菜肴如同燎原的星星之火，丰富了美国的餐饮文化，使美国的餐桌上出现了丰富而多元化的食物。

(四)快捷

美国被称为“汉堡和法式炸薯条的王国”或“快餐王国”，美国的餐饮比较大众化，不讲究排场，比较平实；美国经济发达，生活节奏快，因此快餐是美国餐饮的一大特点，世界著名的品牌有麦当劳、肯德基和 Pizza Hut 等。

四、意大利餐饮文化

意大利菜系起源于古罗马帝国宫廷。公元前 753 年，罗马城的兴建标志着古罗马文明的诞生，王公贵族们热衷于研究开发烹调技艺，他们以拥有厨艺精湛的厨师来展现自己的实力与权力，认为这是一种尊贵和荣耀。因而，平民百姓们认为，只要能成为烹饪高手，就能跻身贵族之列，也纷纷效仿。这引起了全国上下的烹饪研究热情，也将意大利的餐饮推向了鼎盛时期。意大利的餐饮影响了欧洲，被誉为“欧洲大陆的烹饪始祖”。

意大利也是一个四面环海的岛屿，盛产海鲜。因此意大利菜多以海鲜作主料，辅以牛、羊肉等肉类和其他蔬菜烹成，制法常用煎、炒、炸、煮、红烩或红焖；火候一般是六七成熟，以略硬而有弹性为美。意大利菜系的特点浓缩为“醇浓、香鲜、断生、原汁、微辣、硬韧”的 12 字特色。下面介绍比较著名的几种意大利美食。

(一)意大利面

意大利的主食非常著名，其中意大利面条享誉世界。意大利面条又称为意大利粉，关于意粉的传说一般有两个：一是当时罗马帝国为了解决人口多、粮食不易保存的难题，想出了把面粉揉成团、擀成薄饼再切条晒干而形成；也有人认为是马可波罗从中国传回意大利，流行整个欧洲。

意大利面有线状、颗粒状、中空状和空心花式状四个大类，如图 10-2 所示，由面粉加鸡蛋、番茄、菠菜或其他辅料经机器加工制成。最著名的是通心粉、蚬壳粉、蝴蝶结粉等，颜色多彩，口味丰富。

图 10-2　意大利面

(二)意大利薄饼

意大利薄饼，英文为Pizza，译名“披萨”，是由面粉加工成薄面饼，加上各种馅料和酱制作而成。味道独特，方便、快捷。已经流传至全世界。

(三)意大利肉肠

意大利肉肠又名“萨拉美”，形似粗长滚圆的擀面杖。外面有一层粉状的白霉，切开后嫣红欲滴，香气四溢。

(四)意大利酒

意大利人无论男女都酷爱喝酒。他们有一句口头禅“不愿意花时间就别喝酒”。意大利人爱喝香槟、葡萄酒——红、白葡萄酒都比较著名。

案例 10-2

永远悬挂的国旗

美国某知名餐饮企业的主要消费群体是青年人，该企业的原则是：餐饮店中永远悬挂美国国旗。时值青年学生爱戴和敬佩的一位人士去世，一群青年学生在店外举行集会，强烈要求该餐饮店降国旗致哀。降旗，违反本企业原则：不降旗，得罪本企业主要客户群体，这家餐饮企业的经理怎么做呢?

他交代其助手说：“告诉送货车司机，倒车的时候，故意把旗杆撞倒。这样没有违反公司原则，又不得罪客户，问题圆满解决了。

(资料来源：http://www.docin.com/p-1085634931.html)

【思考题】这个故事对你有什么启发?

【分析】作为服务人员，当公司利益与客户利益发生冲突时，应采用灵活变通的方法，提供一个第三方视角。

知识拓展

中西餐桌礼仪的差异

受中西方社会文化、历史文化及其他各种社会因素的影响，中西方餐饮文化有着非常明显的差异。下面以中国和英美等国家为代表，从时间观、座次安排和进餐礼仪三方面进行对比，探讨两方的差异。

中国文化讲究"和谐""团圆"，因此宴会选择圆桌，宾客团团围坐在一起，共享美食。西方人以面食为主，采取分餐制，各自安静享用自己盘里的食物，互不干扰。西方人讲究优雅、排场、规格。

1. 出席时间的差异

哲学研究表明，中国人持圆形的时间观，认为万物循环，周而复始。因此中国人对守时要求不高，甚至古代，人们经常以迟到来显示自己身份和地位的特殊；而西方人持线性时间观，认为时间一去不复还，他们严格遵守日程安排。正式的宴会要求准时到达，十分钟后不到者，将会被视为不合礼仪，是对主人及其他客人的不尊重。

2. 座次安排的差异

中国传统文化认为"南尊北卑"，在中国人心目中是一种至高无上的象征，代表了地位和身份。在中国的大多数宴会上，位高权重者或年长者首先入座并坐首席，这是因为中国人将长幼有序，尊重长者作为排座的标准。在中国，长期占统治地位的是儒家文化与思想，儒家以君、父、夫、长为尊为先，以臣、子、妻、幼为卑为后，进而形成了贵贱有等，夫妻有别，长幼有序的思想。

西方人则坚持"女士优先"，将尊重妇女作为宴会排座位的标准。在安排座位时，先把宾客的性别列出名单，再据此安排座位的形式和详细座位，如果是有男女共同参加宴会，则由男主人主持，须将男女宾客分两个名单，通常的座次安排形式为：男主人与女主人正对面，男主人的左右两侧为女主宾，接着按顺时针方向朝外排列一位。

3. 进餐礼仪的差异

中餐餐饮礼仪体现一个人的修养，开始时所有的人都会等待主人，只有当主人请大家用餐时，才表示宴会开始，而主人一般要先给主宾夹菜，请其先用。当有新菜上来，请主人、主宾和年长者先用，以示尊敬。

西餐进餐礼仪规则如下：使用刀叉进餐时，应从外侧往内侧取用刀叉，要左手拿叉、右手拿刀；切东西时，左手拿叉按住食物，右手用刀将食物切成小片，再用叉送入口中。用刀时，刀叉不可向外，进餐中放下刀叉时，应摆成八字形，分别放在餐盘边上，刀叉朝向自身，吃完一道菜，将刀叉并拢放在盘中，如果是谈话，可拿在手里而无须放下。不用刀时，可用右手持叉，若需打手势时，应该把刀叉都放下，千万不可手持刀叉在空中挥舞。不可一手拿刀叉一手拿餐巾纸，也不可一手拿纸巾一手取菜，任何时候，都不可将刀叉的一端放在盘内而另一端放在桌上。

在西餐桌上喝汤时不要啜，吃东西要闭嘴咀嚼。不要舔嘴唇或咂嘴发出声音。若汤过热，可等稍凉后再喝，千万不可吹汤。喝汤时，用汤勺将汤从外向内舀；汤盘中的汤快喝

完时，用左手将汤盘外侧稍稍翘起，用汤勺舀净即可。吃完汤菜时，将汤匙留在汤盘中，匙把指向自己。

吃鱼、肉等带刺或骨的菜肴时，不要直接外吐，可用餐巾捂嘴，轻轻吐在叉上并放入盘内。吃鱼时不要将鱼翻身，在吃完上层后，用刀叉将鱼骨剔掉再吃下层鱼肉。吃面条时，要用叉子先将面条卷起再放入口中。吃面包时，一般需用手分成小块再放入口中，不要拿着整块面包去咬；抹黄油或果酱时，要先将面包分成小块再抹。

中国人的餐桌上动，西方人的餐桌上静。中国人请客吃饭时，摆在桌上的菜品花样繁多，至少有七八道菜，如果是盛宴，主菜会更多，越名贵、越奇特的菜越能显示主人的殷勤和客人的身份，而主人却往往要说谦虚的话。西方人的盛宴一般有四至五道菜，分量以吃完或稍有剩余为最佳。如果在家里，最好是吃完所有的菜，这样女主人会很高兴，认为大家喜欢她做的菜。面对宴席，主人会表达已倾其家中所有来招待大家的语言。

社会背景、历史文化的差异导致了中西餐桌礼仪的差异，餐桌礼仪从某种程度上来说是生活习惯的反映，也是一种历史文化的沉淀和延伸。所以，中西餐桌礼仪文化的差异也是中西传统文化差异的一部分。

本章小结

本章简略地阐明了餐饮文化的概念，介绍了中国主要地区的餐饮文化、西方主要国家和地区的餐饮文化、中西方餐桌礼仪等知识。其中，中国餐饮文化、西方国家和地区餐饮文化是本章学习中应重点掌握的内容。

习　题

一、单项选择题

1. 根据史料记载，早在(　　)时期，我国的餐饮文化已初具雏形。

   A. 商周　　B. 宋朝　　C. 唐朝　　D. 清朝

2. (　　)起始于南北朝时期，唐宋以后，与浙菜竞修秀，成为“南食”两大台柱之一。

   A. 闽菜　　B. 苏菜　　C. 粤菜　　D. 鲁菜

3. 被誉为“汉堡和法式炸薯条的王国”的是(　　)。

   A. 伊朗　　B. 印度　　C. 美国　　D. 俄罗斯

4. 中国的宴席一般要用(　　)，就是从形式上造成了一种团结、和谐、礼貌的气势。

   A. 长方形桌　　B. 正方形桌　　C. T字形桌　　D. 圆桌

5. 中国古代到了(　　)时期，南甜北咸的格局形成。

   A. 唐朝　　B. 北宋　　C. 南宋　　D. 清朝

二、多项选择题

1. 餐饮文化是一个广泛的概念，主要包含(　　)方面内容。
   A. 咖啡厅文化　B. 菜品文化　C. 小吃文化　D. 餐厅文化
2. 粤菜的特点是讲究清而不淡，(　　)。
   A. 鲜而不俗　B. 脆嫩不生　C. 油而不腻　D. 卓尔不群
3. 英国的餐饮文化主要由(　　)地区的餐饮文化组合而成。
   A. 英格兰　B. 北爱尔兰　C. 苏格兰　D. 威尔士
4. 川菜：以用料广博、味道多样、菜肴适应面广而著称，烹调手法上擅长(　　)等。
   A. 小炒　B. 干烧　C. 焖　D. 干煸
5. 法国甜点最普遍的是(　　)等。
   A. 塔　B. 千层派　C. 泡芙　D. 蛋糕

三、简答题

1. 中国的八大菜系是什么？
2. 英国的饮食文化主要特点是什么？
3. 请简述中西餐饮中出席时间文化的差异。

四、论述题

结合实际，谈谈与外国客人就餐时应该注意的礼仪。

五、案例分析题

某男士参加宴会，在宴会开始后，他为了吃得畅快，先是在座位上脱掉了西装，后来又摘下了领带。在用餐的过程中，他一边嚼东西一边与左右的人说话，手中的筷子还在空中不断挥舞，时不时地劝周围客人喝酒。在就餐马上结束时，他可能吃东西塞牙了，直接用手抠牙齿，满手沾的都是口水，之后竟然用抠过牙的手直接抓水果吃。

(资料来源 https://wenku.baidu.com/view/0f031d0b767f5acfa1c7cd5f.html)

问题：

(1) 案例中这位男士就餐时有什么不当的地方吗？

(2) 你觉得怎样的行为比较恰当？

扫一扫，习题答案

参考文献

[1] 匡仲潇. 连锁餐饮运营与管理[M]. 北京：化学工业出版社，2019.
[2] 方辉. 餐饮管理与服务从入门到精通[M]. 北京：化学工业出版社，2019.
[3] 刘红专，贾治华. 餐饮服务与管理[M]. 桂林：广西师范大学出版社，2015.
[4] 李晓东. 餐饮服务与管理[M]. 北京：中国人民大学出版社，2017.
[5] 吉根宝. 餐饮管理与服务[M]. 北京：清华大学出版社，2016.
[6] 何丽萍. 餐饮服务与管理[M]. 北京：北京理工大学出版社，2010.
[7] 王敏. 餐饮运行与管理[M]. 北京：北京大学出版社，2017.
[8] 刘雨涛，周金玉. 酒店餐饮部运行管理实务[M]. 北京：中国劳动社会保障出版社，2015.
[9] 刘澜江，郑月红. 主题宴会设计[M]. 北京：中国商业出版社，2010.
[10] 王拢. 宴会设计[M]. 上海：上海交通大学出版社，2017.
[11] 周妙林. 宴会设计与运作管理[M]. 南京：东南大学出版社，2009.
[12] 丁应林. 宴会设计与管理[M]. 北京：中国纺织出版社，2008.
[13] 全国旅游职业教育教学指导委员会. 餐饮奇葩 未来之星[M]. 北京：旅游教育出版社，2016.
[14] https://wenku.baidu.com
[15] https://www.baidu.com
[16] https://baike.baidu.com
[17] https://www.cnr.cn
[18] https://wenku.baidu.com
[19] http://www.cy8.com.cn
[20] https://zhidao.baidu.com
[21] http://www.360doc.com
[22] http://www.scfood.net
[23] https://baijiahao.baidu.com